세계
자기계발
필독서
50

일러두기

- 여기에 소개된 저서들은 국내 출간작의 경우, 절판 및 품절 도서를 포함하여 가능한 한 번역본 제목을 따르는 것을 원칙으로 삼았다.
- 외래어는 국립국어원 외래어 표기법을 따르되, 이미 널리 통용되는 경우 그대로 표기했다.
- 본문에서 맨 처음 등장하는 원서와 인명 등은 원문을 병기하였으며, 원서의 경우 '또 다른 명저 50' 및 특별한 경우를 제외하고 부제는 생략하였고, 크게 중요하지 않은 인지명은 원문을 생략했다.
- 본문에 인용된 《성서》 내용은 공동번역 성서에서 발췌했다.

50 SELF-HELP CLASSICS

Copyright © 2003 by Tom Butler-Bowdon
All rights reserved.
This new and updated edition first published in 2017 by Nicholas Brealey Publishing
An imprint of John Murray Press
First edition published in 2003
An Hachette UK company

Korean translation copyright © 2024 by SENSIO CO., LTD.
Korean translation rights arranged with NB LIMITED
through EYA Co.,Ltd

이 책의 한국어판 저작권은 EYA Co.,Ltd를 통해 NB LIMITED와 독점 계약한 (주)센시오가 소유합니다.
저작권법에 의하여 한국 내에서 보호를 받는 저작물이므로 무단 전재 및 복제를 금합니다.

필독서 시리즈 | 13

데일 카네기부터 찰스 두히그까지
자기계발 명저 50권을 한 권에

50 Self-help Classics

세계
자기계발
필독서
50

톰 버틀러 보던 지음 | 이정은·전원미 옮김

센시오

삶의 철학과 통찰이 가득한 50권의 책

"우리 세대의 가장 위대한 발견은 인간의 태도가 바뀌면 인생이 달라진다는 점을 깨달은 것이다." —윌리엄 제임스(미국의 철학자이자 심리학자)

"사고의 습관habits of thinking은 영원하지 않다. 지난 20년간 이룬 위대한 심리학적 발견은 개인이 자신의 사고방식을 택할 수 있다는 것이다." —마틴 셀리그만,《학습된 낙관주의》중에서

"사고와 의식의 습관을 바꾸면 인생이 달라진다"라는 말을 많이 들었을 것이다. 그 말의 진정한 의미를 곰곰이 생각해본 적이 있는가? 이 책《세계 자기계발 필독서 50》은 특별히 인간의 개인적 변화에 몰두한 여러 저서들로부터 가장 유용한 사상들만을 뽑아 전하고 있다.

이 저서들을 '자기계발 명저 Self-help Classics'라 부르겠다. 아마도 이

책을 읽는 여러분도 이미 한 가지 이상의 자기계발 사상을 지니고 있을 것이다. 하지만 이 책에 실린 다양한 저자들과 저서들을 통해 우리가 지닌 사상의 깊이를 더욱 심화시켜야 한다. 이 저서들은 모두 '일반적인 불행' 또는 '무언의 절망'을 인류의 어쩔 수 없는 몫으로 받아들이길 거부한다. 삶의 고난과 좌절은 현실에서 누구나 겪는 것이지만 인간의 삶을 그것들로 정의내릴 수는 없다. 아무리 힘든 역경에서도 그 역경이 우리에게 가져다주는 의미를 스스로 선택할 수 있다. 빅터 프랭클의《죽음의 수용소에서》와 보에티우스의 《철학의 위안》이 주는 교훈들이 바로 그것이다. 우리 스스로 의식적으로 사고함으로써 우리의 유전자나 환경, 운명이 우리의 앞길을 마음대로 결정하지 못하도록 해야 한다. 이것이 바로 자기계발서의 본질이다.

자기계발서의 전통적 관점은 문제 해결에 있지만, 여기에 소개된 대부분의 자기계발 명저들은 인간의 '가능성'에 대해서 이야기한다. 그 책들은 자신만의 특별한 인생의 진로를 밝혀주거나, 근심에서 행복으로 옮겨가는 다리를 놓아주거나, 단순히 더 좋은 사람이 되도록 영감을 불어넣어줄 것이다. 1859년에 처음으로《새무얼 스마일즈의 자조론》을 집필한 새무얼 스마일즈는 자신의 책이 이기심에 관한 책으로 오해받을까 봐 염려했다. 실제로 그의 책은 정부나 그 밖의 다른 사람들의 도움을 기다리지 말고 스스로 불굴의 노력으로 끊임없이 목표를 추구할 것을 역설하고 있다. 새무얼 스마일즈는 본래 정치개혁가였으나 진정한 개혁은 인간의 머릿속에서 일어난다는 사실을 깨닫고, 당시의 가장 위대한 사상인 '진보'를 개인의 삶에 적용시켰다. 그는 당대 몇몇 위인들의 삶을 예로 들면서, 진정 노력하려는 의지만 있다면 그 무엇이라도 이루어낼 수 있음을 알리고자 애썼다.

그런 면에서 에이브러햄 링컨은 자기계발서에 자주 등장하는 주인공이다. 그것은 그가 지닌 '무한한' 사고라는 사상 덕분이다. 그는 이 사상을 자기 삶에는 적용시키지 못해서 늘 자신을 볼품없는 우울증 환자로 여겼지만, 업적 면에서는 자신의 잠재력을 충분히 드러내어 남북전쟁에서 승리해 노예해방이란 위업을 이뤄냈다. 이러한 링컨의 비전은 자만심에서 비롯된 게 아니라 보다 큰 무언가를 위한 삶을 살고자 했던 그의 사상에서 생겨났다.

지금 이처럼 전성기를 맞은 자기계발 분야는 결코 자아의 환상에 관한 이야기가 아니다. 이것은 큰 차이를 가져올 수 있는 존재방식이나 계획, 목표, 이상에 대해서 이야기한다. 이로써 우리는 세상을 변화시키고, 우리 역시 변할 것이다.

왜 자기계발서를 읽는가

"인간의 세계에서 신의 상징들은 맨 처음 쓰레기 층에서 나타난다."
–필립 K. 딕, 《발리스Valis》 중에서

자기계발서는 20세기의 위대한 성공 사례 중 하나였다. 자기계발서를 구입한 독자들의 수를 정확히 말할 순 없지만, 여기에 선정된 50권의 명저만 보더라도 총 1억 5,000만 부 이상 팔렸으며, 다른 수천 권의 자기계발서를 더한다면 그 총 판매부수는 50억 부가 넘을 것이다.

자기계발 사상은 전혀 새로운 분야가 아니었으나, 20세기 들어서면서 대중적인 현상으로 떠올랐다.《카네기 인간관계론》과《적극적 사고방식》등의 저서는 인생의 무언가를 간절히 원하는 사람들, 책에서 성공비결을 찾을 수 있다고 굳게 믿는 평범한 사람들에게 대량으로 팔려나갔다. 다만 이 분야의 책들이 지나치게 유용하고 너무나도 많은 것을 약속했으며, 대학교수나 목사에게서는 결코 들을 수 없을 것 같은 사상을 포함하고 있었기 때문에 다소 수준이 낮다는 인상을 주었다. 그러나 이미지가 어떻든 간에 그것들로부터 분명한 삶의 방향성과 새로운 힘을 얻은 사람들은 자기계발서를 꾸준히 선호했다. 때로는 인간이 할 수 없는 일은 없으며 별을 향해 쏘기만 하면 된다는 말이 되풀이되기도 했다.

남들한테는 결코 듣지 못했던 개인 고유의 위대한 본질과 아름다움에 대한 믿음을 드러내는 자기계발서들은 우리의 더없는 좋은 친구이자 옹호자가 될 수 있다. 각자의 별을 좇아야 하는 이유와 생각이 세상을 바꾸는 과정을 강조하는 자기계발서의 또 다른 이름은 '가능성 문학literature of possibility'이다.

서점에 가보면 자기계발 코너가 꽤 많은 공간을 차지하고 있는 것을 보고 놀랄 것이다. 그러나 전혀 이상할 게 없다. 꿈꿀 수 있는 인간의 권리와 그 꿈을 현실로 만드는 비법을 일깨워주는 자기계발서는 강력한 힘을 지니며, 너무나도 소중하기 때문이다.

자기계발 50 선정 기준

이 책에 실린 자기계발 명저는 내가 직접 읽고 연구한 결과 선정한 것이며, 만약 다른 작가가 이 프로젝트를 맡았다면 전혀 다른 목록을 만들었을 수도 있다. 주로 20세기 자기계발서에 초점을 맞추었으나 그보다 훨씬 오래된 책도 포함시켰다. 왜냐하면 자기계발의 윤리는 시대를 초월하기 때문이다. 《성서》, 《바가바드 기타》, 마르쿠스 아우렐리우스의 《명상록》, 벤저민 프랭클린의 《프랭클린 자서전》 등이 그러한 예이며, 지금까지는 자기계발서로 분류되지 않았지만 내가 여기에 이 책들을 포함시킨 이유도 바로 그것 때문이다.

　선정된 현대 작가의 대부분이 미국인이라는 사실이 자칫 문화제국주의처럼 보일 수 있으나, 현실적으로 자기계발의 가치는 보편적이라는 사실을 이해해줬으면 한다. 자기계발은 인간관계나 다이어트, 판매, 자존감 등 여러 가지 특별한 길들에 대해 안내해준다. 그러나 여기 소개된 명저들은 주로 자아인식, 행복증진과 같은 보다 광범위한 개인적 발전과 연결된다. 또한 이러한 명저의 선택을 통해 나는 자기계발 장르의 방대함과 다양함을 보여주고자 했으며, 상당수의 명저들은 그리 어렵지 않게 선택되었다. 그만큼 유명하고 영향력 있는 저서들이었기 때문이다. 그 밖에 틈새영역을 다룬 저서들도 포함시켰다. 이 모든 명저들은 일정 수준 이상의 가독성과 시공을 초월하는 '생명력'을 지니고 있다.

《늑대와 함께 달리는 여인들》의 말미에서 저자 클라리사 P. 에스테스는 독자들이 관심 둘 만한 책들을 나열하면서 이렇게 물었다. "이 책들을 한데 묶으면 어떨까? 하나의 책이 다른 책에 어떤 도움을 줄 것인가? 서로 비교하며 살펴보라. 어떤 책들의 결합은 폭발의 원료가 될 것이며, 또 다른 책들은 종자를 이룰 것이다."

이 책에서도 마찬가지 일이 일어날 것이다. 다만 특정 주제를 보다 쉽게 이끌어내도록 명저들을 이 책의 목차와 같이 분류해보았다. 또한 이 책의 말미에는 '또 다른 자기계발 명저 50'을 추가로 소개했다.

나만의 독특함을 세상에 드러내라

"최종분석에서 본질적인 것은 개인의 삶이다. 이것이 역사를 만들며 위대한 변화를 일으킨다. 이 세상의 총체적인 미래와 역사는 궁극적으로 모든 개인 안에 숨겨진 이와 같은 원천의 어마어마한 합산에서 비롯된다."
— 칼 구스타프 융(스위스의 심리학자)

고대인은 각 구성원의 삶을 인도하고 신체적, 사회적, 정신적으로 필요한 것을 공급해주는 부족사회에서 살았다. 그러다 '문명화civilization'가 이루어진 후로는 교회나 국가가 이런 역할을 대신했다. 그리고 오늘날 현대인들은 물질적 안정과 소속감을 주는 자신의 직장으로부터 이러한 것들을 얻고 있다.

그러나 역사는 어떠한 종류의 기관과 공동체도 결국에는 붕괴되며, 그 후 개인은 적나라하게 드러난다는 사실을 보여준다. 이는 어쩔 수 없는 변화이며, 세상의 속도가 빨라지면 빨라질수록 이러한 일이 일어날 가능성은 더욱 커진다. 따라서 자기 자신에 대해 더 많은 것을 인식하고, 변화에 대처하는 법을 익히며, 특정 단체나 기관에 의존하지 않는 삶을 위한 계획을 세워야 한다. 우리가 나서서 세상을 변화시키든, 그저 우리 자신만 변하기를 바라든, 분명한 것은 어느 누구도 우리를 위해 이 일을 대신해주지 않는다는 사실이다. 즉 이것은 우리들 각자의 몫이다.

이상하게 들릴지 모르겠으나 늘어난 선택의 폭이 인간을 짓누르는 또 하나의 압력이 되고 있다. 대부분의 인간은 자유를 소중히 여기지만, 실제로 무언가를 자유롭게 결정내리는 일이 끔찍한 경험이 될 수도 있다. 여기 소개된 여러 명저들은 인간에게 선택의 폭이 넓을수록 관심의 초점에 대한 필요성이 더욱 커진다는 점을 지적한다. 누구나 직장에 들어갈 수는 있다. 그러나 모두가 직장에 대한 뚜렷한 목표를 가지고 있지는 않다.

20세기는 거대한 조직에 적응하는 일이 관건이었다. 그만큼 적응을 잘하는 사람이 성공을 거뒀다. 그러나 리처드 코치가《80/20 법칙》에서 말하듯이, 현재와 미래에는 보다 특별한 개인적 특성을 드러내는 것이 성공의 열쇠가 된다. 나만의 독특함을 표현하는 것이 세상의 진정한 가치에 공헌하는 것이다. 이는 정신적 차원은 물론이고 경제적, 과학적 차원에서도 마찬가지이다. 진화 자체가 일반적 기준에 맞추는 것이 아니라 특별한 차이에 의해 발생하는 것이기 때문이다. 삶의 보상 역시 그저 뛰어난 사람이 아닌 특별한 사람에게 돌아갈 것이다.

자기계발서의 미래

"나는 자가당착적이다. 나는 거대하다. 내 안에 많은 사람이 들어 있다."

— 월트 휘트먼(19세기 미국의 시인)

자기계발서의 중심에는 자아인식에 대한 두 가지 기본 개념이 포진해 있다. 첫째 웨인 다이어의 《리얼 매직》과 토머스 무어의 《영혼의 돌봄》, 디팩 초프라의 《풍요로운 삶을 위한 일곱 가지 지혜》 등의 저서는 인간 내면의 변치 않는 핵심(영혼 또는 상위자아 등 다양하게 불림)이 있다고 믿으며, 이것이 인간을 이끌고 나름대로의 목표 성취를 돕는다고 말한다. 이러한 개념에서 자아인식은 성숙으로 향하는 길이다.

앤서니 라빈스의 《네 안에 잠든 거인을 깨워라》, 벤저민 프랭클린의 《프랭클린 자서전》 등의 저서는 자아가 빈 칠판과 같으며 거기에 각자가 자신의 인생 스토리를 적어나가는 것이라고 가정한다. 독일의 시인이자 철학자인 니체가 이러한 태도를 다음과 같은 말로 누구보다도 가장 잘 요약했다.

"활동적이고 성공적인 본성은 '너 자신을 알라'라는 금언에 따르지 않고, 마치 그들 앞에 명령이 멈춰버린 것처럼 행동한다. 그것이 자아이며 자아가 될 것이다."

물론 인간의 자아인식self-knowing과 자아창조self-creating는 추상적인 개념이며 한 사람 안에 두 가지 모두가 늘 흥미롭게 조화를 이루고 있다. 그러나 이와 같은 두 가지 시각은 자아가 독립적이며 단일하다는 가정을 그 바탕에 깔고 있다.

한편 21세기의 인간들은 다양한 역할을 맡고, 수많은 공동체에 속하며, 다양한 페르소나(가면)를 드러내는 등 너무나도 복잡한 경험을 한다. 이러한 맥락에서 자기계발의 초점을 과연 어디에 맞출 것인가.

미국의 심리학자 케네스 거겐은 자신의 저서《충만한 자아The Saturated Self》에서 단일자아라는 해묵은 사상은 한 인간 안에 존재하는 여러 마음(다중인격)을 존중하는 쪽으로 개선되어야 한다고 주장한다. 미국의 정신과의사 로버트 제이 리프톤 역시《변화무쌍한 자아The Protean Self : Human Resilience in an Age of Fragmentation》에서 사방으로 떠밀리는 느낌을 받지 않으려면 더욱 강하고 복잡한 자아를 발전시키고 자아의 다양한 특성을 인식해야 한다고 말한다. 이러한 '변화무쌍한 자아'야말로 대단히 복잡한 세상에 대한 해결책이 될 것이다. 리프톤의 시각에서 볼 때 단일자아론은 사멸된 게 아니라 도전받고 있는 것이다.

그러나 이와 같이 자아에 대한 이해가 발전했더라도 그것이 과연 과학기술의 발전을 해결할 수 있을까? 21세기에는 혹시 유전자나 과학기술을 이용하여 성격을 바꾸고 지능을 높인 인간이 출현하지는 않을까? 만약 자아를 그런 식으로까지 변화시킬 수 있는 능력이 생긴다면, 플라톤이 말했던 '자아인식'은 어떻게 될 것인가.

과학자들은 다음 세대에 태어난 아이들은 100년, 또는 140년에서 150년까지도 살 수 있을 거라고 확신한다. 그렇게 늘어난 수명이 인간의 정체성을 더욱 분명히 말해줄 것인가? 그러지 않으면 150년이라는 긴 세월 속의 변화(인간관계, 가족, 직업, 사건)가 한 인간의 지속성과 안정감을 산산이 부술 것인가?

그러나 분명한 것은 인간의 육체와 뇌 연구에 나날이 정교한 과학기술이 적용될수록 "자아란 무엇인가"라는 물음이 더욱 중요해질 것이라는 점이다. 영화 〈블레이드 러너Blade Runner〉의 미래에서 '포스트휴먼post-human'한 인류에게 자아인식은 역사적인 과제가 될지도 모른다.

확신의 소멸과 전통의 붕괴 과정에서 탄생한 자기계발서는 늘인간이 자아를 인식해왔다고 가정했다. 이러한 가정이 의심될 때, 미래의 자기계발서는 자아 자체에 대한 확실한 안내서가 되어야할 것이다.

우리는 인생을 변화시킬 수 있다

《세계 자기계발 필독서 50》은 여러 면에서 내게 특별한 책이다. 20대에 만난 자기계발서는 나의 삶과 사고방식을 180도 바꾸어놓았다. 나는 커리어를 개발하고 인간관계를 향상하기 위해 자기계발서를 손에 잡히는 대로 모조리 읽었고 그 책들과 사랑에 빠졌다. 이 장르에 깊이 심취하여 놀라운 매력을 알아갈수록 궁금한 점이 하나 생겼다. '왜 자기계발서를 소개하는 지침서는 없을까' 아마도 '자기계발서는 깊이가 없다'는 고정관념 때문일 것이다. 나는 그 생각은 옳지 않다고 본다.

자기계발서의 시초는 19세기 작가인 새무얼 스마일즈와 오리슨 스웨트 마든까지 거슬러 올라가지만, 1990년대 후반에 들어서서야 이 분야가 마치 새로 생긴 것처럼 주목을 받았다. 당시 《성공하는 사람들의 7가지 습관》부터 《잘하고 싶다, 사랑》이나 《네 안에 잠든 거인을 깨워라》에 이르기까지 굵직한 베스트셀러들이 출판

시장에서 자기계발 분야의 인기를 뜨겁게 달구었음에도 불구하고 비판적인 논평이 부족했던 것이 사실이다.《세계 자기계발 필독서 50》은 그 간극을 메우기 위해 쓰인 책으로, 많은 사랑을 받으며 지금까지 약 20개 언어로 번역됐다. 자기계발서의 저자가 대부분 미국인이기는 하지만 그 유행은 전세계적인 현상이다.

나는 원래 작가가 되려던 계획은 없었지만 자기계발서에 이끌려 성공가도를 달리던 진로를 포기하고 전업 작가로 전향했다. 파울로 코엘료가《연금술사》에서 "사람은 꿈을 좇아야 한다"라는 말로 아름답게 표현한 자기계발의 만트라를 기꺼이 따랐다. 그 길은 소명과 같았다.

《세계 자기계발 필독서 50》은 이후에 찾아올 개인적인 발전이라는 더 거대한 여정의 시작점이 됐으며, 후속작이 베스트셀러로 등극하는 기반으로 자리매김했다. 이후 나는 성공과 동기부여에 관한 책을 소개한《세계 경영학 필독서 50》와《세계 영적 필독서 50 50 Spiritual Classics》을 출간했다. 최근작인《세계 심리학 필독서 50》,《세계 철학 필독서 50》,《세계 경제학 필독서 50》은 조금 더 딱딱한 주제를 다룬다는 느낌이 들 수도 있지만 사실은 그렇지 않다. 모든 책의 근본적인 주제는 '개인의 잠재력'이기 때문이다. 성공은 생각을 확장하여 새로운 기회를 포착하는 것이며, 위에 소개한 시리즈는 이를 돕고자 저술했다.

《세계 자기계발 필독서 50》이 출간된 지 거의 15년이 흘렀다. 그동안 자기계발 분야는 어떻게 변했는가? 많은 이들이 이 장르가 심리학으로 대체됐으며 우리의 생각과 행동의 이유를 설명하는 더 과학적인 접근법이 등장했다고 본다. 실제로 내가 소개했던 대니얼 골먼의 《EQ 감성지능》과 마틴 셀리그만의 《학습된 낙관주의》는 자기계발 분야가 신뢰도와 과학적 근거를 갖추는 방향으로 변화하고 있다는 신호와 같았다. 20여 년 전의 독자들은 《카네기 인간관계론》과 같은 책을 읽으며 기분전환을 하거나 인생의 지침을 얻으려고 했던 반면, 오늘날의 독자들은 유명한 심리학자가 쓴 책에 열광한다. 인간의 두뇌가 작동하는 원리를 설명하고 이를 통해 행동을 바꾸는 방법을 알려주는 대니얼 카너먼의 《생각에 관한 생각》처럼 어려운 책이 베스트셀러 상위에 머무르는 현상도 놀라운 일이 아니다.

그럼에도 자기계발 분야가 심리학에 자리를 빼앗겼다고 단언하기는 힘들다. 주장을 뒷받침하기 위해 연구결과를 인용하기는 하지만 여전히 훌륭한 자기계발서가 할 수 있는 역할이 있기 때문이다. 개정판에 새롭게 소개한 찰스 두히그의 《습관의 힘》이나 브레네 브라운의 《마음가면》이 좋은 예이다. 자기계발서는 심리학 서적을 넘어서는 무엇인가를 전해줄 수 있다. 데이비드 브룩스의 《인간의 품격》은 평생에 걸친 인격적 변화라는 강력한 메시지를 던지는 도덕 철학서이다. 곤도 마리에가 믿을 수 없을 만큼 간단하게 정리한 《인생이 빛나는 정리의 마법》은 물건과 공간을 대하는 태도를 바꿔 독자의 삶을 변화시킨다. 만약 집에 신사神寺와 같은 분위기가 생긴다면 평화, 질서, 행복이 깃들 것이다. 자기계발서의 강점은 클레이튼 M. 크리스텐슨의 《당신의 인생을 어떻게 평가할 것인가》와 같이 심리학, 철학, 영성, 동기부여를 비롯해 심지어 경영에 이르는 여러 가지 분야를 아우를 수 있다는 점이다. 뛰어난 책은 독자와 즉각적인 공감대를 형성한다. 우리는 인생을 정말로 변화시킬 수 있다. 저자들이 그렇게 주장하고 있으며 바로 내가 이 책을 통해 증명해 보일 수 있다.

　나는 교육과 영감의 결합으로 인해 자기계발서에 빠져들게 되었다. 앞서 언급한 새로운 책을 소개하는 장을 추가해 개정판을 선보이는 지금도 여전히 그 매력은 나를 사로잡는다.

_톰 버틀러 보던

1부 도전과 성공 _ 목표와 열정을 따르라

5부 마음의 신비 _ 내면의 아이를 깨워라

6부 변화와 성장 _나는 매일 조금씩 달라진다

타인을 이해하는 인류의 첫 여행

《카네기 인간관계론》

How to win Friends and Influence People

"두려움은 인간이 성장하며
삶의 도전을 받아들이겠다는 신호이다."

데일 카네기 Dale Carnegie

1888년 미주리주 메리빌에서 가난한 농부의 아들로 태어나 워런스버그 주립사범대학교를 졸업했다. 아모르앤컴퍼니에서 베이컨과 비누, 돼지기름을 판매했는데, 남부 오마하에 탄탄한 판매망을 구축하며 회사 제1의 판매원이 되었다. 이후 카네기는 뉴욕의 극예술학교에 입학했지만 다시 판매업종으로 돌아와 패커드 자동차의 영업사원이 되었다. 1912년 YMCA에서 기업인들을 상대로 강연을 펼치는 기회를 잡았고 거기서 엄청난 성공을 거뒀다. 그의 첫 책《데일 카네기 성공 대화론》은 강연을 위해 집필한 교재였다. 그리고 그의 대표적 저서《카네기 인간관계론》도 강연을 위해 쓴 책으로, 각 나라 언어로 번역되어 전세계 수천만 독자들에게 깊은 감동을 주고 있다.

"남을 비난하기 전에 이해하려고 노력하라. 그들이 왜 그렇게 행동하는지 이유를 알려고 애써라. 그것이 비난보다 훨씬 유익하고 흥미를 자아내며 연민과 인내, 관용을 싹 틔운다. 무언가를 안다는 것은 용서한다는 것이다."

"당신이 대화를 나누는 사람은 당신이나 당신의 문제보다는 그들 자신과 자신의 요구, 자신의 문제에 백배나 많은 관심을 갖고 있다는 사실을 명심하라. 누군가의 치통은 백만 명의 목숨을 앗아간 중국의 굶주림보다 당사자에게 더 큰 의미를 지닌다. 그 사람의 목에 난 종기 하나는 아프리카에서 발생한 40여 차례의 지진보다 더 큰 관심의 대상이다. 누군가와 대화를 나눌 때 항상 이 점을 명심하라."

'친구를 사로잡고 사람들에게 영향을 미치는 법How to Win Friends and Influence People'(원제)이란 제목이 다소 얄밉게 들리지 않는가? 실제로 친구를 사로잡고 사람들에게 영향을 미치는 걸 자랑으로 떠들 사람이 얼마나 될까? 그다지 좋게 들리지 않는다. 현대 독자들에게 이 책은 양육강식의 사회에서 살아남기 위한 정신적 계략, 불경기의 영업사원이 고래고래 소리치며 팔 것 같은 싸구려 상품들을 떠올리게 한다. 책표지를 보고 그렇게 판단하는 것도 무리는 아니다. 그러나 독자들은 이 책을 변호하는 차원에서 제시되는 다음 몇 가지 포인트를 반드시 짚고 넘어가야 한다.

이 책을 좋아할 수밖에 없는 이유

첫째, 이 책은 자세히 읽어보면 사람을 조종하는 법을 알려주는 안내서가 아니라 마키아벨리의 《군주론》 같은 책이다. 실제로 카네기는 목적을 가지고 접근하여 '친구를 사로잡는' 행위를 경멸한다. "그저 사람들에게 강렬한 인상을 남기고 그들의 관심을 끌기 위해 애쓴다고 해서 진실한 친구를 여럿 만들 수 있는 것은 아니다. 진정한 친구는 그렇게 만들어지지 않는다"라고 카네기는 말한다. 이 책을 위대하게 만드는 힘은 '사람에 대한 사랑'이다. 여전히 이 책은 자기중심적 사고를 가진 사람들을 겨냥해 팔리지만, 이제야말로 카네기의 명저를 좀더 너그럽고 진실된 시각에서 바라봐야 할 때이다.

둘째, 카네기는 1930년대 미국에서 이 책을 집필했다. 당시 미국은 1929년의 대공황으로 허우적거리고 있었으며 교육을 받지 못한 사람들은 성장의 기회마저 얻지 못했다. 그때 카네기는 사람이 각자 지닌 개성의 장점을 활용하여 앞으로 나아갈 길을 제시했다. 동기심리학이 확고히 자리 잡은 현대의 기준으로 볼 때는 이 책의 주장들이 그리 파격적이지 않지만, 제2차 세계대전 이후의 화려한 번영을 누리기 이전인 1937년에는 가히 폭발적인 반응을 이끌어냈다. 물론 오늘날의 독자들에게도 그 영향력은 마찬가지이다.

셋째, 《카네기 인간관계론》은 스스로를 '독자들에게 비결을 알려주는' 행동에 대한 지침서라고 말한다. 그래서 심오한 이론을 구구절절 싣기보다는 그저 '마술처럼' 효과를 나타내는 규칙들만 쓰여 있다. 또한 카네기의 대화식 문체는 학문적인 심리서를 읽느라 고생했던 사람들에게는 신선한 공기를 들이마시는 것 같은 자극을 주었고, 심지어 책을 전혀 읽지 않는 사람들에게도 매력적으로 다가왔다. 이 책의 노동절약사상Labor-saving ideas은 미국 문화의 특징이 되었으며, 오랫동안 고생하면서 인격을 닦지 않아도 한순간에 인생이 바뀔 수 있다고 약속한 내용 덕분에 이 책은 열렬한 환영을 받을 수밖에 없었다.

넷째, 이 책은 카네기가 단순히 '효과적인 화술과 인간관계론'이라는 자신의 강연을 위한 교재로 쓴 것이었다. 그래서 초판도 5,000부밖에 찍지 않았다. 즉 사람들의 원초적 본능을 자극하여 수익을 얻으려는 원대한 계획의 산물이 아니라, 카네기가 자신의 강연 메시지를 책으로 읽는 사람들에게도 전하려는 순수한 목적으로 쓴 책이었다.

이 책은 출간 초기부터 제목 하나만으로도 엄청난 반응을 불러일으켰다. 전세계 주요 언어로 번역되어 1,500만 부 이상 팔리며 역대 최고의 베스트셀러가 되었으며, 여전히 자기계발 분야의 스테디셀러 자리를 차지하고 있다. 1981년도판 서문에서 아내 도로시 카네기는 남편의 사상이 "공황 이후 일시적인 유행을 좇는 변덕스러운 것이 아니라 인간의 진정한 요구에 완벽히 부합한 것"이라고 말했다.

《카네기 인간관계론》은《20세기 가장 중요한 저서》와 같은 책에 빠지지 않고 등장하며, 게리 하멜의 촌평이 돋보였던 스튜어트 크레이너의《경영의 역사를 읽는다》에도 헨리 포드, 애덤 스미스, 막스 베버, 피터 드러커 등의 저서와 함께 자리를 차지한다.

인간관계의 고전

데일 카네기의 YMCA 화술 강좌가 성공을 거둔 것은 그만큼 다른 사람을 이끌고, 자신의 생각을 표현하고, 열의를 창출해내는 '말 잘하는 기술'을 알고 싶어 하는 사람이 많다는 사실을 입증한다. 지금은 기술이나 학문적 지식만으로는 성공을 거둘 수 없다는 걸 누구나 알고 있지만, 카네기가 살았던 시절만 해도 성공하기 위해서는 여러 요소들이 뒷받침되어야 한다는 사실이 막 연구되기 시작한 때였다. 카네기는 대인기술people skill이 모든 것을 달라지게 만들 수 있다는 점을 알아냈고, 심리학계에서 감성지능이 이론으로 굳어지기 훨씬 이전에 감성지능 사상을 효과적으로 대중화하는 데 성공했다.

카네기는 기업가 존 록펠러가 "사람을 잘 다루는 능력이 다른 모든 능력을 합한 것보다 훨씬 중요하다"라고 한 말을 명심했다. 그러나 놀랍게도 사람을 다루는 기술에 대한 책은 거의 발견할 수 없었다. 결국 카네기는 철학서와 가정재판 판결문, 잡지 기사, 고전, 심리학 연구서부터 뛰어난 리더십을 발휘한 사람들의 전기에 이르기까지 인간관계에 대한 정보를 얻을 수 있는 글을 모두 찾아 열심히 읽었다.

그는 세기의 위대한 발명가인 이탈리아의 사업가 굴리엘모 마르코니와 1,000종이 넘는 특허를 낸 발명왕 토머스 에디슨을 인터뷰했고, 루스벨트 대통령과 영화배우인 클라크 게이블, 메리 픽포드도 만났다. 카네기는 이 만남들을 통해 사상적 틀을 마련해나갔다. 처음에는 짧은 강연문으로 작성되었던 글은 강연 출석자들을 상대로 지속적인 검증을 거쳤으며, 마침내 15년 후에 《카네기 인간관계론》을 통해 인간관계의 '원칙'으로 재탄생되었다. 이 책에 대한 평가가 어떠하든 간에 결코 즉흥적으로 쓰인 것은 아니었다.

데일 카네기의 '원칙'

이 책의 원칙들은 과연 효과가 있었을까? 책의 앞부분에서 카네기는 300명 이상의 직원을 거느린 어느 사장을 예로 들었다. 그는 직원에 대해 조금도 좋게 말하지 않는 냉혹한 사장이었다. 그러나 카네기의 강연에서 "남을 비난하거나 나무라거나 불평하지 마라"는 원칙을 듣고 실천한 결과, 그의 회사에서 일하는 '314명의 적을 314명의 친구'로 만들었으며, 충실한 직원들 덕분에 수익도 증대되었다. 이뿐만이 아니다. 가족들도 그를 더욱 좋아하게 되었고, 여가를 위한 시간을 더 많이 가지면서 '일시에 달라진' 자신의 삶을 발견했다.

　무엇보다 카네기를 흥분시킨 것은 자신의 강연을 통해 사람들이 좋은 일자리를 얻거나 수익을 올린 이야기들이 아니라 사람들이 마음의 문을 열고 새로운 삶을 시작했다는 점이었다. 그들은 더 이상 인생을 투쟁이나 파워게임으로 여기지 않게 되었고 인생의 밝은 면을 깨닫기 시작했다. 두 번째 장에서 카네기는 "가장 심오한 인간의 본성은 훌륭해지고자 하는 욕구"라는 미국의 철학자 존 듀이의 말을 인용한다. 프로이트 역시 "성性을 제외한 인간의 가장 큰 욕망은 위대해지고자 하는 것"이라고 말한 바 있다. 에이브러햄 링컨 대통령 역시 자신에 대한 높은 평가를 열망했다.

　인정받고자 하는 이 같은 인간의 욕망을 잘 이해하는 사람은 주변 사람들을 틀림없이 행복하게 만든다고 카네기는 말한다. 심지어 장의사마저도 그가 죽은 것을 애석해할 것이라고 말이다. 게다가 그런 사람은 상대로부터 장점을 이끌어내는 데도 능숙하다. 카네기는 당시의 훌륭한 사업가들의 성공 스토리를 들려주길 좋아했다. 찰스 슈왑은 앤드루 카네기의 철강회사를 경영하여 한 해 백만 달러를 벌어들인 인물이었다. 그는 자신의 성공비결을 직원들에 대한 '아낌없이 베푸는 진심 어린 칭찬'이라고 믿었다. 직원을 소중히 여기고 그들 각자가 특별한 느낌이 들도록 만드는 것은 현대 경영인들에게 널리 알려진 지혜이시만 앤드루 카네기와 데일 카네기 시절에는 전혀 생소한 것이었다.

　그러나 카네기는 아첨은 혐오했다. 그것은 상대의 자만심을 모방하여 조롱하는 것과 같기 때문이다. 반면 상대의 장점을 진심으로 인정하는 행위는 그 사람을 진실한 눈으로 바라보았을 때만 가능한 행위이다. 그로 인해 상대에게 우리는 더욱 소중한 사람이 되며, 상대의 가치를 표현한 만큼 우리의 가치도 늘어난다. 우리는 눈에 띄게 밝아진 상대를 바라보며 더없는 기쁨을 얻고, 일터에서는 따분함과 불신에서 벗어나 열정적으로 협동하는 직원들의 모습을 목격할 것이다. 카네기의 원칙 "솔직하게 진심어린 칭찬을 하라"는 결국 인간의 아름다움에 대한 인식과 연결된다.

이 책에는 총 27가지 원칙이 적혀 있으나, 나머지 대부분은 위에서 말한 "남을 비난하거나 나무라거나 불평하지 말라", "솔직하게 진심어린 칭찬을 하라"라는 두 가지 논리에 입각한 것들이다. 구체적으로는 다음과 같은 원칙들이 있다.

- 상대의 열렬한 욕구를 깨워라.
- 상대에게 진심으로 관심을 기울여라.
- 최선의 논쟁을 위한 유일한 길은 논쟁을 피하는 것이다.
- 상대의 의견을 존중하라. "네가 틀렸어"란 말은 결코 하지 마라.
- 자신의 잘못은 신속히 분명하게 인정하라.
- 부드럽게 말을 시작하라.
- 상대가 많이 말하도록 기회를 줘라.
- 훌륭한 동기에 호소하라.
- 상대를 좋게 평가하여 그 평판에 맞게 살도록 하라.

간추린 평

이 책의 제목은 자주 패러디되기도 하지만, 책 내용 그 자체로 무척 재미있다. 자기계발 분야 저서에서는 흔치 않은 유형이다. 실제로 많은 독자가 데일 카네기의 유머감각에 이끌려 이 책에 빠져든다.

《카네기 인간관계론》은 앞으로도 많은 사람에게 읽힐 것이다. 이 책의 내용이 본질적으로 인간에 관한 것이며, 인간이야말로 우리가 잘 알고 있다고 생각하지만 실제로는 결코 그렇지 못하기 때문이다. 카네기의 책이 나오기 전에는 사람을 대하는 능력을 천성적인 것으로 여겼다. 즉 날 때부터 사람을 다루는 기술이 뛰어나거나 그렇지 못한 것이 정해져 있다고 생각했다. 그러나 《카네기 인간관계론》은 인간관계가 생각보다 훨씬 이해할 만하며 조직적인 학습을 통해 대인기술을 충분히 습득할 수 있다는 사실을 사람들의 마음에 확고히 심어주었다. 또한 진정으로 상대를 존중하고 사랑하기 전에는 상대에게 아무런 영향도 미칠 수 없다고 주장함으로써 이 책에 대한 세상의 일부 부정적인 평가에 정면으로 반박하고 있다.

📖 함께 읽으면 좋은 책
《성공하는 사람들의 7가지 습관》《적극적 사고방식》

BOOK 02

습관을 지배하면 인생이 변화한다

《습관의 힘》

The Power of Habit

> "오늘날 습관 형성의 과학은 매우 발달해서
> 나쁜 습관을 좋은 습관으로 고치지 않을 변명거리가
> 이제는 거의 남아 있지 않다."

찰스 두히그 Charles Duhigg

1974년 뉴멕시코에서 태어나 그곳에서 자랐다. 예일대학교에서 역사학을 전공했고, 하버드대학교 경영대학원에서 석사학위 MBA를 받았다. 《로스앤젤레스 타임스》 기자를 거쳐 2006년부터 《뉴욕 타임스》에서 탐사 보도 전문기자로 일하기 시작했다. 2012년에는 애플을 비롯한 첨단 기업의 비윤리성을 폭로한 연재 기사로 미국 지식인들이 최고 영예로 여기는 퓰리처상을 수상했다. 그 외에도 미국 과학학술원상, 미국 언론인협회상 등 미국 언론인이 받을 수 있는 주요한 상을 모두 휩쓸었다. 또한 그가 처음으로 집필한 《습관의 힘》은 평단과 독자들에게 큰 호응을 얻어 미국에서 50만 부, 전세계 300만 부의 판매고를 기록했으며 전세계 주요 언론에서 '올해의 책'으로 선정하기도 했다.

"작은 승리는 말 그대로 사소한 성공을 의미하며, 이것이 모여 핵심 습관이 커다란 변화를 일으키는 과정을 이룬다. 방대한 연구 결과를 통해 작은 승리에 단순한 성취를 넘어서는 엄청난 영향력이 있다는 사실이 증명되었다."

"어떤 갈망이 특정 습관을 유도하는지 알아내기 위해 보상을 다르게 하는 실험을 해볼 수 있다. 며칠, 몇 주, 혹은 더 긴 시간이 걸리기도 한다. 이 기간 동안에는 실제로 변화해야 한다는 압박을 절대 느끼면 안 되고, 스스로를 데이터를 수집하는 과학자라고 생각하라."

수많은 수상 경력이 있는 저널리스트인 찰스 두히그의 《습관의 힘》은 남편이 다른 여자와 사랑에 빠졌다고 통보하고 떠난 후 삶이 처참하게 무너진 젊은 여자의 이야기로 시작한다. 여자는 담배를 피우기 시작했고 과체중이 되었으며, 빚더미에 앉았을 뿐만 아니라 전남편의 스토커가 됐다. 자포자기 상태에서 카이로에 피라미드를 보러 떠난 그녀는 그곳에서 돌아온 후 사막을 여행하기로 마음을 먹었다. 이를 실행에 옮기려면 담배를 끊어야 했다. 단 하나의 습관을 정복하는 데 집중하면서 그녀는 신체적, 심리적 건강을 회복하지 못하게 방해했던 다른 모든 습관을 고치는 방법을 깨달았다. 담배를 완전히 끊고 달리기를 시작했으며, 체중을 감량하고 새로운 배우자를 만났다. 습관 연구자들이 그녀의 뇌를 스캔한 결과, 음식을 볼 때 여전히 식욕과 배고픔에 연관된 부위가 자극받지만, 전두부의 자기훈련과 절제를 담당하는 부분이 새롭게 활동하여 이를 중단시키는 현상을 발견했다.

도덕률과 종교에서는 오래전부터 좋은 습관이 좋은 삶을 만든다고 가르쳤지만, 뇌과학과 심리학이 습관 형성과 자기 훈련을 과학의 영역으로 바꿔놓은 지는 고작 30년밖에 되지 않았다. 두히그의 책은 이 떠오르는 과학 분야를 대중에게 소개한 초기 서적 중의 하나로, 독자를 몰입하게 하는 흡인력을 갖췄다. 그는 책을 세 부분으로 나누어 개인, 조직, 사회의 영역에서 습관의 힘을 살펴본다. 우리는 첫 번째 영역에 집중할 것이다.

습관의 동물

습관은 오랫동안 심리학자들의 관심사였지만 1990년대가 되어서야 이에 대한 과학적 연구가 진척되기 시작했다. 매사추세츠공과대학교MIT의 연구원들은 실험용 쥐를 대상으로 골프공 크기의 두뇌 부위인 기저핵basal ganglia을 비활성화했다. 그러자 실험용 쥐들은 미로에서 길을 찾는 과정을 처음부터 다시 시작했다. 이전에는 음식을 찾는 습관에 의존했지만 이제는 반복할 때마다 매번 새롭게 길을 찾아야 했다. 그러나 탐색하는 습관이 발달하면서 뇌의 활동은 줄어들었다. 시간이 지나자 생각을 전혀 하지 않아도 될 만큼 길을 찾는 능력이 내재화됐다. 뇌에서 습관을 저장하는 부위인 기저핵이 이 변환 과정을 담당하여 패턴을 쉽게 다시 상기하게 만들기 때문에 그동안 두뇌의 나머지 부분은 사실상 자고 있는 상태나 다름없다.

인간이 습관을 형성하고 없애는 방식도 쥐와 크게 다르지 않다. 예를 들면 주택 진입로에서 차를 후진해서 도로로 나가는 일은 인간의 모든 감각과 복잡한 판단을 동원하여 엔진과 협력해야 하기 때문에 무인주행 기술을 적용하는 데 몇 년이 걸릴 정도로 아주 복잡하고 정교한 과제이다. 그러나 인간의 두뇌는 이를 무리 없이 수행할 뿐만 아니라 더 나아가 의식적인 지적 능력을 거의 사용하지 않고도 생각 없이 처리하는 일상적인 일로 축소할 수 있다. 두히그는 뇌가 이렇게 작동하는 이유가 "노력을 아낄 방법을 끊임없이 탐색하기 때문"이라고 말한다. 우리 두뇌는 작지만 강력해서 발명이나 설계 같은 더 추상적이고 고차원적인 일에 집중하고, 반복되는 일들에 한해서는 노력을 아낄 수 있도록 해준다는 의미이다.

습관 연구원들은 습관이 절대로 사라지지 않고 두뇌의 소프트웨어 중 일부가 된다는 사실을 발견했다. 이것은 양치질에서부터 예의 갖추기, 운전해서 회사에 출근하기에 이르기까지 매일 새로운 일을 다시 배우지 않아도 된다는 의미에서는 좋은 소식이지만, 좋아하지 않는 습관을 없애려는 사람에게는 나쁜 소식이다. 적절한 신호나 보상이 있을 때 사라진 지 오래된 습관이 빠르게 다시 나타난 경험이 있을 것이다. 실제로 한번 시작된 습관은 연극 대본과 같아서 우리 두뇌는 논리적인 결말이 나올 때까지 그것을 읽으려고 한다. 분노를 자극하는 요소가 있을 때 이를 끝까지 따라가서 그에 상응하는 감정적인 반응을 표현하거나 화를 내지 않으면 무엇인가 잘못된 것처럼 느낀다. 강렬한 쾌락과 연관된 성적인 이미지를 볼 때 그에 따른 행동을 취하지 않으면 본성을 거스르는 것처럼 느껴진다. 그러나 '본성'이라는 것 자체는 놀라울 정도로 가변적이라서 오랜 습관이나 여러 가지 습관도 새로운 습관으로 대체될 수 있다.

습관의 원리

습관은 세 가지 단계에 걸쳐 형성된다. 첫 번째로 어떤 신호나 자극이 뇌에 습관적인 자동 조종 모드로 돌입할 수 있다는 정보를 준다. 두 번째로, 신체적 혹은 감정적인 습관 형성이 일어난다. 세 번째로, 보상이 주어지며 그 습관이 가치가 있다고 뇌에 각인된다. 이 '신호-행동-보상'이라는 세 단계의 과정은 시간이 지날수록 더 자동적으로 일어나며, 바로 그 자동성 때문에 의식적으로 싸우지 않는 한 습관이 우리를 지배하게 된다. 그러나 도구의 원리를 아는 것과 유사하게 습관도 그 작동 원리를 알면 고칠 수 있다.

신호는 쾌락과 연관된 것으로 머릿속에 아주 강력하고 깊숙이 내재되어 있어서, 보상이 우리에게 해를 입히는 쪽으로 바뀐다고 해도 그 습관을 멈출 힘이 없는 것처럼 느껴질 정도이다. 약물 중독자는 더 이상 마약의 효과가 전과 같지 않으며 인생을 파괴하는 지경에 이르렀다는 사실을 알면서도 계속 마약을 한다. 우리는 더블치즈버거가 식습관과 날씬해지려는 노력을 망칠 것을 알지만, 그것을 주문하기만 해도 벌써 신이 난다. 어떤 가족이 편리함 때문에 일주일에 한 번 패스트푸드 음식점에 가기 시작한다면, 지방과 설탕이 미뢰味蕾를 자극하면서 느껴지는 보상이 너무나 커서 일주일에 두 번 가기를 정당화할 방법을 찾을 것이고, 그 횟수는 곧 세 번으로 늘어나 결국 가족의 건강에 나쁜 영향을 미칠 것이다. 패스트푸드 체인점이 획일적인 식당 구조와 디자인을 적용하는 이유는 그 색깔과 건물 자체가 자극요인이기 때문이다. 그 식당에 들어가기만 하면 음식을 먹기도 전에 이미 보상을 느낄 수 있다. 신호와 보상이 강력한 경우, 우리는 스스로 알아차릴 새도 없이 습관에 빠지게 된다.

동시에 연구원들은 자극요인이 없으면 금방 행동을 바꿀 수 있다는 점에서 습관이 놀라울 만큼 연약하다는 사실도 발견했다. 예를 들어 우리가 그토록 많은 시간을 보내던 패스트푸드 체인점이 없어지면 이를 대체할 만한 새로운 패스트푸드 음식점을 찾는 대신 집에서 더 자주 식사를 하게 된다. 두히그는 "신호와 보상을 관찰하는 방법을 배움으로써 일상을 바꿀 수 있다"라고 말한다. 우리는 새로운 습관이 형성되는 것을 막기 위해 스스로 노출되는 신호의 많은 부분을 통제할 수 있다.

갈망에 대하여

두히그는 습관이 그토록 강력한 이유가 신경학적 갈망을 만들어내기 때문이라고 한다. 예를 들면 말보로 담배 한 갑이라는 신호를 본 사람은 니코틴 흥분상태라는 보상을 스스로에게 요구한다. 만약 신호를 받았는데도 보상이 주어지지 않으면 갈망만 남게 된다. 전 세계적으로 담배 광고를 금지할 뿐만 아니라 슈퍼마켓에서 담뱃갑을 특정한 장소에 숨기도록 규제하는 정책은 일리가 있다. 신호나 자극이 없다면 갈망을 만들어내는 일련의 과정이 시작되지 않기 때문이다.

치약으로 거품을 내 양치질을 한 후에 남는 상쾌하고 얼얼한 느낌을 기억하는가? 만약 그러한 감각이 느껴지지 않거나 거품을 눈으로 확인하지 않으면 우리는 할 일을 마쳤다는 '신호'를 받지 못해서 보상받은 기분이 들지 않는다. 그러나 얼얼한 느낌은 충치 예방과 아무런 관련이 없다. 두히그는 광고의 대가 클로드 홉킨스Claude Hopkins의 사례를 소개하면서 양치질이 이렇게 확산된 원인은 치아 건강 때문이 아니라 심리적인 이유 때문이었다고 설명한다. 양치질을 하는 사람이 거의 없던 시절, 홉킨스는 펩소던트Pepsodent 광고로 미국인의 절반이 양치질을 하게 만들었다. 그는 치과의학 교과서를 공부하면서 천연 필름 성분이 치아를 덮고 있다는 점을 발견했다. 이 필름은 사과를 먹거나 칫솔질을 하면 쉽게 없어지지만 치약 자체는 그것을 제거하는 효과가 없었다. 그러나 홉킨스는 사실과 다르게 이 필름이 치아 변색과 충치를 유발한다고 고발하는 광고를 냈다. 그 광고는 사람들에게 "필름을 느껴보라"라고 제안하고 (신호), 만약 필름이 있다면 "펩소던트가 그것을 제거한다"라고 말했다(행동). 그리고 "'펩소던트 미소'가 당신을 아름다워 보이도록 만들 것이다"라고 유혹했다(보상). 펩소던트는 30년 넘게 미국에서 가장 잘 팔리는 치약이 됐고, 전세계로 수출되는 브랜드로 성장했다. 홉킨스는 자신이 인간 심리, 특히 신호와 보상의 원리를 이해한 덕분에 성공했다고 말했다. 사람들이 갈망하도록 만들어서 많은 돈을 벌어들인 것이다.

알코올 중독자 모임의 교훈

알코올 중독자 모임Alcoholics Anonymous, 즉 AA의 12단계 회복 프로그램은 비과학적이며 컬트적이라는 비판을 받는다. 특히 중독자들에게 "하느님을 알아감에 따라 우리의 의지와 인생을 그의 보호 아래에 맡기도록" 권하고 독려한다는 점이 문제가 됐다. 정신의학과 중독 연구가 새로운 발견과 데이터를 산처럼 쌓아가고 있는 한편, 알코올 중독자 모임의 기술은 두히그의 말에 따르면 "시간 속에 멈춘 것" 같았다. 그러나 지난 15년간 하버드와 예일을 비롯한 유수의 대학교 연구원들이 이 12단계 프로그램을 개정하려고 시도한 결과, 그들은 프로그램이 연구결과가 뒷받침하는 중독 치료 패턴을 따라, 신호와 보상은 바뀌지 않지만 음주라는 행동만 바뀌는 과정을 실제로 적용하고 있다는 사실을 발견했다.

예를 들어 4단계인 '용감하고 철저하게 자기 탐색하기'를 거치면 술에 손을 뻗게 만드는 모든 자극을 파악할 수 있다. 또한 이 모임은 참여자들이 현실 도피, 감정 표출, 휴식, 동료애, 불안과 걱정을 억누르는 것 등 알코올이 준다고 생각하는 보상을 자세히 살펴보도록 한다. 알코올 중독자가 갈망하는 것은 술에 취한 느낌이 아니라 (사실은 이 느낌을 싫어하는 사람도 있다) 감정적인 해방감이다. 독일의 신경과학자인 울프 뮐러 Ulf Müeller는 뇌에서 신체적인 쾌감을 갈망하는 부위는 안도감과 감정적 해방감을 느끼는 부위와 완전히 동떨어져 있다고 밝혔다. 알코올 중독자 모임이 지속적인 만남, 친근한 후견인, 동지애에 집중하는 이유는 강력한 공감과 모임에서 맛보는 카타르시스가 금요일 밤에 술을 진탕 마시는 것과 비슷한 감정적인 해소를 제공하기 때문이다. 초기 모임인 '90일 동안 90번 만나기'는 알코올 중독자가 집이나 바에 있는 대신 할 일을 만들어준다. 기존의 행동을 대체할 행동이 생기는 것이다.

그러나 회복에 성공한 알코올 중독자들은 금주를 하려면 신호와 보상을 파악하고 새로운 일상으로 대체하는 것만으로는 부족하며 다른 존재, 즉 신이 필요하다고 고백한다. 2005년에 연구원들은 신을 믿는 사람들은 그렇지 않은 사람들이 다시 술을 마시게 되는 유혹의 시기에 특별한 힘의 원천으로부터 도움을 받는다는 점을 발견했다. 연구원들은 객관적인 방법을 통해 '신'이 주는 긍정적인 효과가 무엇이라고 생각하는지 더 자세히 인터뷰했고, 그 결과 믿음 그 자체라는 답을 얻었다. 대부분 스트레스 상황에 처하면 중독이 재발하는 것과 달리, 자기 삶이 더 나아지고 있으며 지지를 받고 있다고 믿는 사람들은 스트레스를 주는 사건이 생겨도 그 믿음이 흔들리지 않았다. 모임과 공동체가 이러한 믿음을 뒷받침해줬다. 그룹에 속한 다른 사람을 통해서 중독을 극복하고 승리를 얻을 수 있다는 살아 있는 증거를 보게 되기 때문이다. 새로운 중독자가 오면 그 사람은 다른 사람을 본보기로 삼게 되고 이러한 연대감이 강해지면 책임감으로 변한다. 모임과 공동체의 역할은 사람들에게 변화가 가능하다는 믿음을 주는 데 있다. 공동체는 사람들에게 새로운 자신으로 탈바꿈할 기회를 주는데, 시간이 흐르면서 행동은 습관화되고 변화를 만들어낸다.

변화의 기술

사람들의 행동과 습관을 수정하는 일이 얼마든지 가능하다는 사실이 과학을 통해 증명되었지만 결국 사람은 스스로 의식적으로 변화하겠다는 '결정을 내려야' 한다. 무의식적으로 습관적인 행동을 하도록 만드는 신호와 자극 요인을 밝혀내고, 그 습관이 주는 보상을 파악하고, 행동을 바꾸는 데 실제로 많은 노력을 기울여야 한다. 충동적으로 도박을 하는 사람이 자기 습관이 가족의 풍요로운 삶을 위협한다는 사실을 깨달을 때, 그 사람은 외부의 도움을 청할 책임이 있다. 카지노가 무료숙박과 신용한도를 제공해줬다고 탓하기만 할 수는 없다. 그러한 유혹에 내성을 키우거나 애초에 그 유혹을 받지 않기 위한 전략을 수립하는 것은 그 사람의 책임이다.

특정 행동을 하게 만드는 신호와 자극 요인을 분명하게 파악하고 인정하며 목록으로 만들어보지 않는다면 자신의 갈망을 이해할 수 없을 것이다. 그렇다면 정확히 어떤 방법으로 습관을 바꿀 수 있을까? 중독 행동을 시작하기 직전에 어떤 느낌과 생각이 드는지 파악하라. 지루하거나 쉬고 싶거나 생리적인 충동이 들기 때문일 수도 있다. 종이 한 장을 늘 지니고 다니면서 충동이 드는 시간을 모두 적으라. 손톱을 물어뜯는 습관이 심각했던 한 여성이 일기장을 들고 다니면서 표시한 결과 일주일 동안 28번 손톱을 물어뜯었다는 사실을 알게 됐다. 그녀는 신체적인 자극을 갈망할 때 손톱을 깨물며, 숙제를 하다가 지루해졌을 때나 텔레비전을 볼 때 그런 행동을 하는 것을 발견했다. 따라서 팔을 문지르거나 손가락 마디를 두드리는 것처럼 다른 종류의 신체적 자극으로 그 버릇을 대체할 수 있었다.

두히그는 매일 오후 3시에서 4시 사이에 커다란 초콜릿칩 쿠키를 사러 구내식당에 내려가는 버릇이 있었다. 이 습관을 분석한 결과, 그는 자신이 실제로 원하는 것은 일에서 잠시 벗어나 동료들과 이야기할 기회라는 점을 깨달았다. 그래서 그는 계획을 세웠다. 매일 3시 30분에 동료의 책상으로 걸어가 10분 동안 이야기를 한다. 이 행동이 일상이 되기까지는 시간이 걸렸고, 다시 쿠키를 사러 간 날도 있었다. 그러나 몇 주가 지난 뒤 이 계획이 자동적으로 실행되는 수준이 되자 그는 엄청난 성취감을 느꼈다. 두히그는 습관 반전

훈련을 개발하는 데에 기여한 네이선 아즈린Nathan Azrin의 말을 아래와 같이 인용한다.

"어처구니없을 정도로 간단해 보이지만, 습관의 원리를 이해하고 신호와 보상을 포착한다면 이미 변화의 절반은 성공한 셈이다. 더 복잡하지 않은 것이 이상할 정도이다. 그러나 분명한 점은 우리 두뇌가 재프로그래밍될 수 있다는 것이다. 그렇게 할 의지만 있으면 된다."

감정적인 습관

스타벅스를 예로 들어보자. 스타벅스는 직원이 자신의 감정을 통제하는 방법을 배우지 못하면 근무 현장에 자기 문제를 투영하여 손님과 다른 직원에게 감정을 쏟아낸다는 사실을 발견했다. 그들은 직원을 대상으로, 예를 들면 손님이 자신의 주문이 마음에 들지 않아 소리를 지르기 시작하는 상황과 같이 해결하기 어려운 순간에 어떻게 대처할지 상상해보는 역할극 훈련을 진행했다. 자기 훈련 및 습관 분야 전문가의 도움을 받아 스타벅스는 '라떼LATTE 응대법'이라는 기술로 직원들을 훈련했다. 그 내용은 '손님의 말을 경청하라Listen', '불평을 인정하라Acknowledge', '문제를 해결하는 행동을 취하라Take', '손님에게 고맙다는 말을 하라Thank', '문제가 발생한 이유를 설명하라Explain'이다. 이러한 '변곡점Inflection Point' 계획에서의 핵심은 특정 상황에서 취할 행동이 자동적으로 나올 때까지 반복해서 연습하는 것이다. '화난 손님'이라는 신호가 발생하면 행동이 자동으로 시작되고, 관리자가 격려의 의미로 등을 두드려주는 것과 같은 보상이 언제나 뒤따른다.

두히그는 사람이 성공하는 정도를 나타내는 지표로 지능보다 중요한 요소가 자기 훈련이라는 점을 다양한 연구결과가 뒷받침한다고 말한다. 두뇌로 어느 정도의 성취를 이룰 수는 있지만, 상황과 타인에 대한 당신의 반응이 통제되지 않으면 1년 동안 노력한 일이 한 번의 맹렬한 분노로 쉽게 무너질 수 있으며, 몇 가지 차질이 생겼다고 해서 성과가 나타나기 직전에 포기할 수도 있다. 모든 종교와 도덕 체계가 가르치듯, 감정을 통제하는 습관이 핵심이다. 상황과 사람에 대한 반응이 긍정적인 의미로 습관화되지 않으면 자신의 삶을 통제할 수 없게 된다.

간추린 평

월리엄 제임스는《심리학의 원리》에서 "표면적인 관점에서 생명체를 볼 때 가장 먼저 눈에 띄는 것은 그들이 습관의 집합체라는 점이다"라고 말한다. 우리는 위대한 깨달음의 순간을 경험할 수 있지만, 실제로 뇌의 신경 연결 통로가 재배열되지 않는다면 정말 변화했다고 말할 수 없다. 그는 신경 체계를 우리의 적이 아닌 동맹으로 만드는 일이 변화의 핵심이라고 주장한다. 월리엄 제임스에 따르면 사람은 성장하고 변화하며 종이나 외투를 구기거나 접으면 같은 방향으로 계속 접히는 것처럼 훈련된 방향으로 나아간다.

올바른 습관을 들이면 그 효과와 결실이 삶에서 빛을 발한다. 사람들은 특정한 결과를 만들어내지 '않을 수 없을 만큼' 저절로 행동하게 되는 습관을 기르고 싶어 한다.

동기부여에 관한 수많은 책이 위대한 목표를 상상하고 그 목표가 잠재의식에 각인되도록 하는 일종의 '설정한 후 잊어버리는' 방식을 제안한다. 그러나 습관 형성의 과학은 철학, 종교, 속담이 항상 전달하는 메시지를 더 분명하게 이야기한다. "인간은 습관, 감정, 육체가 뒤섞인 존재이며, 잠재력을 발휘하기 위해서는 일상을 채우는 일과를 신중하게 계획해야 한다."

인간은 습관을 선택할 수 있다는 점에서 큰 힘을 가진다. 중요한 것은 우리가 어떤 사람이 되는 데 목표보다도 선택한 습관이 더 많은 영향을 미친다는 것이다. 따라서 어떤 습관을 기를 것인지가 가장 중요하며, 또 그 선택에는 큰 책임이 따른다는 점을 명심해야 한다.

📖 함께 읽으면 좋은 책
《성공하는 사람들의 7가지 습관》

BOOK 03

인생도 비즈니스처럼 경영하라

《성공하는 사람들의 7가지 습관》

The 7 Habits of Highly Effective People

"진정한 효율성은 원칙과 가치, 비전을 분명히 하는 데서 비롯된다.
이것이 습관화될 때 비로소 변화가 시작된다."

스티븐 코비 Stephen Covey

1932년 태어났으며 하버드대학교에서 MBA를 수료한 후, 유타주의 브리 검영대학교에서 조직행동 및 기업경영학 교수, 부총장을 역임했다. 1984년 코비리더십센터를 설립하여 《포춘》 선정 500대 초일류기업과 함께 리더십 과정을 운영해왔으며, 13년 후 프랭클린퀘스트와 합병하여 프랭클린코비사를 창립했다. 《성공하는 사람들의 7가지 습관》은 지금까지 36개 언어로 번역되어 1,300만 부 이상 판매되었다. 스티븐 코비는 여러 대학교로부터 명예 박사학위를 받았으며, 《타임》이 선정한 '미국의 가장 영향력 있는 25인'에 오르기도 했다.

"내면에 확고부동한 핵심을 지니지 못한 사람은 변화하며 살아갈 수 없다. 그 핵심이란, 내가 누구고, 어떤 일을 하고자 하며, 가치 있게 여기는 것이 무엇인지에 대한 확고한 감각을 일컫는다."

"많은 사람이 이분법적 방식으로 사고한다. 강하거나 약하거나, 엄하거나 너그럽거나, 이기거나 지는 식으로 말이다. 그러나 이런 식의 사고에는 근본적인 결함이 내재한다. 원칙보다 힘과 지위에 의존하기 때문이다. 반면에 윈-윈Win-Win은 모든 사람을 위한 풍족한 패러다임에 기초하며, 누군가의 성공이 다른 사람의 성공을 가로막은 대가로 얻어지지 않는다."

스티븐 코비의 책은 오늘날의 자기계발 영역에서 비범한 위치를 차지하고 있다. 출간된 해에만 100만 부가 팔렸으며, 전세계 32개 언어로 번역되었다. 또한 코비의 강연은 언제나 대중들에게 열렬한 호응을 받았고, 여러 유명 인사 중에 코비를 자신의 롤모델로 삼는 사람들도 많았다. 이것은 데일 카네기의 《카네기 인간관계론》이 60년간 이룬 것과 똑같은 영향력이다.

더 나은 인간이 되기 위한 비결을 이야기하는 수많은 책 중에 유독 이 책이 독보적으로 성공한 이유는 과연 무엇일까?

성공의 첫 번째 이유, 절묘한 출간 타이밍

무엇보다 출간 타이밍이 잘 맞았다.《성공하는 사람들의 7가지 습관》은 1990년대의 진입을 눈앞에 둔 시점에 발간되었다. 당시 안락한 세상에서 '우주의 주인'이 되고자 했던 인간의 열망은 충족되지 못할 듯 보였으며, 사람들은 그들이 정말로 원하는 것을 얻기 위한 다른 처방을 구할 준비가 되어 있었다. 그런 중에 스티븐 코비가 내놓은 '인격윤리의 회복restoring the character ethic'이라는 메시지는 너무나 구식인 나머지 오히려 혁신적으로 보였다.

박사논문을 위해 과거 200년간의 성공에 관한 저서를 연구하던 코비는 '성격윤리personality ethic'(20세기 많은 저서에서 나타나는 빠른 해결책과 인간관계에 관한 윤리)와 '인격윤리character ethic'(불변하는 개인적 원칙에 관한 윤리)를 명확히 구분하게 되었다.

그 결과 코비는 자신의 내면을 지배하지 못한 채 겉으로만 드러나는 성공은 결코 진정한 의미의 성공이 아니라고 믿었다. 코비의 표현을 빌자면 '개인적인 승리'가 '공적인 승리'보다 앞서야 하는 것이다.《성공하는 사람들의 7가지 습관》은 그런 주장을 잘 표현하고 있다.

성공의 두 번째 이유, 개인적 삶을 위한 계획 수립

이 책이 성공할 수 있었던 실질적인 두 번째 이유는 '자기계발'과 '리더십/경영' 두 가지 영역에 걸쳐 있다는 점이다. 이 같은 교차상태가 효과적으로 이 책의 시장을 두 배로 확장시켰다. 다만 자기계발에만 관심을 가졌던 독자들에게 이 책을 채우고 있는 경영용어와 도표, 비즈니스 사례 등이 반갑지 않을 수는 있다. 변화하는 패러다임에 대해 많은 이야기를 들려주는 이 책은 분명 비즈니스적 사고의 패러다임을 대표하기 때문이다.

그러나 자신의 인생을 재설계하는 훌륭한 방법을 배우고, 코비의 개인적, 가족적 경험을 듣고 싶은 사람이라면 이 정도의 대가는 필수적이다. 그는 여러 면에서 카네기를 계승하고 있으나, 그의 저서는 그 전에 나왔던 어떠한 자기계발서보다도 체계적이고 포괄적이며 우리 인생의 전반을 다루고 있다.

성공의 세 번째 이유, 습관 강조

변화를 위한 기본단위로 '습관habits'을 강조한 것 역시 이 책의 중요한 성공요소이다. 진정한 위대함은 시간을 두고 조금씩 인격이 향상된 데서 비롯된다고 코비는 말한다. 매일의 습관적인 생각과 행동을 통해 위대함이 이뤄진다는 것이다. 《성공하는 사람들의 7가지 습관》은 삶의 혁명을 약속하지만, 일시적인 대폭발이 아닌, 조금씩 진화하는 수천 번의 변화를 통해 가능하다고 말한다.

영국의 소설가이자 극작가인 찰스 리드는 이렇게 썼다. "생각의 씨를 뿌리면 행동의 열매를 거둘 것이다. 행동의 씨를 뿌리면 습관의 열매를 거둘 것이다. 습관의 씨를 뿌리면 인격의 열매를 거둘 것

이다. 인격의 씨를 뿌리면 운명의 열매를 거둘 것이다." 이 글에서
도 코비의 메시지를 엿볼 수 있다.

성공의 네 번째 이유, 효율적이란 단어 사용

이 책의 마지막 성공요인은 책 제목에 '효율적effective'이라는 단어
를 쓴 데 있다. 1980년대까지 서양 문화는 '능률efficient'에 대한 경
영이론을 수십 년간 외쳐왔다. 기계적 문화의 산물인 시간경영의
개념은 개인의 영역으로 스며들었으며, 인생에서 일어나는 모든
문제는 '원료의 비능률적 배급'의 결과로 받아들이게 되었다.

　하지만 코비의 시각은 달랐다. 나에게 가장 중요한 것이 무엇인
지 생각하고 그것이 내 삶의 중심을 차지하고 있는지 보라, 능률에
대해선 염려하지 말라 등, 내가 하고 있는 일에 의미나 근본적 즐거
움이 결여되었다면 아무리 '능률적'이어도 소용없다는 것이 그의
시각이다.

　이 책은 단순한 성취 이상의 '고차원적 효율성'을 강조한다. 무엇
을 성취하든 그것이 당신의 고귀한 목적과 타인에 대한 봉사라는
두 가지 측면에서 가치를 지니지 못한다면 공허한 성취에 불과하
다. 코비는 20세기 자아계발 영역의 성격윤리가 안개 속을 헤매는
듯한 성취집착사회를 만드는 데 일조했다고 믿는다. 이처럼 우리
는 이런 사회 분위기에서 한 발 물러나 진정한 성취가 무엇인지 생
각해볼 시간이 필요하다.

성공하는 사람들의 7가지 습관

코비가 말하는 '성공하는 사람들의 7가지 습관'은 세상을 기꺼이 새롭게 바라보고, 삶을 진지하게 받아들이는 용기를 갖출 것을 강조한다. 또한 우리의 진정한 책임이 무엇인지를 정곡을 찌르며 이야기한다. 지금의 내 문제를 '경제환경'이나 '못된 사장', '내 가족'의 탓으로 돌려봤자 아무 소용이 없다. 충족된 삶과 개인적 힘을 얻기 위해 해야 할 일은 스스로 책임져야 할 것은 무엇인지, 자신의 '관심 구역'이 어느 곳인지를 결정하는 것이다. 자신을 돌아보는 것만으로도 내가 지닌 '영향력의 구역'을 넓힐 수 있다.

'성공하는 사람들의 7가지 습관'을 간략하게 살펴보자.

주도적이 돼라

인간에게는 자극에 대한 반응을 늘 선택할 자유가 있다. 다른 선택의 여지가 없을 때라도 그렇다. 그것은 우리가 가족이나 사회가 정해준 각본에 따라 살 필요가 없다는 걸 알려준다. 그저 '살아지는 것' 대신에 각자의 인생에 온전히 책임을 지는 것, 그것은 양심이 우리에게 말해주는 방식으로 사는 걸 뜻한다. 우리는 더 이상 반응하는 기계가 아니라 주도적인 인간이 되어야 한다.

끝을 생각하며 시작하라

내 장례식에 온 사람들이 나에 대해 뭐라고 말하길 바라는가? 직접 나에 대한 글이나 개인적인 사명선언문을 작성해봄으로써 인생의 궁극적인 목표나 가장 소중한 사람을 결정하고, 거기서부터 거꾸로 일을 해나갈 수 있다. 이로써 우리는 옳은 선택을 내리도록 지혜를 주는 자기안내 시스템을 갖춘 것이나 다름없다. 우리가 오늘 하는 모든 일은 마지막 순간의 우리 모습에 대한 이미지와 연관될 것이다.

소중한 것을 먼저 하라

세 번째 습관은 두 번째 습관으로 언급한 거시적 안목을 매일매일 행동으로 실천하는 것이다. 마음속으로 생의 마지막 순간의 그림을 그려놓으면, 우리는 가장 효율적이고 즐거운 일상을 계획할 수 있다. 우리의 시간은 진정으로 소중한 사람과 함께하는 일들로 채워질 것이다.

윈-윈을 생각하라

나의 성공이 다른 사람의 희생으로 얻어져서는 안 된다. 윈-윈을 추구한다고 해서 내 원칙들이 위태로워지는 것은 아니다. 오히려 타인의 시각을 진정으로 이해할 때 생겨나는 더 나은 인간관계, 즉 '너의 길도 나의 길도 아닌, 더 나은 길'을 얻는다.

먼저 이해하고 다음에 이해시켜라

타인에 대한 감정이입 없이는 어떠한 영향력도 발휘할 수 없다. 인간관계라는 감정의 은행계좌에 저축하지 않고는 신뢰라는 이자를 얻을 수 없다. 남의 말을 잘 들어주는 것은 상대에게 소중한 심리적 기운을 가져다주며 그들의 영혼의 창을 열게 한다.

시너지를 내라

시너지는 다른 습관들을 모두 실천했을 때 발생한다. 부분을 합산하면 예측하지 못했던 '제3의 대안' 또는 완벽한 결과를 얻을 것이다.

끊임없이 쇄신하라

인간은 신체적, 영적, 정신적, 사회적 삶의 균형을 맞춰야 한다. 생산성 증대를 위해 '끊임없이 톱날을 가는 것'은 자신의 규칙적 쇄신을 위해 시간을 할애하는 것을 뜻한다.

간추린 평

코비의 여러 영웅들은 그를 철학으로 이끌었다. 그는 벤저민 프랭클린을 행동 면에서 인격윤리의 완벽한 모범으로 삼았다. '특정 원칙과 습관들을 자신의 본질로 깊숙이 통합시킨 인고忍苦의 인물'로 그를 인정한 것이다. 중동평화조약을 성사시킨 이집트의 안와르 사다트 대통령 역시 코비에게는 성공成功석으로 스스로를 '고쳐 쓴' 상위인물로 평가받는다. 유대인 집단수용소 생존자인 빅터 프랭클은 개인의 책임윤리를 강조한 인물로, 헨리 데이비드 소로는 자율적 정신을 지닌 인물로 소개된다.

코비가 말한 성공하는 사람들의 7가지 습관은 단순한 상식에 그친다고도 한다. 틀린 말은 아니다. 하지만 그 습관들을 하나로 묶고 연속적으로 나열하며, 그것을 지지하는 원칙중심의 철학을 갖춘 그의 저서는 그가 찬양하는 시너지 효과를 일으켰다.

자기계발 영역에 가해지는 공통된 비난은 한 번의 세미나나 한 권의 책으로 엄청난 영감을 얻더라도 시간이 지나면 모두 잊힌다는 것이다. 하지만 행동과 변화의 단위로 '습관'을 사용한《성공하는 사람들의 7가지 습관》은 책의 교훈을 일상의 삶에 통합시키도록 추진력을 발휘한다. 독자들은 작은 것들을 변화시키는 도구를 통해 큰 변화를 얻을 수 있을 것이다.

📖 함께 읽으면 좋은 책
《죽음의 수용소에서》《프랭클린 자서전》《인생은 수리가 됩니다》

BOOK 04

정신과 물질을 아우르는 이 시대의 교과서

《풍요로운 삶을 위한 일곱 가지 지혜》

The Seven Spiritual Laws of Success

"인생에서 바라는 것을 손쉽게 얻을 수 있는 방법이 있는데,
바로 자연 및 우주와 조화를 이루는 것이다."

디팩 초프라 Deepak Chopra

1947년 인도 뉴델리에서 저명한 심장학자의 아들로 태어나 인도의 대학교에서 의학을 전공했다. 1970년, 미국으로 건너가 보스턴에서 내분비학자가 되었으며, 보스턴대학교와 터프츠대학교 의과대학에서 교편을 잡았고, 뉴잉글랜드 메모리얼 병원의 수석의로서 일했다.

1960년대 미국에서 명상의 대중적 바람을 일으킨 정신적 지도자 마하리시 마헤쉬 요기를 만난 후 그는 의학 전문가에서 정신적 지도자로 변신을 시작한다. 초월명상운동 transcendental meditation movement에 지속적으로 참가한 그는 아유르베다 Ayurveda에 새롭게 눈을 뜨면서 미국 아유르베다의 학협회를 설립했다. 1999년에 《타임》은 그를 '20세기의 우상과 영웅 100인'에 선정했으며 '대체의학의 선각자'로 명명했다.

"우리가 이 법칙을 이해하고 삶에 적용시킬 때 원하는 모든 것이 이루어질 것이다. 숲이나 은하수, 별, 인간의 육체를 창조하는 자연의 법칙과 인간의 간절한 소망을 이루어주는 법칙이 똑같기 때문이다."

"'베풂의 법칙'을 실천에 옮기는 가장 좋은 방법은 언제 누구를 만나든 늘 무언가를 주겠다고 결심하는 것이다. 꼭 물질일 필요는 없다. 그것은 꽃이나 칭찬, 기도가 될 수도 있다. (중략) 애정과 관심, 인정, 사랑과 같은 선물은 남에게 베풀 수 있는 몹시 소중한 선물이며, 비용도 들지 않는다."

자연스러운 힘을 지닌 간결한 이 책은 현대의 자기계발서 중 단연 최고로 뽑힐 만하다. 다른 자기계발서들을 모두 던져버리고 이 책 하나만으로 살아도 좋을 정도이다. 성공과 번영을 강조하는 내용이 일부 독자에게는 '정신적'인 면이 부족해 보일 수 있으나, 핵심적 내용은 그렇지 않다. 우리가 자급자족하는 수도자가 아니라면 부의 발생을 정신적인 것과 융화시켜야 하는 경제적 행위자가 되어야 한다. 경건한 소책자이자 번영을 위한 안내서라는 두 가지 역할을 훌륭히 수행하고 있는 이 책은 이 시대를 상징하는 작품이나 다름없다.

성공에 대한 불변의 법칙을 정의하는 일은 자기계발 문학의 위대한 과제이다. "뿌린 대로 거둔다"는 카르마karma(원인과 결과)의 법칙과 "인생의 목적을 세우라"는 다르마dharma(삶의 목적)의 법칙은 영겁의 시간 동안 인간과 함께했으며, 초프라의《풍요로운 삶을 위한 일곱 가지 지혜》에도 속한다. 여기서는 나머지 다섯 가지 지혜에 대해 간략하게 살펴보겠다.

순수잠재력의 법칙

순수잠재력pure potentiality은 몰입상태가 되고 '명백하지 않던 것이 명백해지는' 고요의 영역이다. 이 같은 순수한 의식상태에서 인간은 순수한 지식과 완벽한 균형, 무적無敵, 행복을 이룬다. 이러한 영역에 접근했을 때 인간은 고귀하고 순수한 자기를 경험하며, 자아를 통해 인생 무상과 낭비를 인식할 수 있게 된다. 자아가 두려움에 기초한다면 상위자아는 사랑스러운 안정상태에 존재한다.

"상위자아는 비난에 대해 면역을 지니며, 어떤 도전도 두려워하지 않고, 누구보다 열등하다는 느낌을 가지지 않는다. 또한 겸손하며 누구보다 우월하다는 느낌도 가지지 않는다. 외관은 다르지만 모든 인간은 똑같은 영혼적 존재라는 사실을 알고 있기 때문이다."

자아의 베일이 벗겨질 때 비로소 지식이 드러나며 위대한 안목이 갖춰진다. 초프라는 페루 출신의 문화인류학자이자 미국 뉴에이지운동의 기수 카를로스 카스타네다의 말을 인용하며, 인간이 스스로를 들어올리는 노력을 멈춘다면 우주의 웅장함을 보기 시작할 것이라고 말한다. 인간은 대개 명상과 침묵을 통해 순수잠재력에 접근하지만, 비난을 멈추고 자연을 인식하는 것으로도 가능하다. 한번 이 영역에 발을 들여놓으면 언제든 그곳으로 돌아갈 수 있으며, 상황과 감정과 사람과 사물로부터 독립된 존재가 될 것이다. 온갖 풍요와 창의성도 이 영역에서 흘러나온다.

베풂의 법칙

줄수록 받는다는 생각이 든 적이 있는가? 왜 그럴까? 초프라는 인간의 몸과 마음이 우주와 끊임없이 주고받는 관계에 놓여 있기 때문이라고 설명한다. 창조하고, 사랑하고, 성장하는 것은 이러한 관계를 지속시킨다. 반면 주는 것을 멈췄을 때 이러한 관계의 흐름은 단절되고 혈액처럼 응고한다. 따라서 주는 것은 우주 에너지의 순환에 참여하는 것이며, 많이 줄수록 사랑과 물질, 운 좋은 경험 등의 형태로 그것들을 다 돌려받는다. 돈은 세상을 돌아가게 만들지만, 그것 역시 받은 만큼 남에게 줄 때만 가능하다.

줄 때는 즐겁게 주어라. 남에게 축복을 받고 싶다면 한없이 긍정적인 생각을 불어넣으며 그들을 먼저 축복하라. 돈이 없으면 몸으로 봉사하라. 인간이 줄 수 있는 것에는 한계가 없다. 인류의 진정한 속성 자체가 풍요로움과 풍족함이기 때문이다. 자연은 인간이 필요로 하는 모든 것을 준다. 그리고 베풂의 영역은 필요한 것을 더욱 많이 생산하도록 지식과 창의력을 제공한다.

최소 노력의 법칙

물고기가 헤엄을 치고 태양이 뜨는 것이 자연이듯 손쉽게 꿈을 이루는 것 역시 인간이 지닌 자연의 속성이다. 베다Veda(인도에서 가장 오래된 신화적 제식문학의 집대성이자 우주의 원리와 종교적 신앙을 설명하는 철학 및 종교문헌)의 경제적 원칙에 "조금 일하고 많이 얻어라"라는 것이 있다. 다소 엉뚱하게 들리는가? 고된 일과와 계획, 노력은 시간낭비란 말인가?

초프라는 인간의 행동이 자아의 욕구가 아닌 사랑에 의해 동기화될 경우, 인간이 원하는 것을 이루기 위해 필요한 것보다 훨씬 더 많은 에너지가 발생된다고 말한다. 반면 다른 사람을 정복하거나 다른 사람한테 인정받고자 하는 노력은 엄청난 에너지를 소비시킨다. 인간은 무언가를 검증하고자 애쓴다. 그러나 상위자아에서 비롯된 행위를 하고 있다면, 발전과 풍요를 이뤄줄 방법과 장소를 선택하는 일이 간단해진다.

첫 번째 단계로 받아들이는 연습을 하라. 힘들이지 않는 우주의 자연스러운 힘에 맞서면서 그것과 조화를 이루기를 기대할 수는 없다. 아무리 어려운 순간과 마주하더라도 "지금은 이래야만 해"라며 스스로를 타일러라. 두 번째 단계로 방어하지 않는 연습을 하라. 끊임없이 다른 사람의 시각에 일일이 방어적인 태도를 취하거나 그들을 탓한다면, 우리 안에 들어오길 기다리고 있는 완벽한 대안을 맞아들일 수가 없다.

의지와 소망의 법칙

가장 복잡하면서도 가장 매력적인 법칙이다. 초프라는 나무가 단일목적(뿌리를 내리고 자라고 광합성을 하는 것)에 집착하는 반면, 명석한 인간의 신경계는 우리가 자유롭게 상상한 소망이 이뤄지도록 마음과 자연의 법칙을 형성시킨다고 말한다. 이것은 관심과 의지의 과정을 통해 일어난다.

어떤 것에 대한 관심이 그것에 에너지를 부여하고 확장시킨다면, 의지는 에너지와 정보를 촉발시키고 '자체적인 실현'을 체계화한다. 어떻게 이런 일이 일어날 수 있을까? 초프라는 고요한 연못을 예로 들었다. 잠잠한 마음의 연못에 의지의 조약돌을 던지면 시간과 공간적으로 움직이는 동그라미를 만들어낼 수 있다. 반면에 마음이 휘몰아치는 바다와 같다면 제아무리 큰 돛을 던지더라도 티조차 나지 않을 것이다. 일단 수용적인 고요함 속에 의지가 들어오면 인간은 의지를 실현시켜주는 우주의 무한하고 조직적인 힘에 의존할 수 있게 된다. 인간은 그저 '우주가 세세한 것을 처리하도록' 내버려두면 된다.

초연의 법칙

의지를 가졌더라도 그것이 실현되기 전까지는 집착하지 말아야 한다. 인간은 무언가에 관심을 기울일 수 있다. 그러나 특정한 결과에 집착할 경우, 그것을 이루지 못할 것에 대한 두려움과 불안이 일어난다. 자신의 상위자아에 파장을 맞춘 사람은 의지와 소망을 갖되, 결과와 자아감을 일치시키지는 않는다. 그 무엇도 그들의 자아감에 영향을 미칠 수 없기 때문이다.

초프라의 말을 들어보자.

"초연한 사람에게만 기쁨과 즐거움이 생겨난다. 그러면 부를 상징하는 것들이 자발적으로 손쉽게 생겨난다. 무언가에 집착하는 사람은 무력과 절망, 세속적인 욕구, 사소한 두려움, 소리 없는 절망, 심각함의 감옥에 갇힌 것이나 다름없다. 그것은 매일을 평범하게 살아가며 가난을 의식하는 사람들의 뚜렷한 특징이다."

초연하지 못한 사람은 문제에 대한 해결책을 찾아내야 한다는 강박감에 빠진다. 반면 초연한 사람은 모든 혼돈과 동시에 발생되는 완벽한 해결책을 바라볼 수 있는 여유를 갖는다.

여기까지 내가 요약한 내용에 만족하지 말고 직접 책을 구입하여 초프라의 구체적이고 풍요로운 사상을 읽는 기쁨을 누려라. 어쩌면 그의 사고방식에 접근하고 그의 말을 이해하는 데 시간이 걸릴지도 모른다. 하지만 인내심을 가져라. 그의 법칙들은 분명한 효과를 나타낸다. 끝까지 읽다보면 모든 명저가 그렇듯이 그 안에서 새로운 의미를 발견해낼 수 있을 것이다.

간추린 평

의도적인지는 모르겠지만 20세기 말에 나온 자기계발서들은 영적인 것보다는 물질적인 가르침을 통해 메시지를 전하는 책들이 많다. 초프라의 저서 역시 물질적 번영에 관한 이야기를 하고 있지만 읽다 보면 인자하고 완벽한 우주의 지식을 말하고 있다는 걸 발견하게 된다. 또한 이 책은 '선한 카르마'적 행동과 결과에 초연한 자세를 통해 성공이 이뤄진다고 말한다. 그는 정신적인 가치를 부자가 되기 위한 수단으로 사용한다는 비난을 듣기도 한다. 틀린 말은 아니다. 그러나 그것이 부끄러운 일도 아니다. 우주 자체의 속성은 풍요로운데, 인간이 가난한 의식으로 살아간다는 것은 인생을 허비하는 것이나 다름없기 때문이다.

이 책의 주제는 우주적 통합이다. 전체적으로는 '성공'과 연관되어 있기는 하지만 진정한 테마는 '힘'이다. 우주적 통합을 깨닫고 그 힘을 수용할수록 우리는 우주적 힘을 더욱더 깨달을 수 있을 것이다. 반면 그것으로부터 분리되어 살 수 있다는 환상은 우리를 세

상과 맞서게 하며, 그 과정에서 우리는 더욱 나약해진다.《풍요로운
삶을 위한 일곱 가지 지혜》라는 최고의 자기계발서는 성공을 위한
사상을 '우주의 정복자가 되는 것'에서 '우주와 일체를 이루는 것'
으로 변하게 만든다.

📖 함께 읽으면 좋은 책
《바가바드 기타》《인생의 게임에서 승리하는 믿음의 법칙 10》

BOOK 05

인생은 상상한 대로 펼쳐진다

《네 안에 잠든 거인을 깨워라》

Awaken the Giant Within

"오늘 당장 바라는 인생을 살아라.
이 책은 그러한 삶을 위한 시동 장치가 될 것이다."

앤서니 라빈스 Anthony Robbins

1960년 로스앤젤레스의 가난한 외곽지역에서 태어났다. 그는 17세에 어머니로부터 집에서 쫓겨났으나 동기부여 강연자들의 세미나 티켓을 팔며 판매사원으로 명성을 얻었다. 700권 이상의 자기계발서를 읽은 그는 1983년에 우연히 신경언어프로그래밍NLP을 받아들여 24세에 백만장자가 되었다가 파산 후 다시 재기에 성공했다. 라빈스는 현재 '최상의 성과를 컨설턴트' 하는 미국의 가장 유명한 인사이며 IBM, AT&T, 아메리칸 익스프레스 등《포춘》선정 500대 기업 CEO들과 미국 상하원 의원과 미군 장성들, 정상급 연예인들, 그리고 안드레 애거시부터 그렉 노먼에 이르는 프로 선수들, 빌 클린턴과 조지 부시 같은 대통령들까지 찾는 상담가이며 구소련의 대통령 미하일 고르바초프의 개인조언을 맡았으며 고 다이애나 영국 황태자비와도 몇 차례 만남을 가졌다.

"진정한 변화를 원하는 순간에 반드시 해야 할 첫 번째 일은 자신의 기준을 높이는 것이다. 사람들이 8년 전에 내 인생을 바꾼 것이 무엇이었느냐고 물을 때마다 나는 내 자신에 대한 바람을 바꾼 것이었다고 대답한다. 나는 내 인생에서 더 이상 허용하지 않을 것과 참지 않을 것, 그리고 정말로 바라는 모든 것을 하나씩 적었다."

"과거가 현재와 미래를 지배하도록 놔둬서는 안 된다. 이 책을 통해 인생설계 방향에 맞는 가치와 믿음을 체계적으로 조직함으로써 우리는 새롭게 태어날 것이다."

앤서니 라빈스는 모두가 인정하는 자기계발 영역의 거장이다. 적어도 미국인이라면 누구나 그의 이름을 알고 그가 출현한 TV 광고도 한 번쯤 봤을 것이다. 그는 전세계 대통령과 왕족, 일류 스포츠 스타와 기업체 회장들을 개인적으로 지도했으며, 놀라운 에너지와 마케팅 솜씨를 조합하여 엄청난 수의 새로운 독자를 계속해서 만들어낸다. 자기계발 영역의 또 다른 거장인 디팩 초프라와 웨인 다이어도 그의 인기를 따르지 못한다. 많은 사람이 1,000달러가 넘는 비용을 감수하며 라빈스의 주말 세미나에서 참석하며, 마치 팝콘

서트장이나 성령부흥회장에 온 것 같은 뜨거운 열기와 광란을 경험한다.

《네 안에 잠든 거인을 깨워라》는 개인용 제트헬기를 타고 오늘도 변함없이 매진된 자신의 세미나로 향하는 라빈스의 모습으로 시작된다. 그는 10년 전 자신이 관리인으로 일했던 발아래의 건물을 보며 뚱뚱하고 가난하고 외로웠던 당시의 모습을 떠올린다. 이제는 행복하고 결혼도 하고 해안저택을 가진 갑부가 된 그는 마치 꿈속에 살고 있는 느낌이 든다.

이 같은 묘사는 《네 안에 잠든 거인을 깨워라》를 재미있게 읽히도록 하는 하나의 방편이며, 그도 자신의 인생이 자기 상품을 홍보하는 가장 좋은 수단이라는 걸 잘 알고 있다. 자, 처음으로 돌아가보자.

NLP을 만나다

라빈스가 20대 중반에 쓴 첫 작품은 《거인의 힘 무한능력 Unlimited Power》이었다. 이 책은 베스트셀러가 되었으며 그의 갖가지 방식의 원천인 신경언어프로그래밍 NLP, Neuro-Linguistic Programming 을 토대로 한다.

NLP는 존 그라인더와 리처드 밴들러가 어휘적, 비어휘적 언어가 신경계에 미치는 영향을 연구하면서 처음 계발했으며, 인간이 각자의 신경계를 통제할 수 있고, '천성적'인 것 같은 인간의 반응과 행동도 실제로는 프로그램된다는 이론을 전제로 한다. 또한 성공

한 사람의 행동을 모방하여 그들이 얻은 것과 똑같은 결과를 얻을
수 있다는 또 하나의 주요한 핵심도 담고 있다.

라빈스는 이와 같은 NLP를 좀더 다듬고 일반 독자들을 상대로
시장화하는 데 성공했다. 그의 캐치프레이즈가 "즉각적인 변화를
일으켜라"인 것이나 인간의 동기를 고통이나 즐거움과 연관시키는
것 등은 NLP 이론에서 직접 비롯된 것이다.

내 안에 잠든 거인을 깨우는 방법

이 책은 몇 가지 질문으로 독자의 상상력을 자극하고 마음속 가능성
을 불러일으킨다. 무한가능성의 대가인 라빈스는 꼼꼼하고 자세하
게 목표성취를 위한 실질적 단계를 소개한다. 원서 500쪽 분량의 방
대한 이 책에서 몇 가지 주제를 골라 소개하도록 하겠다. 이 주제들
은 책에서는 풍부한 인용문과 이야기, 사실들로 보충된다.

고통과 기쁨

인생을 형성하는 중요한 힘이 있다. 우리는 그 힘이 우리를 장악
하도록 내버려둘 수도, 그 힘을 마음대로 다룰 수도 있다. 무엇을 기
쁨과 연관시키는가? 어떤 사람은 마약과 기쁨을 동일시하고 어떤
사람은 봉사를 기쁨으로 여긴다. 재능만 쏙 뺀 마약나복용으로
사망한 지미 헨드릭스가 되고 싶은가, 아니면 마더 테레사가 되고
싶은가? 고통이나 기쁨을 행동이나 생각과 연결시킴으로써 우리

의 모습을 달라지게 할 수 있다.

믿음의 힘

두 남자가 감옥에 갇혀 있다. 한 남자는 자살하고, 다른 한 남자는 인간의 정신적 힘을 말하며 살아간다. 우리의 모습을 만드는 것은 인생에서 일어난 사건이 아니라, 그 사건에 대한 우리의 믿음이라는 사실을 말해주는 이야기이다. 세상과 인간에 대한 일반적인 사고방식인 세계관이 바뀌면 남은 인생도 실제로 바뀐다. 모든 위대한 지도자는 그들의 문제가 결코 영속되지 않는다는 확신을 갖는다.

질문의 힘

인간의 발전은 현재의 한계를 의심하고 질문하면서 시작된다. 그렇다고 미리 해답을 준비할 필요는 없다. 수준 높은 질문을 던지면 수준 높은 해답은 저절로 얻어진다.

구체적인 것이 강하다

이루고 싶은 것을 구체적으로 정하고 적어라. 실현될 수밖에 없는 놀라운 미래가 펼쳐질 것이다. 두려워하는 일이 아니라 가고 싶은 곳에 초점을 맞춰야 한다. 향후 10년 뒤 계획을 세운 후 차근차근 진행시켜라. 대부분의 사람들은 1년 후에 할 수 있는 일은 과대평가하고 10년 후에 할 수 있는 일은 과소평가한다.

기준을 높이고 규칙을 변화시켜라

어떤 모습으로 변하고 어떻게 행동할지를 단순히 바라지 말고 단호하게 결정하라. 현재 자신이 따르고 있는 숨겨진 개인적 규칙을 찾아내고 수정하여 인생이 달라지도록 하라.

앤서니 라빈슨을 변호하며

《네 안에 잠든 거인을 깨워라》는 정신적 기술의 말씀을 전하는 대중적 성서이다. 이 책에 귀의한 사람들은 모든 사람이 이 책을 읽고 실천하면 지금보다 훨씬 강력하고 충만하며 행복한 세상이 될 거라고 믿는다.

그러나 일부 독자는 라빈스가 지나친 흑백논리로 세상을 말한다고 지적한다. 이 책은 온갖 종류의 부정적 상태와 나쁜 기분, 우울증에서 완전히 벗어나는 법을 보여준다. 그러나 토머스 무어와 로버트 블라이 같은 다른 자기계발서 저자들은 우울과 비탄에서도 엄청난 가치를 찾는다. 그들은 슬픔도 영적 존재의 일부이며 인간에 대한 가르침을 준다고 말한다.

《네 안에 잠든 거인을 깨워라》의 원서 부제는 '정신적, 감정적, 신체적, 금전적 운명을 즉각 변화시키는 법!'이다. 우리가 정말로 운명을 마음껏 바꿀 수 있을까? 이 책의 목적은 각자 특별한 것을 꿈꾸도록 영감을 불어넣는 것인가? 라빈스는 자신이 꿈꾸던 삶을 살고 있다고 말했지만, 그것이 나머지 사람들도 모두 소망을 이룰 수 있다는 걸 뜻할까? 원하는 모든 걸 얻게 해준다는 그의 방법들은 꽤 인상적이지만, 왜 그것들을 원하는지를 묻는 경고성 조언은 없다.

독자들은 이 책에 흐르는 슈퍼맨의 기운과 꿈꾸는 모든 공상을 이룰 수 있다는 확신에 찬 어조에 실망할지도 모른다. 비판가들은 "당신의 목표를 이루어라"가 이 책의 전부라고 비꼰다. 에리히 프롬 은 자기개선self-improvement을 단지 더 높은 지위를 얻기 위한 수단으로만 사용할 경우, 결국 자본주의 경제의 반영물로 전락해버린다고 경고하며, 그런 사람을 '시장화된 개인marketized individual'이라고 일컫는다.

이러한 비판과 상충되지 않게 일부 사람들이 평범한 물질적 결과를 얻기 위해 라빈스의 정신적 기술을 사용하는 것은 사실이다. 그러나 그가 진짜로 말하고자 한 것은 물질주의적 집착에 대한 저항이다. 그의 철학적 핵심은 앞으로 나아가기 위해 그저 계속해서 굴만 파는 또 한 마리의 두더지가 되지 말자는 것이다. 그가 꿈꾸는 세상에서 모든 인간은 틀림없이 놀라운 재능을 가지고 있다. 또한 그는 성공에 대해 다시 생각하도록 한다. 그는 성공이 과연 심오한 창의성과 고귀한 비전의 산물인지 묻는다. 꿈을 좇는 것은 인간을 살아 있도록 만드는 유일한 길이며, 돈은 부차적으로 따라오는 것이라는 게 그의 철학이다.

그는 모든 인간이 '현재의 테두리를 벗어나' 각자의 믿음을 새롭게 하고, 자신의 핵심적 가치를 정의하며, 불필요한 일이나 관계를 끊고, 자신의 한계가 환상에 불과하다는 사실을 깨닫도록 한다.

간추린 평

라빈스의 메시지는 상당한 설득력을 지닌다. 모든 인간은 남이 인정해주는 것보다 스스로 훨씬 더 많은 재능이 있다고 믿기 때문이다. 그러나 세상은 우리의 생각을 '비이성적이고 비현실적'인 것으로 치부한다. 우리는 가슴과 심장이 바라는 일을 할 수 없다고 배우면서 그것을 사실로 받아들인다. 하지만 라빈스는 진정으로 성공한 사람들은 이성적인 존재가 되길 거부한다고 말한다.

《네 안에 잠든 거인을 깨워라》는 불만스러운 정체성을 바꿔준다는 의미로 '마음의 성형수술plastic surgery for the mind'이라고도 불린다. 이런 개념이 억지스럽거나 불쾌하게 들릴지 모른다. 그러나 이런 일이 가능하다는 확신은 어떤 사람에게는 생명줄이 될 수도 있다. '재발견'은 미국 문화의 제일 근본이며, 그런 면에서《네 안에 잠든 거인을 깨워라》는 다른 문화에서는 부각되지 않을 수도 있다. 당신은 이 책에서 '자유의 여신상'과 같은 것을 발견할 것이다.

📖 함께 읽으면 좋은 책
《NLP, 무한성취의 법칙》《도전하라 한 번도 실패하지 않은 것처럼》

BOOK 06

변화와 자아혁명을 위한 성공 프로그램

《맥스웰 몰츠 성공의 법칙》

Psycho-Cybernetics

"인간의 신체와 뇌는 목적을 이루는 데 필요한 것들이
모두 훌륭히 완비된 시스템이다. 그것을 잘 활용하라."

맥스웰 몰츠 Maxwell Maltz

유럽에서 태어나고 자랐으나 성인 시절 대부분을 뉴욕에서 성형외과 의사
로 지냈다. 성형외과 의사로서 그는 수많은 상담과 수술을 통해 사람들에게
절실한 것은 외모교정보다는 '실패'와 '부정적 신념'으로 왜곡된 내면의 자아
이미지를 바꾸는 '마음의 성형수술'이란 사실을 깨닫고, 진정한 변화와 자아혁
명을 위한 성공 실천 프로그램을 창안하는 데 몰두했다.

1960년, 60대의 나이에《맥스웰 몰츠 성공의 법칙》을 출간한 그는 의학을 포함하여 생리학, 심리학
등 광범위한 분야에 대한 연구를 바탕으로 기업가, 운동선수 등 성공한 사람들을 분석하여 이 책에
담아냈다. 이 책이 성공하자, 그는 1960년대와 1970년대 초반까지 인기 있는 동기부여 강연자로 활
동하다 1971년 76세의 일기로 사망했다.

"인간은 선천적으로 목표를 추구하도록 되어 있다. '그런 식으로 빚어진' 인간은 목적을 추구하는 존재로서의 제 기능을 발휘하지 못하면 불행해진다. 결국 진정한 의미의 성공과 행복은 동반적이며 서로의 발전을 돕는다."

"기능적인 면에서 인간의 뇌와 신경계는 놀랍고 복잡한 '목표추구 메커니즘'을 구성하며, 일종의 자동안내 시스템처럼 작동자인 '당신'이 그것을 어떻게 작동시키며 목표를 추구하느냐에 따라 '성공 메커니즘'으로 당신에게 유익하게 작용될 수도, '실패 메커니즘'으로 당신에게 불리하게 작용될 수도 있다."

비영리단체 사이코사이버네틱스 재단Psycho-Cybernetics Foundation에 따르면 다섯 곳의 미국 출판사에서 나온 개정판과 1960년대 이후 출간된 여러 외국 번역서를 포함하여《맥스웰 몰츠 성공의 법칙》의 총 판매량은 2,500만 부가 넘는다고 한다.

엄청난 독자 수만으로도 이 책은 탐구할 가치가 충분하겠으나, 맥스웰 몰츠 박사가 데일 카네기나 노먼 빈센트 필처럼 유명인사가 아니었다는 점을 감안하면 이 책《맥스웰 몰츠 성공의 법칙》의 인기는 더욱 큰 수수께끼로 다가온다. 그다지 특별해 보이지도 않는 이 책은 어떻게 그 많은 사람을 끌어모았을까?

사이코사이버네틱스란

사이버네틱스cybernetics란 용어는 '키잡이'를 뜻하는 그리스어에서 비롯되었으며, 현대적 의미로 기계와 동물에 대한 통제와 그들과의 소통방식을 뜻한다. 가령 컴퓨터나 쥐가 임무수행을 위해 체계화하는 것을 말한다. 몰츠는 이러한 과학을 인간에게 적용시켜 사이코사이버네틱스Psycho-Cybernetics를 형성했다. 그러나 정교한 기계적 발전에서 영감을 얻은 몰츠의 책은 인간을 기계로 전락시킬 여지가 있다는 비난을 받았다. 그러나 사이코사이버네틱스는 뇌 기능의 기계적 모델(인간의 뇌는 훌륭한 컴퓨터이다)과 인간을 기계와 비교할 수 없는 월등한 존재로 보는 시각 사이에 적절한 다리를 놓았다.

몰츠는 인간이 그저 뇌와 육체를 지닌 존재로 전락할 수 없는 본질essence 또는 생명력을 가지고 있다고 말한다. 스위스의 심리학자 칼 구스타프 융은 이것을 '리비도libido'라 불렀으며 프랑스 철학자 앙리 베르그손은 '엘랑 비탈élan vital'(생의 철학을 이루는 근본개념으로 끊임없이 유동하는 생명의 연속적인 분출을 뜻하며, 모든 생명의 다양한 진화나 변화의 분출의 밑바닥에 존재하면서 그 비약적 발전을 추진하는 근원적인 힘)이라고 했다. 어떤 인간도 육체나 뇌로 특징지어 말할 수 없다. 전기가 그것을 전달하는 전선줄에 의해 특징지어질 수 없는 것처럼 말이다. 인간은 단면적인 점의 존재가 아니라 지속성을 가진 선의 존재이다. 전기처럼 흐름을 이어간다.

　일부 독자에게는 뇌와 정신을 이런 식으로 구분하는 것 자체가 불편할 수도 있다. 그러나 이것은 몰츠의 핵심 주장인 "인간은 기계가 아니지만 기계를 가지고 있으며 그것을 활용한다"라는 말을 들으면 이해가 될 것이다. 이러한 구분은 목표를 세우고 그것을 이루는 이 책의 폭넓은 주제를 이해하는 데 반드시 필요하다.

유도미사일 기술을 인간에게 적용하다

사이버네틱스를 만든 미국의 수학자 노버트 위너는 제2차 세계대전 중 유도미사일 기술guided missile technology을 개량했다. 노버트 위너는 기계와 동물, 인간의 뇌와 사회의 공통점을 역설하며 기계가 인간처럼 '생각'할 날이 올 거라고 예측했다. 그는 저에너지 데이터를 취하고 외부세계와의 상호작용에 사용되는 새로운 연결을 창조해내는 시스템 차원에서 컴퓨터와 인간의 공통점을 지적했다. 또한 외부환경으로부터 받은 피드백은 차후의 소통을 향상시키는 데 사용된다.

　이러한 정밀한 통제고리와 소통, 피드백은 미리 정한 목표에 도달하기 위해 필요한 '자동제어장치'의 핵심적인 특징이기도 하다. 일단 갈 곳이 정해진 유도미사일은 지속적인 피드백과 자체적인 소통을 통해 목표를 명중시킨다.

몰츠는 이 같은 기술을 인간의 성취에도 적용시킬 수 있을 것이라고 생각했다. 그는 목표나 대상이 분명히 정해지면 나머지는 자동적으로 얻을 수 있다는 중대한 핵심을 깨달았다. 처음 운전을 배울 때는 길 위의 모든 차들과 눈앞의 신호에 일일이 신경 쓰느라 정신이 없다. 그래서 느리게 운전할 수밖에 없고 쉽게 길을 잃기도 한다. 어느 정도 때가 되면 운전에 익숙해진다. 목적지까지 가는 길을 분명히 알게 되면 그 뒤로는 몸과 마음이 그곳에 도달하기 위해 필요한 일들을 자동으로 수행하기 때문이다.

사이버네틱스는 몰츠에게 대단한 돌파구로 보였다. 성취가 선택하기에 달렸다고 암시하기 때문이다. 성취의 동력에서 가장 중요한 것은 어떻게(방법)가 아닌 무엇(목표)이었다. 뇌의 의식적 사고를 맡는 대뇌 전두엽은 우리의 목표를 설정하거나 우리가 되고 싶은 사람의 이미지를 만들어낸다. 그리고 잠재의식은 목표가 달성되도록 우리를 이끈다. 유도미사일의 '설정 후 자동' 기제가 인간의 심오한 소망을 성취시키는 데 적용되는 것이다.

자아이미지를 성공에 맞춰라

몰츠는 뛰어난 성형외과 의사였다. 그러나 몇몇 환자가 성형수술을 받고 심한 흉터나 기형이 바로잡힌 후에도 전혀 행복해지지 않는 모습에 당황했다. 그 후 자기 자신이 결정한 이미지에 따라 행동과 생각이 결정된다는 자아이미지심리학self-image psychology에 자연스럽게 빠져들었다. 그는 내적 이미지가 달라지지 않고는 아무리 겉모습이 변하더라도 계속해서 스스로를 흉하게 여긴다는 걸 깨달았다.

그는 자아이미지를 더 나은 인생을 여는 '황금열쇠'로 믿게 되었다. 자아이미지를 이해하지 못한 사람은 영원히 자아의 중심에 서지 못한 채 그 주변만 맴돌 것이다. 가령 단순히 특정한 외적 상황하고만 연관된 긍정적 사고는 아무런 효과를 나타내지 못한다. "난 이 직장에 들어갈 거야"라고 하는 말은 그 직장에 대한 생각과 자신에 대한 심오한 인식이 일치하지 않는다면 아무런 효과도 없다.

인간의 자아이미지는 자기 자신에 대한 믿음에서 생겨나며, 그러한 믿음은 과거의 성공 및 실패 경험과 나에 대한 다른 사람의 평가에서 비롯된다. 그러나 몰츠는 두 가지 모두 인간의 근본적인 심리적 틀을 형성시킬 만한 권리적 가치는 없다고 말한다. 자아이미지의 결정적이고 매혹적인 포인트는 그것이 중립적 가치를 지녀 다른 것에 의해 강화되거나 파괴되지 않으며, 오로지 심리적인 양분에 따라 스스로를 형성해나간다는 것이다. 따라서 우리는 번영과 평온, 위대함을 포용하는 자아이미지를 만들 수도, 아침에 눈을 뜨고 싶지 않을 정도로 결함 많은 자아이미지를 만들 수도 있다. 중요한 것은 우리의 꿈을 이루어줄 긍정적인 자아이미지는 결코 우연히 생기지 않으며, 반드시 스스로 생각하고 만들어내야 한다는 사실이다.

그렇다면 긍정적인 자아이미지를 실제로 어떻게 만들어낼 수 있을까? 하는 일마다 죄다 실패만 겪는 사람도 가능할까? 몰츠에게는 참으로 어려운 질문이었다. 자아이미지가 단지 생각하는 것뿐 아니라 경험에 의해서도 달라진다는 연구결과가 있었기 때문이다. 하지만 현실에서는 달랐다. 그렇게 말한 실험 및 임상심리학자들은 인간의 뇌가 실질적인 경험과 세밀하고 완전하게 구성된 상상을 잘 구별하지 못한다는 사실을 몰랐기 때문이다. 이것은 이미 미국 심리학의 아버지라 불리는 윌리엄 제임스에 의해 입증되었다. 따라서 승리를 이끄는 자아이미지는 과거 사건의 모든 권위를 부정하며 부정적인 자아이미지가 차지하던 자리를 빼앗아 차지할 수 있다. 자아이미지의 매력은 그것이 성공이나 실패를 결정하는 최고의 요인이면서도 무척 유연한 특징을 지닌다는 것이다.

뇌는 이미지 측면에서 사고한다. 따라서 자기 자신에 대해 갖고 싶은 이미지를 의도적으로 만들어낸다면 뇌와 신경계는 미리 정해진 이미지에 '맞춰 살도록' 자동적으로 지속적인 피드백을 공급한다. 실제로 농구선수들을 대상으로 한 잘 알려진 실험에서, 한 그룹의 선수들에게는 더 많은 골을 넣도록 신체적 훈련을 시켰고 다른 그룹의 선수들에게는 그저 골을 넣는 모습을 시각화하는 훈련을 시켰다. 그 결과 신체적 훈련도 받지 않은 두 번째 그룹의 선수들이 첫 번째 그룹의 선수들을 시합에서 이겼다.

뇌와 신경계, 근육은 우리의 뇌에 그려진 그림에 충실히 복종하며 따르는 신하이다. 그러나 우리의 몸과 뇌가 우리의 자아이미지를 실현시키는 능력은 우리가 그러한 이미지를 얼마나 신뢰하는지에 달렸다. 그것을 반드시 뇌에 문신처럼 깊숙이 새겨놓아야 한다. 강력한 자아이미지를 가지지 못하면, 자아이미지에 맞춰 그와 관련된 일들을 이루며 살기 어렵다. 그저 '목표를 갖는 것' 대신, 우리 자체가 그 목표가 되어야 한다.

간추린 평

수많은 자기계발서가 목표에 대해 이야기하고 있지만, 목표는 어떻게 이루어지며 왜 그렇게 되는지 구체적으로 설명할 수 있는 책은 없다. 그것을 실질적으로 탐구한 몰츠는 성공적인 자기계발 작가 세대에게 상당한 영향을 미쳤다. 긍정적인 자아이미지에 대한 그의 강조는 확언과 시각화 기술의 힘을 설명하는 수백 종의 책을 양산해냈다.《맥스웰 몰츠 성공의 법칙》이 엄청난 베스트셀러가 된 이유도 이 책이 꿈의 실현을 위한 과학적이고 이론적인 근거를 설명하기 때문이다.

《리더스 다이제스트》식의 가벼운 문체로 쓰였지만 이 책은 실제로 교재나 다름없다. 이 책에 소개된 과학과 컴퓨터 관련 지식은 이제 옛것이 되었지만 사이버네틱스 이론은 여전히 영향력을 발휘한다. 복잡성 이론complexity theory과 인공지능artificial intelligence, 인지과학cognitive science(정신적 작업의 질과 그것을 가능케 하는 뇌의 기능을 연구하는 학문) 등은 모두 '기계 속의 유령ghost in the machine'(데카르트의 심신이원론에 대해 영국 철학자 길버트 라일이 경멸적으로 표현한 말. 그는 근세 이래 서구철학의 뼈대였던 심신이원론을 '데카르트 신화' 또는 '기계 속의 유령의 신화'라고 부르며 비판함)과 같은 비물리적 안내가 얼마나 중요한지를 인공두뇌학적으로 이해한 데서 비롯된 것이다. 그리고 이것은《맥스웰 몰츠 성공의 법칙》을 첨단기술문화를 위한 완벽한 자기계발서로 만들었다.

이 책은 인간을 기계로 전락시키는 경향이 있는 행동주의behaviorism(심리학의 대상을 의식에 두지 않고, 사람 및 동물의 객관적 행동에 두는 입장)와 시간동작연구time-and-motion studies(1일 적정생산량을 산출하기 위해 초시계를 사용하여 동작최소시간을 측정한 것. 이를 통해 1일 작업표준량인 과업을 제시하고 차별성과급제도를 채택하게 됨)가 절정에 달했을 때 쓰였다는 점에서 더욱 존중될 가치가 있다. 몰츠는 인간이 '기계'와 다름없고 목표설정과 자아이미지의 동력을 기계적 측면에서 가장 잘 설명할 수 있었던 시점에, 놀랍도록 다양한 인간의 소망과 새로운 세상을 만들 수 있는 인간의 능력을 언급하면서 인간적인 것을 강조하여 자신의 천재성을 드러냈다. 또한 그는 기계적 측면에서 인간의 상상력과 야망, 의지에 대한 열정을 축소하는 데 머무르지 않고 우리가 앞으로 더 나아갈 수 있음을 명시했다.

📖 함께 읽으면 좋은 책
《NLP, 무한성취의 법칙》《네 안에 잠든 거인을 깨워라》

BOOK 07

한 평범한 인간의 영웅적 노력의 서사시

《프랭클린 자서전》

The Autobiography of Benjamin Franklin

"끊임없는 자기개선과 배움에 대한 열정은
남다른 성공을 보장한다."

벤저민 프랭클린 Benjamin Franklin

1706년 보스턴에서 잡화상의 17명의 자녀 중 15번째로 태어났다. 가난한 집에서 태어난 그는 정규교육을 10세까지밖에 받지 못했지만 20대 후반에 인쇄공으로 큰 성공을 했다. 이후 벤저민 프랭클린은 정치에 뛰어들어 당 지도력을 인정받아 영국과 식민지였던 미국 간의 협상과 헌법초안 작성에 참여했다. 또한 69세에는 프랑스 주재 미국 대사로 임명되었으며, 그 후 10년간 미국에 대한 프랑스의 원조와 영국과의 평화조약을 이끌었다. 그리고 1787년에 헌법제정회의 대표로 선출되었다. 그는 1790년 사망할 당시 세계에서 가장 유명한 미국인이었다. 사후 출간된《프랭클린 자서전》은 1758년까지의 일들을 주로 담고 있으며, 프랑스에 머물던 1771년부터 1790년 사이의 일도 일부 적혀 있다.

"나는 훌륭한 능력을 가진 인간이 좋은 계획을 세우고, 관심을 뺏길 만한 오락 거리나 다른 일을 배제하고, 자신이 연구한 계획을 충실히 실천한다면, 인류의 위대한 변화를 일으키고 위대한 일을 해낼 수 있다고 믿는다."

"내가 틀리다고 여기는 무언가를 누군가가 고집할 때 나는 그의 의견에 즉각 적으로 반박하며 그 의견의 불합리함을 설명하고자 애쓰지 않는다. 더욱이 특정 상황에서는 상대의 의견이 옳을 수도 있는지 점검하기 시작한다. 그러나 지금의 경우는 좀 다르다고 생각했다. 나는 곧 내 방식에서 이러한 변화의 장점을 찾아냈다. 우리는 좀더 즐겁게 대화를 이어갔다."

벤저민 프랭클린은 매우 유명한 역사적 인물이며 미국 독립혁명과 전기실험으로 특히 유명하다. 하지만 프랭클린을 연구한 올몬드 시베이는 《프랭클린 자서전》 서문에서 18세기 서양 세계의 비즈니스와 정치, 과학에 미친 엄청난 영향력은 작가로서의 그의 능력에서 비롯되었다고 말했다. 역사책에는 독립선언문과 미국 헌법 공동작성자의 모습만 부각되지만, 그의 《프랭클린 자서전》은 전기작가 리처드 아마처가 '미국에서 쓴 최초의 훌륭한 책'으로 칭송하기도 했다.

이 책은 현대 자서전의 문학적 형식을 확립하는 데도 도움을 주었으며, 200년간 베스트셀러의 자리를 놓치지 않았다. 완성되지도, 제대로 편집되지 않은 책인데도 불구하고 말이다. 글쓰기에 대한 프랭클린의 태도는 다음의 간략한 문장만으로도 충분히 설명된다.

"죽어서 묻힌 다음 곧바로 잊히고 싶지 않거든, 살았을 때 읽을 만한 가치가 있는 글을 쓰거나 쓸 만한 가치가 있는 일을 하라."

인간은 성공을 위해 고안된 빈 칠판이다

《프랭클린 자서전》은 자신의 훌륭함을 열거하는 책이 아니다. 한 사람의 인생과 인격이 지속적인 자기평가를 통해 얼마나 고상해질 수 있는지를 보여주는 책이다. 과학자이기도 한 프랭클린은 삶에서 행한 실험의 성공과 실패를 논하는 보고서처럼 이 책을 썼다.

그는 인생을 사는 법에 대한 어떤 특별한 전문지식도 말하지 않는다. 다만 일정한 성공을 보장하는 공식을 찾아내고자 애썼다. 이것은 《프랭클린 자서전》을 최초의 자기계발 명저로 손꼽게 만드는 요인이기도 하다.

프랭클린은 자신의 우월함을 드러내려고 하지 않았다. 그는 독자들에게 직설적으로 이야기하고, 세심한 유머를 통해 친근한 느낌을 주고자 했다. 1부는 자신의 가족과 친구, 상사, 동료들에 관한 이야기와 여행, 새로운 사업의 시작과 관련된 이야기를 전하며, 모든 이야기가 오늘날의 독자들에게도 감동을 준다.

프랭클린에게 미덕은 그것이 신의 영광에 관한 것이든 아니든 그 자체로 매우 가치가 있는 것이었다. 그는 청교도 출신으로 자기 반성과 자기개선이 문화적 바탕에 깔린 사람이다. 막스 베버는 자신의 유명한 저서 《프로테스탄트 윤리와 자본주의 정신》에서 전직 인쇄업자였던 프랭클린이 완벽한 인격을 이룬 것은 인격에 방해가 되는 '오류'들을 하나씩 수정해나간 결과라고 말했다. 삶이 반드시 고통스러워야 하는 것은 아니며, 우리는 영원한 땜질의 기회를 가진 것이나 다름없다.

프랭클린이 자기계발 분야에서 독창적인 위치를 차지하는 것도 바로 이것 때문이다. 그는 성선설, 성악설에 대한 어떠한 종교적 이념도 받아들이지 않고, 인간은 성공을 위해 고안된 빈 칠판과 같다고 믿었다. 올몬드 시베이는 "벤저민 프랭클린에게 새로운 정체성을 위해 노력하는 일은 마치 새로운 옷을 갈아입는 것만큼이나 늘 자연스러웠다"고 말했다. 프랭클린은 개인을 고정된 존재가 아닌, 끊임없이 자신을 창조하는 존재로 바라본 지극히 현대적인 인물이었다.

프랭클린의 자기계발의 법칙

프랭클린은 젊었을 적, 돈 몇 푼과 롤빵 세 개를 들고 보스턴에서 필라델피아로 건너갔다. 그나마 빵 세 개 중 두 개는 그의 성격대로 빵이 필요한 여자에게 나눠줬다. 글을 정복하는 것이 평범함에서 벗어나는 좋은 길임을 본능적으로 알아챈 프랭클린은 서점에서 일하는 친구에게 밤마다 책을 '빌려달라고' 부탁했고, 하루일과를 끝내고 다음날 일을 시작하기 전 시간을 이용해 줄기차게 독서에 빠져들었다. 프랭클린은 '리더는 책을 읽는 사람'이라는 경구에 적극 동의했다. 우리도 1년에 10권 이상의 비소설을 읽는다면 더욱 풍요롭고 개선된 삶을 살 수 있을 것이다.

그러나 청년 프랭클린은 독립지도자나 프랑스 대사가 되려는 꿈을 꾸진 않았다. 그의 삶을 읽는 독자는 그의 현실적인 성취에 연연해서는 안 된다. 그것들은 그가 강조하는 자기절제를 위한 노력보다 중요하지 않기 때문이다. "위대함은 소수가 아닌 우리 모두가 이루어야 할 의무다"라는 프랭클린의 메시지는 시대를 초월한다. 난 특별하지 않으며 재능이나 동기도 없다고 항변하고 싶은가. 그러나 프랭클린은 지속적인 자기개선의 윤리가 개인을 부풀어 오르게 만드는 효모와 같다고 말한다.

자기계발 윤리와 대인관계 기술

프랭클린의 유명한 자기계발 윤리는《덕의 기술The Art of Virtue》로 더욱 유명해졌다. 여기서 그는 자신이 갖추고자 목표했던 열두 가지 품성을 이야기했다.

그래프 방식과 매일매일의 자기점검을 통해 프랭클린은 자신이 열망한 대부분의 미덕을 갖추려고 애썼으며, 지금 기준에서 시간관리로 부를 만한 '질서'의 미덕을 갖추는 데는 다소 어려움을 겪기도 했다. 자신만의 기준에 따라 사는 것에 엄청난 자부심을 느낀 프랭클린은 13번째 항목으로 겸손을 추가했다.

1. 절제temperance 배부르도록 먹지 말라. 취하도록 마시지 말라.

2. 침묵silence 자신이나 남에게 유익하지 않는 말은 하지 말라. 쓸데없는 수다를 피하라.

3. 질서order 모든 물건을 제자리에 두어라. 모든 일은 시간을 정해놓고 하라.

4. 결단resolution 해야 할 일은 꼭 하기로 결심하라. 결심한 일은 반드시 실천하라.

5. 절약frugality 나와 다른 사람에게 이익이 되지 않는 일에는 돈을 쓰지 말라. 낭비는 금물이다.

6. 근면industry 시간을 낭비하지 말라. 늘 쓸모 있는 일에 종사하라. 불필요한 모든 행위를 중단하라.

7. 진실sincerity 남을 속이지 말라. 순수하고 정의롭게 생각하라. 말을 했으면 그대로 지켜라.

8. 정의justice 남에게 해를 입히거나 당연히 해줘야 할 일을 빼먹는 등의 부정한 짓을 하지 말라.

9. 중용moderation 극단으로 치닫지 말라. 아무리 상대가 나쁘더라도 화를 내며 상처주는 일은 삼가라.

10. 청결cleanliness 신체, 의복, 주택에 불결한 흔적을 남기지 마라.

11. 침착tranquillity 사소한 일, 있을 수 있는 일, 피할 수 없는 일에 침착함을 잃지 말라.

12. 순결chastity 건강이나 임신 때문이 아니라면 성관계를 삼가라. 감각이 둔해지거나 몸이 약해지거나 자신과 다른 사람의 평화와 평판에 손상을 입히지 않기 위해서이다.

13. 겸손humility 예수와 소크라테스를 본받아라.

프랭클린은 날마다 "오늘 무슨 좋은 일을 할까"라는 아침 질문과 "오늘 무슨 좋은 일을 했나"라는 저녁 질문을 반복할 것을 주장했다. 《프랭클린 자서전》은 자기계발 영역에 막대한 영향을 미쳤는데, 앤서니 라빈스의 엄청난 베스트셀러 《네 안에 잠든 거인을 깨워라》 역시 프랭클린의 이 같은 아침 질문과 저녁 질문을 성공을 위한 날마다의 의식儀式으로 행할 것을 권한다. 또한 젊었을 적에 자신의 묘비에 적힐 글을 미리 적어보라는 프랭클린의 다소 기괴한 주문도 이제는 확고한 자기개선 기술로 통한다.

《성공하는 사람들의 7가지 습관》의 저자인 스티븐 코비도 프랭클린한테서 많은 영향을 받았음을 숨기지 않는다. 코비는 프랭클린의 삶을 '어떻게 살 것인가에 대한 기본원칙을 세우기 위한 한 인간의 영웅적 노력의 서사시'로 표현한다. 성격적 기술보다 인격 향상에 초점을 맞추는 프랭클린의 태도는 코비의 '성공하는 사람들의 7가지 습관'을 이루는 토대가 되었다.

친구를 사귀고 사람들에게 영향력을 미치는 프랭클린의 타고난 재능은 데일 카네기의 관심을 끌었다. 청년 프랭클린은 자신이 논쟁에 매우 능하다는 사실을 알았다. 하지만 그러한 '기술'은 실제로 남에게 영향을 미치는 데 큰 도움이 되지 않는다는 결론을 얻고 '겸손하고 머뭇거리며' 자신을 드러내는 표현 습관을 개발해냈다. 말하자면 '틀림없이'라는 단어를 피하고 상대의 잘못을 지적하는 대신, '~인 것 같습니다.' 혹은 '내가 틀리지 않는다면~'처럼 신중한 표현을 쓴 것이다. 그 결과 프랭클린은 훌륭한 연설가가 아니었음에도 사람들은 그의 말에 귀를 기울였고 즉각적인 신뢰를 보냈다.

간추린 평

프랭클린의 《프랭클린 자서전》은 미국적 도덕의 본질인 창조와 번영의 자유를 대표하는 자력갱생의 이야기이다. 하지만 프랭클린의 뛰어난 유머감각, 그의 변화무쌍한 특성, 자기개선 기술로 볼 때 《프랭클린 자서전》이나 《덕의 기술》을 복음서로 삼는 것은 다소 무리가 있다. 그리고 숭배는 지극히 프랭클린식 스타일도 아니다.

프랭클린의 사상이 아무런 비난도 받지 않은 것은 아니다. 헨리 데이비드 소로는 프랭클린의 책들이 자연이나 순간을 즐길 틈도 없이 부를 얻기 위해 시간을 다투는 따분한 경주를 이끌었다고 주장했다. 또한 프랭클린을 연구한 러셀 B. 나이 역시 그를 '절약을 전파한 최초의 사도이자 예금계좌의 수호신'이라고 비꼬았다. 이것은 아마도 돈과 절약을 이야기한 프랭클린의 잠언모음집인 《부자가 되는 길The Way to Wealth》을 두고 한 말일 것이다. 하지만 프랭클린의 실제 삶은 인색한 청교도적 이미지와는 달랐다. 호화로운 삶을 살았던 게 분명하기 때문이다. 프랭클린은 자기계발 윤리를 열렬한 노력에 관한 것이 아니라, 풍요로운 삶의 가능성을 보는 즐거움에 관한 것으로 인식했다.

📖 함께 읽으면 좋은 책
《성공하는 사람들의 7가지 습관》《새무얼 스마일즈의 자조론》

BOOK 08

온 우주는 당신의 꿈을 응원한다
《연금술사》

The Alchemist

"인간은 너무나 쉽게 꿈을 포기한다.
그러나 우주는 늘 인간이 꿈을 이루도록 도울 준비가 되어 있다."

파울로 코엘료 Paulo Coelho

1947년 브라질 리우데자네이루의 중산층 가정에서 자랐다. 아버지는 아들이 자신처럼 엔지니어가 되길 바랐으나 그는 작가가 되고 싶어 해서 3년간 정신병원을 드나들어야 했다. 대학에서는 법학을 전공했고, 25세 때 연극연출가 겸 TV 극작가로 활동을 시작했으며, 대중음악 작곡가와 작사가로도 명성을 떨쳤다. 1987년 그는 자아의 연금술을 신비롭게 그려낸《연금술사》의 대성공으로 단숨에 세계적인 베스트셀러 작가의 자리에 올랐다.《천일야화》에서 영감을 얻었던 이 작품은 전세계 120여 개국에서 번역되어 지금까지 2,000만 부가 넘는 판매량을 기록하고 있다.

"그는 라틴어와 스페인어, 신학을 공부했다. 하지만 어렸을 적부터 그는 세상을 알고 싶어 했으며, 그것이 신을 알고 인간의 죄를 배우는 것보다 훨씬 중요하다고 생각했다. 어느 날 오후, 집에 다니러 온 길에 그는 용기를 내어 아버지께 성직자가 되지 않겠다고 말했다. 그 대신 세상 이곳저곳을 돌아다니고 싶다고 말했다."

"'그것은 부정적으로 보이지만 실제로는 자네의 운명을 깨닫게 해주는 중요한 힘일세. 자네의 정신과 의지를 단련시키지. 누구나 간절히 원하면 반드시 이루어진다는 이 지구의 위대한 진리 때문이야. 소망이라는 게 본디 우주의 영혼에서 발생되는 것이거든. 그걸 실현하는 게 이 땅에서 자네가 맡은 임무라네.' '바라는 게 그저 떠돌아다니는 거라면 어떻습니까? 모직상인의 딸과 결혼하는 거라도 괜찮나요.'"

주인공 산티아고는 목동이다. 그는 자신의 양들을 사랑하지만 양이라는 존재의 어쩔 수 없이 제한된 속성을 알아차린다. 양들은 먹을 것과 물을 구할 뿐, 결코 고개를 들어 푸른 언덕이나 노을을 감상하지 못한다. 산티아고의 부모도 생필품을 마련하는 데 급급하느라 자신들의 야망을 돌아볼 겨를이 없다. 그들이 살고 있는 스페인 남부의 아름다운 안달루시아는 기묘한 계곡과 오르내리는 언덕에 이끌려 많은 관광객들이 찾는 곳이지만 산티아고의 부모에게는 결코 꿈의 장소가 아니다.

반면 산티아고는 글을 읽을 줄 알며 여행하고 싶어 한다. 그는 어느 날 양을 팔러 마을로 내려갔다가 우연히 떠돌이 늙은 왕과 집시 노파를 만난다. 그들은 산티아고에게 '계시를 따라' 미지의 세상으로 떠나라고 말한다. 집시는 그에게 이집트의 피라미드 쪽을 가리키며 그곳에서 보물을 찾게 될 것이라고 말한다.

어처구니없게도 산티아고는 집시노파의 말을 믿는다. 그는 양들을 팔고 길을 떠난다. 하지만 일찌감치 재앙을 만나 아프리카 북서부 끝에 있는 모나코의 항구도시 탕헤르에서 갖고 있던 돈을 모두 도둑맞는다. 어린 소년에게 얼마나 고되고 힘든 모험인가! 하지만 산티아고는 낙심하지 않으며, 오히려 자신이 옳은 길을 가고 있다는 놀라운 확신을 얻는다. 그의 삶은 완전히 달라졌고 하루하루가 새롭고 만족스럽다. 그는 길을 떠나기 전에 노인에게 들었던 말을 되새긴다. "자네가 무언가를 간절히 원하면 온 우주가 그 소망이 이루어지도록 도울걸세."

꿈을 이루기 위해서 해야 할 것

이러한 믿음은 놀라운 것이며, 모든 사람이 새로운 계획을 시작하도록 돕는 역할을 한다. 그렇지만 그저 근거 없는 희망에 불과할까? 우리가 한때 무언가에 쏟았던 에너지를 생각한다면 그렇지는 않다. 우리의 꿈을 이뤄주는 '우주의 도움'은 정확히 말하자면 무언가를 이루려는 우리의 결심을 반영한 것이다. 《연금술사》를 읽으면 독일의 시인 괴테의 말이 떠오른다. "할 수 있고 꿈꿀 수 있는 모든 일을 시작하라. 그것을 시작하는 용기 속에 능력과 힘, 기적이 숨어 있다."

이 책은 꿈을 위해서는 대가를 치러야 한다는 진실도 놓치지 않는다. 하지만 코엘료가 어느 인터뷰에서도 말했듯이, 꿈을 꾸지 않는 것 역시 대가를 치른다. 똑같은 돈을 가지고도 우리는 나에게 어울리는 멋진 재킷을 살 수도 있고 아주 이상한 재킷을 살 수도 있다. 또한 우리가 무슨 일을 하든 인생에는 어려움이 늘 따를 것이다. 그렇다면 이치에 닿는 의문을 탐닉하는 편이 훨씬 낫다. 그것을 풀려고 노력하는 것도 우리가 이루고자 하는 일부이기 때문이다. 그러지 못한다면 고난은 그저 음흉하고 끔찍한 퇴보로밖에 보이지 않는다. 꿈을 좇는 사람들에게는 자유를 통제해야 할 위대한 책임이 있다. 그것이 치러야 할 대가로 보이지 않을 수도 있으나 자유를 통제하는 일이 결코 인간에게 익숙한 일은 아니라는 사실을 깨달을 수 있을 것이다.

산티아고가 마을광장에서 만난 노인은 자신의 운명을 통제할 수 없다는 '가장 터무니없는 거짓말'을 절대로 믿지 말라고 경고한다. 그는 모든 인간은 자신의 운명을 통제할 수 있으나, 그러기 위해서는 '계시를 읽어야 하며' 세상을 통합된 하나의 것으로 보기 시작할 때 비로소 가능해진다고 말한다. 세상을 책처럼 읽을 수는 없지만 지금 가진 것에 만족하고 모험할 의지가 없는 닫힌 존재로 살아간다면, 세상은 아무리 세월이 지나도 결코 이해할 수 없는 것으로 남고 말 것이다.

더 높은 사랑

《연금술사》는 낭만적인 사랑이 삶의 중심과제가 되어야 한다는 생각을 거부하는 위대한 사랑 이야기이다. 모든 인간은 다른 사람으로부터 독립된 삶을 추구하는 운명을 타고난다. 이것은 원하는 모든 사랑과 돈을 가졌더라도 마찬가지이다. 산티아고가 찾아헤맨 보물은 개인적 꿈 또는 운명을 상징하지만, 사막의 오아시스에서 꿈에 바라던 여성 파티마를 만났을 때 그는 보물찾기를 기꺼이 포기한다. 하지만 사막에서 만난 연금술사는 오아시스의 여성이 정말로 산티아고를 사랑한다면 산티아고가 오히려 보물을 찾아나서는 일을 지지해야 한다고 말한다.

산티아고는 사랑과 개인적 꿈을 놓고 딜레마에 빠진다. 우리는 사랑을 삶의 의미로 바라보는 경우가 너무나도 많다. 하지만 낭만적인 연인에 대한 강박관념은 삶의 나머지 것들과의 관계를 가로막기도 한다. 그렇지만 사랑은 꼭 필요한 것이 아닐까? 코엘료는 꿈을 갖고 살면 지금의 우리가 상상할 수 있는 것보다 훨씬 풍족한 '사랑'이 우리 삶 속에 넘쳐날 것이라고 말한다.

"꿈을 좇을 때 심장은 결코 상처받지 않는다. 꿈을 찾아나서는 순간마다 신과 영원함을 만나기 때문이다."

남녀간의 사랑은 중요하지만 반드시 해야 하는 일은 아니다. 우리가 반드시 해야 할 일은 꿈을 추구하는 것이다. 꿈에 대한 헌신을 통해서만 '세상의 영혼'이 우리에게 드러나며 외로움을 물리치고 힘을 가져다주는 지혜를 만날 것이기 때문이다.

간추린 평

너무나도 많은 자기계발서들이 꿈을 좇으라고 이야기한다. 그러나 꿈이 저절로 인간과 함께하는 것은 아니다. 꿈은 조용하지만 지속적으로 말을 걸며, 내면의 목소리를 억누르려 지나친 노력을 기울이지 않는다. 다른 사람에게는 신기루처럼 보이는 무언가를 좇기 위해 일상과 안락, 안정, 현존하는 관계를 위험에 빠뜨리려는 사람이 어디 있겠는가? 그러니 우리에게는 용기가 필요하다. 코엘료의 명저는 큰 비전을 유지하기 위해 날마다 두려움을 무릅쓰고 결단을 내려야 하는 사람들의 변함없는 동반자가 될 것이다.

📖 함께 읽으면 좋은 책
《길을 헤매다 만난 나의 북극성》《신화의 힘》

BOOK 09

두려움 없이 인생을 헤쳐나가는 법

《도전하라 한 번도 실패하지 않은 것처럼》

Feel the Fear and Do It Anyway

"두려움은 인간이 성장하며
삶의 도전을 받아들이겠다는 신호이다."

수잔 제퍼스 Susan Jeffers

대학에 가기로 마음먹었을 때 수잔 제퍼스는 이미 두 자녀를 둔 젊은 엄마였다. 뒤늦은 공부에도 컬럼비아대학교 심리학과에서 박사학위를 받았고 졸업과 동시에 빈민들을 위해 운영되는 뉴욕의 플로팅 선상병원에 들어가 그곳에서 10년 가까이 정신상담을 했다. 이후 그녀는 이혼, 암 투병 등 자신의 인생경험을 통해 터득한 마인드 컨트롤 방법을《도전하라 한 번도 실패하지 않은 것처럼》에 담았다. 두려움이 심리적 문제가 아니라 교육적 문제라는 점을 처음으로 밝힌 이 책으로 그녀는 여러 자기계발 대가들과 어깨를 나란히 하게 되었다. 2012년, 10월 27일 미국 캘리포니아 로스앤젤레스에서 타계했다.

"인생의 어느 순간, 나는 모든 것이 갑자기 두려워졌다. 꿈을 이루기 위한 모든 시도가 모두 좌절될 것 같은 두려움이 엄습했다. 그 후로 나는 집에 틀어박혔다. 내 두려움의 희생자가 된 셈이었다. 나를 다시 인식의 세계로 이끌어낸 것이 고대 어느 '선사禪師'의 말씀이었으면 얼마나 좋으랴. 그러나 아니었다. 그것은 '세상으로 돌아오라!'라는 어느 항공사의 광고 문구였다. 이 문구를 본 순간, 나는 세상 참여를 멈추고 있음을 불현듯 깨달았다."

"당신도 인생의 '희생자'인가? 아니면 인생에 대한 책임을 지는 위치에 있는가? 많은 사람이 스스로의 삶에 책임지고 있다고 생각하지만, 실제로는 그렇지 않다. '희생자' 정신은 다양한 형태를 취해서 쉽게 알아보기 어렵다."

자기계발 사상은 가능성에 대한 인간의 사상을 확장시킨다. 그것은 인간이 꿈을 꾸고 크게 생각하도록 만든다. 그리고 우리는 말한다. "난 이렇게 할 거야!", "난 저렇게 될 거야!" 우리는 더 이상 스스로를 과소평가하지 않는다. 그렇지만 다음날 눈을 떠 '현실'의 무게를 깨달으면 어제 꿨던 꿈들은 한순간 소설처럼 느껴진다. 잠깐 허탈감을 느낀 후 우리는 현재의 삶을 합리화하기 시작하고, 잠시 우리 곁을 떠났던 두려움도 되돌아온다.

그렇다면 꿈의 추구를 매일의 규범으로 삼으려면 어떻게 해야 할까? 오늘의 경험과 비전 사이에는 우리의 발걸음을 멈추게 하는 의심과 두려움이라는 깊은 계곡이 존재하며, 그곳을 건너는 것보다 안정된 일상으로 돌아오는 편이 훨씬 쉬워 보인다. 하지만 수잔 제퍼스는 사람들이 너무나도 잘못된 방식으로 두려움을 바라본다고 말한다. 두려움은 한계를 알려주는 것이 아니라 길을 건너도 좋다고 말해주는 파란 신호등과 같다. 어떠한 두려움도 느끼지 못하는 사람은 전혀 성장하지 못하고 있는 사람이다. 두려움을 부정하지 말라. 그리고 어쨌든 발걸음을 내딛어라. 배는 항구에 묶어두려고 만든 게 아니다!

용기의 철학

다음은 '용기'를 내는 것에 대한 그녀의 몇 가지 핵심 철학들이다.

두려움을 다뤄라

두려움에는 여러 유형이 있으나 가장 무서운 것은 무기력이다. 이것은 우리가 아무런 일도 하지 못할 거라는 단순하지만 매우 강력한 믿음이다. 가령 부모가 우리 곁을 떠나는 것은 어쩔 수 없는 일이다. 또한 특정한 수입을 벌어들이지 못하는 것 역시 우리가 어찌해볼 도리가 없다. 이 같은 상황을 다루기 위해서는 자신에게 좋거나 나쁘게 다가오는 모든 것을 처리할 수 있다고 믿어야 한다. 공허하고 상투적인 조언처럼 들리겠지만, 제퍼스의 요점은 두려움이 심리적 문제가 아닌 교육적 문제라는 것이다. 우리는 두려움을 성장에 반드시 필요한 일부로 받아들이기 위해 스스로를 재교육시키며 결코 전진을 멈추지 말아야 한다.

우주에 '예스'라고 말하라

참신하게도 제퍼스는 인간이 자신의 세계를 완전히 통제할 수 있다고는 말하지 않는다. 모든 일은 각각의 이유로 발생된다. 따라서 두려움의 수렁에 빠지지 않는 핵심은 두려움의 정체를 정확히 밝히는 것이다. 그것은 지갑을 잃어버리는 등의 작은 일뿐만 아니라 고난과 같은 좀더 중요한 일에도 적용된다. 긍정적인 생각이 고난을 없애지는 못하지만 그것을 자신의 우주의 일부로서 포용한다면, 즉 두려움이 존재할 권리를 부정하지 않는다면 두려움은 끔찍한 자체적 특성을 잃는다.

우리는 평생 동안 책임을 강조하는 말을 듣는데, 그것을 대학에 가고 직장을 얻고 대출을 받고 결혼하는 것과 연결 지어 해석한다. 그러나 그녀가 이해한 '책임'은 랄프 왈도 에머슨의 자기신뢰와 닮았으며, 각자의 삶의 경험을 어떻게 해석할지에 대해 책임을 지는 것을 뜻한다.

지금 다니는 직장이 마음에 들지 않는가? 그렇다면 직장을 떠나든가 계속 남아 그 안에서 뭔가를 얻어낼지를(단호하게 '예스'를 외치며) 신중하게 결정하라.

긍정적인 생각을 가져라

긍정적인 생각이 좋기는 하지만 현실을 반영하지는 못하며, 지나치게 '낙천적'이라는 비판은 세계 어디서나 공통적이다. 하지만 제퍼스는 우리가 걱정하는 일의 90퍼센트가 실제로 일어나지 않는 상황에서, 부정적인 생각이 긍정적인 생각보다 더 '현실적'이라는 게 과연 맞는 말인지 묻는다. 따라서 무엇이 현실적인지는 전적으로 우리 자신에게 달려 있으며, 우리가 어떤 생각을 하는지가 좌우한다.

긍정적인 마음이 우리를 모든 나쁜 소식으로부터 구해주지는 못한다. 그러나 나쁜 소식에 대한 반응은 달라지게 만들 수 있다. "정말 끔찍해!"를 "좋은 경험이었어"로 바꿔라. 암에 걸리는 등의 심각한 문제에는 어떻게 해야 할까? 그녀는 이러한 태도가 자신의 암 투병을 완전히 다른 경험으로 만들었다고 말한다. 그 같은 극단적인 상황에서도 긍정적인 규칙을 적용한다면 일상의 모든 일에 과잉대응할 이유가 없어진다. 우리는 남을 탓하길 좋아하며 비련의 여주인공이 되고 싶어 한다. 그러나 그녀는 그것이 얼마나 인간을 나약하게 만드는지 똑똑히 보라고 말한다.

긍정적인 생각의 핵심이자 가장 도외시되는 개념은 이것을 늘연습해야 한다는 것이다. 심지어 동기화의 거물인 제퍼스마저도 날마다 긍정적인 정신을 재충전하지 않고는 하루도 버티지 못했다. 아침식사나 조깅, 자녀와의 포옹을 거른 채 하루를 시작하지 못하는 사람이 많을 것이다. 하물며 날마다 긍정적인 에너지를 충전하는 일을 왜 해도 되고 안 해도 되는 일로 여기는가? 그녀는 영혼을 일깨우는 책과 테이프를 옆에 놓고 날마다 그것을 읽거나 들으라고 권한다. 그것은 생각보다 우리와 세상에 훨씬 엄청난 효과를 가져올 것이다. 가장 큰 영감을 불러일으키는 문구를 적어 컴퓨터 옆이나 차 안, 침대 맡에 붙여라. 이렇게 일으킨 긍정성은 예전에 비해 훨씬 '현실'로 다가오기 시작하고 과거의 삶은 마치 회색 안개 속에 살았던 것처럼 느껴질 것이다.

매일의 확언

잠재의식에 존재하는 모든 것이 현실에서 스스로를 드러낼 길을 찾아낼 거라고 확신하라. 그러기 위해서는 모든 차원에서 정신적으로 흘러들어오는 것들을 통제하는 일이 필수적이다. 변화를 일으키고 두려움을 극복하는 중요한 방법이면서 노력이나 용기는 덜 필요로 하는 것이 바로 '확언'이다. 제퍼스는 이것을 무언가 이미 일어나고 있다는 것처럼 긍정적으로 말하는 것이라 설명한다. "난 앞으로 다시는 좌절하지 않을 테야"와 같은 문장은 효과가 없다. 반드시 긍정적이고 현재형이어야 한다. 예컨대 "난 어떤 상황에서도 자신감을 잃지 않아"로 말하는 것이다. 그것을 주문으로 삼는 한, 그것의 효과를 애써 믿을 필요도 없다. 인간의 마음은 그것이 진실이든 거짓이든 계속해서 품게 되는 생각에 반응할 것이다.

책에는 이 밖에도 여러 좋은 메시지들이 담겨 있다.

- 시간은 늘 풍족하다. "인생의 가장 큰 함정은 조바심이다." 조바심은 스트레스와 불만, 두려움을 일으키는 자학적인 것이다. 그것이 무엇이든 진행되는 모든 일은 제때 완벽하게 펼쳐지고 있다고 믿어라.

- '틀림없는' 결정을 내리기 위해서는 세상에 '옳거나' '잘못된' 결정만이 있다는 믿음을 버려라. 하나의 결과에만 연연하지 말고 우리가 원하는 것을 이루기 위한 기회는 얼마든지 있다는 점을 꼭 명심하라.

- 실수를 두려워 말라. 최고의 야구선수도 4할대의 타율을 지녔다. 10번 중 6번은 못 친다! 비록 성공하지 못한 일일지라도 모든 경험을 밝고 행복한 눈으로 바라보라. 시도 자체가 성공이나 다름없다.

- 인간관계의 두려움을 극복하기 위해서 우리가 누군가에게 헌신하고 그들의 발전과 행복에 기여하고 있으며, 매 순간 경직된 통합을 이룰 필요가 없다는 사실을 깨달아야 한다.

간추린 평

이 책의 시작 부분에서 제퍼스는 몇 가지 '두려움의 진실'을 나열했다. 그중 가장 의미심장한 것이 다섯 번째 진실이다.

"두려움을 뚫고 나가는 것은 깊숙이 내재된 두려움과 함께 무기력하게 살아가는 것보다 훨씬 덜 두려운 일이다."

다시 말하자면 어떠한 위험도 감수하지 않으려는 사람은 역설적으로 뭔가 잘못되고 있다는 두려움 속에서 살아간다는 뜻이다. 그들은 무엇보다도 안정을 바라지만, 그들이 결국 얻는 것은 병적인 불안뿐이다. 차라리 새로운 일을 시도하는 편이 훨씬 쉽고 삶을 더욱 충만하게 만든다. 삶에 더 많은 도전을 받아들이겠다는 결심은 오히려 안정감을 가져다준다. 그 무엇도 부딪쳐 이겨낼 수 있다는 걸 알게 되기 때문이다.

이처럼 직설적인 유형의 식견은《도전하라 한 번도 실패하지 않은 것처럼》을 상징한다. 이 책은 우리가 결코 혼자가 아니라는 느낌이 들 만큼 공감적이며, 두려움으로 인해 고독을 느낄 때 특히 효과적이다. 게다가 책을 읽는 것만으로도 기운이 날 만큼 밝은 문체로 쓰였다. 자기계발서 사기가 망설여지는가? 두렵더라도 어쨌든 계산대를 향해 걸어가라. 진짜 두려운 일은 아무것도 없으니까.

📖 함께 읽으면 좋은 책
《적극적 사고방식》《네 안에 잠든 거인을 깨워라》《학습된 낙관주의》

BOOK 10

내 안의 기적을 발견하라

《간절히 그렇다고 생각하면 반드시 그렇게 된다》

Creative Visualization

"인간은 삶에 대한 자신의 이미지대로 만들어진다.
지금부터 원하는 미래를 상상하라."

삭티 거웨인 Shakti Gawain

리드대학교와 캘리포니아대학교에서 심리학과 무용을 전공했으며, 졸업 후 2년간 유럽과 아시아를 여행하며 동양철학과 명상, 요가를 공부했다. 미국으로 돌아온 후 인간잠재력운동 human potential movement(인간의 본질적 선과 무한한 잠재력을 강조하는 인본주의 심리학에 뿌리를 둔 운동)에 참여했으며, 다양한 책을 읽고 여러 스승들과 함께 일했다. 《간절히 그렇다고 생각하면 반드시 그렇게 된다》는 무려 10여 년간 정신과 치료를 받던 그녀가 서른 살이 되던 해에 쓰디쓴 자신의 인생경험을 바탕으로 쓴 책이다. 이 책은 초판이 발행된 이후 40년이 지난 지금까지 전세계 35개국에서 700만 부 이상이 판매되면서 많은 사람의 인생을 송두리째 바꿔놓았다.

"창조적 시각화는 가장 진실하고 고귀한 언어적 의미의 마법이다. 이것은 만물의 활동을 지배하는 자연의 법칙을 이해하고 그것과 조화를 이루며, 가장 의식적이고 창조적인 방식으로 이러한 법칙을 활용하는 법을 배우는 것을 뜻한다."

"만약 화려한 꽃이나 눈부신 일출을 한 번도 본 적이 없는 당신에게 누군가가 말로써 그것을 설명한다면, 당신은 그것들을 기적처럼 여길지도 모른다! (실제로 그럴 것이다!) 그러나 전에 몇 번 본 적이 있고 그것과 관련된 자연의 법칙을 배운 적이 있다면, 당신은 화려한 꽃이나 눈부신 일출을 이해하고 자연스럽게 여기며, 특별히 신비로운 것으로 받아들이지 않을 것이다. 창조적 시각화도 마찬가지이다. 처음에는 그동안 우리가 받아온 제한된 유형의 교육에 비춰 신비롭고 불가능한 것으로 보이겠지만, 일단 그 안에 포함된 개념을 익히고 실천하기 시작하면 모든 것이 온전히 이해될 것이다."

창조적 시각화creative visualization는 불가사의하거나 전혀 새로운 개념이 아니다. 인간은 많은 상상을 하며, 일어났으면 하는 일과 일어날까 봐 두려운 일의 장면과 영상을 마음속에 떠올리며 산다. 이처럼 인간은 늘 시각화하고 살지만 그 방식은 무의식적이다. 하지만 창조적 시각화를 통해 우리는 현실로 니다났으면 하고 바라는 일을 의식적으로 정하고 그렇게 되도록 책임을 질 것이다.

창조적 시각화를 연습하는 것은 상상과 현실, 세상을 지배하는 보이지 않는 법칙과 물리적 현실을 이어주는 끈을 인식하는 것이다. 그렇다면 인생에서 바라는 것이 이뤄지지 않는 것은 단순히 우주의 작동방식에 대한 이해나 지식이 부족한 탓일까? 이 책은 '우주의 흐름과 함께하지만' 여전히 미래에 대한 통제력이 모자라다고 느끼는 사람들에게 더욱 유용할 것이다. 거웨인 역시 이 책을 쓰려고 책상에 앉았을 때 자신에게 그러한 통제력이 모자람을 깨달았다고 한다.

창조적 시각화

새로운 직장, 창업, 좋은 인간관계, 평화나 평온한 느낌, 정신력의 향상, 뛰어난 운동능력 등 살면서 원하는 것을 상상해보라.

창조적 시각화에 성공하기 위한 핵심은 마음을 차분히 먹고 뇌파가 알파 레벨에 맞춰지도록 하는 것이다. 알파파는 잠자기 직전이나 아침에 깨어났을 때, 명상 중이거나 강가나 숲에 앉아 있을 때 주로 나타난다. 처음에는 원하는 좋은 '무언가'가 떠오르겠지만, 이것의 진정한 목적은 일반적인 반응적 자아의 층을 깎아내고 자신을 더 잘 표현하도록 생각의 흐름을 일으키는 것이다. 이런 태도를 통해 자신에게 정말로 가장 좋은 것이 무엇이며, 무엇이 진실한 행복을 가져다줄 것인지 생각할 수 있다.

가령 직장에서 누군가와 갈등을 겪고 있다면, 평소의 분노와 혐오의 감정 대신 그와 느긋하게 툭 터놓고 대화를 나누는 상상을 하라. 이전에 두 사람 사이에 오갔던 말은 모두 잊고 그를 무조건 마음속으로 축복하라. 그렇게 하면 다음번에 그를 만났을 때 과거의 장벽은 사라지고 그와의 관계가 순식간에 좋은 쪽으로 변하는 놀라운 현장을 목격할 것이다.

창조적 시각화의 목적은 마음속으로 다른 사람을 '조종'하는 것이 아니라 '자연과의 조화를 통해 인간 간의 내적 장벽을 허무는 것'이라고 거웨인은 말한다. 실제로 부정적이거나 다른 사람을 조종할 목적으로 사용되는 시각화는 제기능을 발휘하지 못한다.

간절히 원하면 이루어진다

그러면 기적을 이루는 창조적 시각화는 어떻게 작용할까? 이 책에는 다음과 같은 내용이 들어 있다.

- 물리적 우주는 에너지이다. 그래서 무엇이든 최대한 작게 부숴보면 모든 물질은 에너지의 입자들로 변하며, 그 입자들을 특별한 방식으로 다시 한데 모으면 일정하고 단단한 형태를 지닌 물질, '고형固形'이라는 환상을 만들어낸다.
- 물질은 저마다 다른 수준의 입자적 진동을 지닌다. 바위, 꽃, 사람 등은 서로 다른 진동에서 움직이는 에너지이며, 특정한 특성이나 진동을 지닌 에너지는 자신과 비슷한 진동의 에너지를 끌어당긴다. 생각은 빛의 형태를 띠고 움직이는 에너지이며, 물리적 표현을 추구하는 경향이 짙다.

- 인간이 창조적으로 시각화하거나 긍정적인 결과나 상태를 확신할 때, 인간은 생각의 에너지를 우주에 방출하고 우주는 물질이나 사건의 형태로 그것에 반응한다. 말 그대로 창조적 시각화는 인간이 원하는 삶의 '씨를 뿌리는 것'이다.
- 확언 창조적 시각화를 위해 원하는 이미지를 눈으로 보는 것처럼 생생히 떠올릴 필요는 없다. 그리고 실제로 이런 것에 서툰 사람도 많다. 그저 원하는 것을 생각하는 것만으로도 충분하며 확언을 통해서도 상당한 효과를 볼 수 있다.
- 자신의 좋은 점을 받아들여라 바라는 모든 걸 누릴 가치가 없다고 생각할지도 모른다. 하지만 창조적 시각화하기 전에 자신의 모습을 온전히 받아들이는 과정이 필요하다. 가장 먼저 자기 자신을 사랑하라.
- 믿음 창조적 시각화가 작동되도록 하기 위해 영적인 것이나 형이상학적인 사상을 반드시 믿어야 하는 것은 아니다. 성공을 위해 필요한 모든 힘은 이미 우리 안에 들어 있다.
- 건강과 번영 완전한 건강을 시각화함으로써 자기 자신과 다른 사람을 건강하게 만들 수 있다.

간추린 평

이 책은 700만 부 이상 팔리고 25개 언어로 번역되었으며, '창조적 시각화'가 대중적인 용어가 되었고 이제는 독립적인 주제로서 하나의 영역을 형성한다는 사실을 명심하라.

처음에는 "내 안에 존재하는 신의 빛이 내 삶에 기적을 일으키고 있다"와 같은 확언이 어색하게 느껴질 테지만, 이와 같은 확언이 곧 평화와 자신감을 가져다주는 걸 발견할 것이다. 또한 이미지나 확언이 자신의 일부로 자리 잡으면 기적적인 일들이 실제로 일어날 것이다. 이 책에는 우리에게 도움이 될 만한 많은 확언들이 실려 있으며 이것을 읽는 것만으로도 이 책을 사 읽어볼 가치는 충분하다.

거웨인은 창조적 시각화에 빠져들수록 그것은 기술적인 것에서 벗어나 의식적인 상태가 되며, 그 안에서 우리는 끊임없는 세상의 창조자가 될 것이라고 말한다. 우리는 이제 무엇을 걱정하거나 계획하거나 조종할 필요가 없다. 그것들보다 우리의 원대한 목표를 반영하는 느긋한 시각화가 변화를 위한 더 큰 힘을 발휘한다는 것을 깨닫게 되기 때문이다.

📖 함께 읽으면 좋은 책
《NLP, 무한 성취의 법칙》《리얼 매직》
《치유: 있는 그대로의 나를 사랑하라》《잠재의식의 힘》

2부

생각의 힘

적극적 사고를 통한 인생의 변화

BOOK 11

기도하고 떠올리고 실현시켜라

《적극적 사고방식》

The Power of Positive Thinking

"믿음만 있으면 무엇이든 이룰 수 있다."

노먼 빈센트 필 Norman Vincent Peale

1898년 오하이오주의 보워스빌에서 태어났다. 웨슬리언대학교를 졸업하고 신문사 《디트로이트 저널》에서 근무한 후 다시 보스턴대학교에 들어가 신학을 공부했다. 34세에 뉴욕에 있는 마블협동교회로 자리를 옮겨 불황기와 제2차 세계대전을 거치며 1980년대 초까지 머물렀다. 그의 설교는 매우 유명했으며 타 지역의 많은 신도를 끌어모았다. 그는 1930년대에 라디오 방송을 시작했는데, 그가 맡은 '삶의 기술'이라는 프로그램은 54년간 매주 방송되었다. 현재 42개 언어로 번역되어 2,000만 부가 팔린 베스트셀러 《적극적 사고방식》 외에도 《세상과 나를 움직이는 삶의 기술》 등 45권의 저서가 있는데, 거의 모든 책이 세계 각국의 언어로 번역되어 경이로운 판매기록을 세웠다.

"믿음은 두려움이 대항할 수 없는 유일한 힘이다. 날마다 마음을 믿음으로 가득 채운다면 결국 두려움을 위한 공간은 남아 있지 않을 것이다. 이는 모두가 기억해야 하는 위대한 진리이다. 믿음을 지배하면 자동적으로 두려움을 지배하는 자가 될 것이다."

"한때 나 자신도 믿음과 번영이 아무런 관련이 없다는 어리석은 생각에 동의하던 시절이 있었다. 종교에 관한 이야기를 하는 사람은 종교를 결코 성취와 연관시키면 안 되었으며 다만 윤리와 도덕, 사회적 가치로만 다뤄야 했다. 그러나 이제는 그러한 편협한 시각이 신의 위대한 힘과 인간의 개인적 발전을 제한한다는 사실을 깨달았다. 우주에는 막강한 힘이 존재하며 인간에게 이러한 힘이 머물 수 있음을 종교는 가르친다. 이는 모든 좌절과 힘든 상황을 이겨낼 수 있도록 만드는 힘이다."

노먼 빈센트 필의 아내, 루스의 인내심이 없었더라면 시대를 초월하는 베스트셀러이자 인간잠재력운동의 창시자가 쓴《적극적 사고방식》은 아마 출간되지 못했을 것이다. 50대에 이 책을 집필한 노먼 빈센트 필은 출판할 수 없다는 출판사들의 계속되는 답장을 받았다. 상심한 그는 결국 원고를 쓰레기통에 처넣었고 아내에게 손도 대지 못하게 했다. 그런 남편을 안타깝게 지켜보던 그의 아내는 남편의 말대로 원고에는 손도 대지 않고 쓰레기통을 통째로 출판사에 가져갔고, 마침내 원고는 세상의 빛을 보았다.

현재까지 이 책은 42개 언어로 번역되어 2,000만 부가 팔렸고《카네기 인간관계론》과 함께 20세기 최초의 자기계발 명저가 되었다.

긍정을 전하는 뉴욕시의 성직자

필의 책을 TV 등장인물에 비유하면 〈심슨 가족The Simpsons〉에 나오는 '네드 플랜더스'와 비슷하다. 기독교를 믿는 그는 언제나 이웃의 호머 심슨에게 격려의 말을 불어넣는다. 호머 심슨을 통해 우리가 세상을 '그냥 그대로' 본다면 네드 플랜더스를 통해 우리는 공상적인 사회개선가의 시선으로 세상을 인식한다. 이 책은 세상에 대한 극단적인 낙천주의와 연관되며 세상에는 들을 만한 악도, 볼 만한 악도 없으며, 행복한 미소가 대부분의 장애물을 녹일 수 있다고 믿는다.

"나는 날마다 모든 면에서 점점 좋아지고 있다"라고 말한《자기암시》의 작가 에밀 쿠에의 유명한 긍정적 사고의 주문은 대부분 사람들의 귀에는 피상적이고 심지어 어리석게 들린다. 스티븐 코비는 《성공하는 사람들의 7가지 습관》에서 인간이 정당하게 긍정적인 마음의 틀을 지니려면 우선 만사가 오케이는 아니라는 점을 인정하고 책임감을 가져야 한다는 말로 긍정적인 사고를 비판한다. 그렇지 못한 긍정주의는 현실을 날조하는 것이라고 말이다.

그러나 필의 책을 펼치는 순간 다음과 같은 글을 만난다.

"이 책은 인간존재의 고통과 괴로움, 몸부림을 깊이 고려하며 썼다."

"이 책은 긍정적인 사고를 명성이나 부, 권력을 얻기 위한 도구가 아니라 인생의 절망을 극복하고 창조적 가치를 이루는 것을 믿기 위한 실용적인 용도로 여긴다."

이것은 인생에 대한 비현실적인 견해가 담긴 누군가의 사상을 전하는 책이 아니다. 필은 뉴욕시의 성직자로 불행한 인생을 살아가는 많은 사람들을 보았다. 그러나 일주일에 한 번 설교하는 것으로는 모자랐다. 그는 자신이 만난 이들의 인생에 눈에 띄는 변화가 생기길 바랐다. 그는 수년에 걸쳐 '효과적이고 성공적인 삶을 위한 단순하지만 과학적인 체제의 실용적 기술'을 개발한 후, 목회 안팎에서 만난 수천 명을 대상으로 그것을 시험하고 개선했다. 그리고 《카네기 인간관계론》의 데일 카네기처럼 자신의 사상이 책으로 출간되기 훨씬 전부터 대중들에게 강의해왔다.

긍정적 사고의 원천

필의 책은 개인적 힘이나 평화를 얻기 위한 위대한 원천으로 《성서》에서 인용된 말씀을 중요한 기둥으로 삼았고 랄프 왈도 에머슨, 윌리엄 제임스, 마르쿠스 아우렐리우스 등의 인용문이 보충되었다. 이처럼 시대를 초월한 지혜를 바탕으로 한 그의 저서는 놀라운 힘을 지닌다. 다음과 같은 인용문을 읽는 순간 그의 확신에 반박하기란 어려울 것이다.

- 그렇다면 우리가 이와 관련하여 무엇이라고 말해야 합니까? 하느님께서 우리 편이신데 누가 우리를 대적하겠습니까? (〈로마서〉 8:31)
- 예수님께서 그에게 "'하실 수 있으면'이 무슨 말이냐? 믿는 이에게는 모든 것이 가능하다" 하고 말씀하시자 (〈마르코복음〉 9:23)
- 그때 예수님께서 그들의 눈에 손을 대시며 이르셨다. "너희가 믿는 대로 되어라." (〈마태복음〉 9:29)

필은 우리가 자신에게 의존할 필요가 없으며, 놀라운 힘의 원천이 존재한다는 걸 믿기만 하면 그 힘이 저절로 우리에게 열린다고 말한다. 인간은 스스로의 삶을 힘들게 만들지만, 모든 것을 좋게 하고 필요한 것을 가져다주는 우주의 능력을 알아차리면 원만하고 풍요로운 삶이 펼쳐진다. 인생이 힘들어 보이는 것은 스스로가 그렇게 믿기 때문이다. 그는 개인적인 힘과 평화를 얻기 위해서는 개인적인 사고에서 벗어나 보다 위대한 것을 추구해야 한다는 자기계발의 가장 큰 비밀을 설명한다.

적극적 사고방식의 놀라운 능력

이 책은 갖가지 사례와 이야기들로 이어지는데, 그중에는 매우 감동적인 것들도 있다. 인간애의 노력으로 가득 찬 이 책의 목적은 '절망'은 결코 영원한 게 아니라는 걸 보여주는 것이다. 그런 내용을 보여주는 몇 가지는 다음과 같다.

지속적인 에너지를 얻는 법

필은 자신이 알고 있는 모든 훌륭한 사람들이 갖추고 있는 비밀스러운 에너지의 근원을 밝혔는데, 그것은 무한한 힘에 파장을 맞추는 것이다. 외부의 무언가로부터 도움을 받고 그것이 신성한 목적에 의한 것임을 아는 것은 끊임없이 새로운 에너지의 원천을 갖는 것이다. 반면 자신만에 의한, 자신만을 위한 일은 끊임없이 인생을 소모시킬 뿐이다.

기도의 힘을 사용하라

기도는 우리가 생각하는 것과 다르다. 이것은 마음속의 모든 것을 우리가 선택한 언어로 말하는 공간이다. 무언가를 요구하는 대신, 바라던 것이 진척된 것에 감사하고 그것을 하나님의 손에 맡기며 좋은 결과를 떠올려라. "기도하고, 영상으로 떠올리고, 실현시켜라"가 필의 공식이다. 그리고 이 효과에 모두 놀랄 것이다.

가장 좋은 것을 기대하고 얻어라

두려움이 많은 인간은 최악의 순간을 예상하는 버릇이 있다. 반면에 최고를 기대하는 것은 바라는 대로 힘을 조직화하는 방법이다. 많은 인간의 행동을 조절하는 잠재의식은 단순히 우리 자신의 믿음을 반영한다. 따라서 결과에 대한 믿음을 바꿔라. 그러면 그 결과를 이루기 위한 행동이 저절로 만들어질 것이다. 필은 이렇게 말한다. "의심은 힘의 흐름을 막고, 믿음은 그것을 연다."

새로운 사고는 우리를 새롭게 한다

하루 동안 긍정적이고 희망찬 말만 하라. 그리고 다음날 다시 '현실적'인 사람으로 돌아가라. 이것을 일주일간 반복하면 현실적인 것처럼 보였던 일주일 전이 얼마나 비관적이었는지 발견할 것이다. 골프에 "러프rough는 마음에 달려 있다"라는 말이 있다. 잔디나 풀이 손질되어 있지 않은 자연상태의 골프 코스 러프는 골퍼들이 꺼리는데, 그럴 때일수록 마음을 가다듬고 새롭게 사고한다면 현실의 어려움을 좀더 수준 높고 영원히 긍정적인 차원으로 새롭게 이해할 수 있을 것이다.

간추린 평

《적극적 사고방식》을 제대로 이해하려면 이 책의 배경부터 알아야 한다. 필은 평범한 중산층 가정에서 태어났으며 자신의 표현대로 '세상의 평범한 사람들을 위한' 글을 쓰고 있다고 믿었다. 그러나 대부분의 독자들은 이 책을 별스럽거나 재밌게 여길 것이다. 왜냐하면 그의 언어들이 1950년대의 교회에 앉아 있는 순박한 서민들을 떠올리게 만들기 때문이다. 그의 글이 구식처럼 보일 수 있으나 그저 빈정대기 좋아하는 사람만이 이 책을 장황하다고 말할 것이다. 훌륭한 고전에서 기대할 수 있듯이 이 책의 원칙들은 본래의 시간과 장소에서 옮겨져 손쉽게 우리의 삶에 적용될 것이다. 게다가 이 책은 교묘한 기술적 장치가 없다는 면에서 새롭다.

이 책에는 '세일즈맨을 위한 기도'와 같은 것들이 들어 있지만 기독교도와 자본가의 윤리를 단순히 섞어놓은 것 이상의 무언가가 있다. 대부분의 자기계발 명저와 마찬가지로 최상의 도덕은 잠재력의 실현이라고 이 책은 말한다. 그것을 '포기'하는 것은 마땅히 우리가 가져야 할 모든 정신적, 물질적 보상을 스스로 부인하는 것이다.

기분이 처질 때마다 이 책을 펼쳐라. 다시금 삶을 강력히 회복시키고 모든 의심을 마음에서 몰아낼 확실한 논리를 가르쳐줄 것이다.

📖 함께 읽으면 좋은 책
《인생의 게임에서 승리하는 믿음의 법칙 10》

BOOK 12

현실적인 몽상가들이 성공한다

《학습된 낙관주의》

Learned Optimism

"낙관적인 마음을 가지면 건강과 부,
행복을 위한 기회가 확실히 늘어난다."

마틴 셀리그만 Martin Seligman

뉴욕의 올버니에서 자라 프린스턴대학교에서 근세철학 modern philosophy과 심리학을 공부했다. 1973년 펜실베이니아에서 심리학자 자격을 얻은 그는 14년간 펜실베이니아대학교 심리학과에서 임상훈련 과정을 지도했다. 미국 심리학회 회장을 역임하면서 '우수과학공헌상'을 두 차례나 받았다. 그는 긍정심리학 positive psychology을 창시하며 긍정심리학운동의 최전방에서 지금까지 총 14권의 책과 140여 편의 논문을 집필했다.

"우울증에 대한 전통적 시각과 마찬가지로 성취에 대한 시각 역시 철저히 검증될 필요가 있다. 오늘날 직장과 학교는 재능과 열정의 결합이 성공을 낳는다는 고정관념에서 운용되고 있다. 따라서 실패는 재능이나 열정이 부족한 탓으로 돌린다. 하지만 재능과 열정이 충분하더라도 긍정적인 면이 부족하면 실패할 수 있다."

"고난에 덤덤해지는 것은 고난을 무조건 받아들인다거나 삶을 체념하는 걸 의미하는 것은 아니다. 다만 고난을 다르게 해석하기 시작하면 고난에 잘 대처하고 고난 때문에 우울해지는 걸 막을 수 있다."

"우리가 바라는 것은 맹목적이지 않은 유연한 낙관주의, 이른바 눈을 크게 뜬 낙관주의이다. 필요할 경우에는 낙관주의의 어두운 그늘에 빠져 있지 말고 냉철한 현실감을 발휘해야 한다."

인지심리학자인 마틴 셀리그만은 수년간 '학습된 무기력learned help-lessness'을 임상실험했는데, 약한 전기적 충격을 지속적으로 받은 개들은 어떻게 해도 전기충격이 멈추지 않는다는 걸 깨닫는 순간 탈출을 포기한다는 결과가 나왔다. 또 다른 학자는 충격 대신 소음을 이용하여 인간을 대상으로 실험했는데, 이 역시 학습된 무기력이라는 똑같은 결과가 나왔다. 그러나 예외도 있었다. 개 실험 때와 마찬가지로 피험자 3명 중 1명은 '끝까지 포기하지 않고' 계속해서 소음차단 단추를 눌렀던 것이다. 그들은 나머지 사람들과 어떻게 달랐던 것일까?

셀리그만은 이 같은 질문을 현실에 적용시켰다. 사랑하는 사람한테 버림받고도 곧 기운을 되찾거나 평생과업이 수포로 돌아갔는데도 꿋꿋이 일어서는 사람의 특징은 무엇인가? 확실한 좌절로부터 쉽게 회복하는 그들의 능력을 '불굴의 의지'라는 감상적인 표현만으로 설명하긴 어렵다. 그것은 훌륭한 천부적 특성이라기보다는 좌절을 영원한 것으로 여기거나 그들의 기본적 가치에 영향을 미치는 것으로 보지 않는 시각을 스스로 계발한 데서 비롯된다. 더불어 이것은 '누구는 갖고 누구는 가질 수 없는' 특성도 아니다. 낙관주의는 누구나 학습을 통해 습득할 수 있는 기술이기 때문이다.

긍정적 해석양식이 미치는 엄청난 차이

비관적인 사람들은 불행을 자신의 잘못으로 여기는 경향이 있다. 또한 머리 나쁨, 재능 부족, 못생김 같은 모든 불행의 원인이 영원하며 바꾸려 해봤자 소용없다고 믿는다. 무조건 비관적이기만 한 사람은 드물지만 우리들 대부분은 특정한 사건에 대해 비관적인 반응을 보이는 경우가 많다. 그리고 심리학 교과서는 그런 반응을 '정상적'으로 간주한다. 그러나 셀리그만은 반드시 그렇지만은 않다고 주장하며, 자기 자신에 대한 다른 설명방식(즉 '해석양식')을 통해 위기가 우울로 이어지는 것을 막을 수 있다고 주장한다. 또한 그는 일반적인 수준의 비관적 태도라도 일과 인간관계, 건강 등 삶의 모든 영역에서 성공을 가로막을 수 있다고 경고한다.

셀리그만은 생명보험회사인 메트라이프MetLife에 괄목할 만한 조언을 한 적이 있다. 생명보험 영업직은 다른 영업직에 비해 정신적으로 무척 고되다. 메트라이프는 1년에 수백만 달러를 들여 영업사원들을 교육시켰으나 대부분 얼마 못 버티고 회사를 떠났다. 이 문제를 해결하기 위해 그는 메트라이프의 사원채용 기준을 낙관성과 해석양식에서 좋은 점수를 얻은 지원자를 채용하도록 조언했다. 그 결과 새로 채용된 직원들이 이전 기준으로 채용한 직원에 비해 첫해 20퍼센트, 이듬해 57퍼센트나 높은 성과를 올렸다. 10명 중 9명한테서 거절당하고 남들 같았으면 모두 포기하고 말았을 일을 능숙하게 처리했던 것이다.

성공한 사람이 낙관적이라는 일반통념과 달리, 셀리그만은 그 반대가 옳다는 증거를 내놓았다. 생명보험 영업사원 사례가 입증하듯이 습관적이고 근본적인 낙관주의가 성공을 이끄는 것이다. 비관론자라면 포기했을 바로 그 시점에서 낙관주의자들은 스스로를 보호하고 눈에 보이지 않는 장벽을 뚫고 나간다.

이러한 장벽을 뚫지 못하는 사람을 두고 나태하거나 재능이 부족한 사람으로 오인하기 쉽다. 그러나 셀리그만은 쉽게 포기하는 사람들을 관찰한 결과, 그들이 실패나 자기비하에 대한 기존의 해석양식을 결코 의심하지 않는다는 걸 알아냈다. 반면 반복적으로 '장벽을 뛰어넘는' 사람들은 내면의 소리에 귀를 기울이고 제한된 사고와 논쟁을 벌이며, 재빨리 그것을 이겨낼 '긍정적인 이유'를 만들어낸다.

낙관주의와 비관주의를 융합하라

《학습된 낙관주의》는 비관론자들의 유일한 장점도 인정한다. 즉 비관론자들은 상황을 보다 냉철하고 정확하게 바라보는 능력이 뛰어나다. 그래서 금융, 회계, 안전공학 등 일부 직종과 모든 기업은 현실적 비관론자를 선호한다. 빌 게이츠는 자신의 저서《빌 게이츠 @ 생각의 속도》에서 바로 이런 특성을 논하면서 자신에게 무엇이 잘못되고 있는지를 신속히 알려주는 마이크로소프트의 직원들을 크게 칭찬한다.

하지만 게이츠 역시 탁월한 몽상가임을 잊어서는 안 된다. 그는 어렸을 적부터 세상의 모든 가정과 사무실에서 자신이 개발한 윈도우 소프트웨어를 사용하는 장면을 상상해왔다. 셀리그만은 현실을 직시하면서도 꿈꾸고 싶은 미래를 시각화하는 이 두 가지가 능숙할 때 직업과 인생에서 모두 성공할 수 있다고 분명히 말한다. 그러나 안타깝게도 많은 사람은 한 가지에만 능숙하다. 낙관성을 배우고 싶은 사람은 현실을 직시하는 능력을 유지하면서도 좀더 나은 몽상가가 되려고 노력해야 한다. 낙관주의와 비관주의 이 두 가지의 융합은 백전백승을 만들 것이다.

우울증의 진짜 원인

《학습된 낙관주의》가 우울증을 연구하다 쓴 책이라는 사실은 다소 역설적이다. 인지요법 이전에는 우울증을 '분노의 내향화'(프로이트)나 뇌의 화학적 기능이 장애를 일으킨 것으로 여겼다. 그러나 선구적 인지요법 연구가인 앨버트 엘리스와 아론 T. 벡은 부정적인 생각이 우울증의 증상이 아니라 원인이라고 밝혔다. 대부분의 사람도 그걸 알고 있지만, 정신과 치료를 받다 보면 여전히 우리의 힘으로 어쩔 수 없는 일을 겪고 있다는 느낌이 들곤 한다.

셀리그만은 성별에 따른 우울증을 연구한 권위자이다. 그는 우울증으로 고통받는 여성의 비율이 남성보다 두 배나 많다고 지적했는데, 우울한 느낌을 갖는 비율은 같지만 여성의 사고방식이 우울한 생각을 우울증으로 확대시키는 경향이 강하기 때문에 그런 결과가 나온다고 주장했다. 우리 자신의 '변할 수 없는' 일부 모습으로 자꾸만 되돌아가 문제를 곱씹는 것은 우울증을 일으키는 보증수표가 된다. 미국 국립정신보건연구소는 '우울증'이 정말로 생각의 습관에서 비롯되는지 알아보기 위해 수백만 달러를 들여 조사했다. 그는 그 결과를 두 단어로 요약해 말한다. "정말로 그렇다!" 게다가 단련된 낙관주의는 미래의 낙담 가능성을 현저히 낮춘다.

습관적 낙관주의자가 돼라

우리 주변에 왜 그토록 우울증 환자가 많은 걸까? 셀리그만은 최근의 개인주의에 대한 지나친 집착이 정신적 속박을 만들어낸다고 주장한다. 끝없는 가능성을 믿도록 독려받다 보면 어느새 어떤 형태의 실패도 충격으로 받아들이게 된다. 게다가 과거에는 견고했던 심리적 지지물들, 가령 국가나 신, 대가족 등의 붕괴와 연결되면서 우울증이라는 유행병이 생겨났다.

미국 일라이 릴리 제약회사가 개발한 전세계적으로 가장 많이 사용되는 우울증 치료제 '프로작Prozac' 같은 약물이 우울증 치료에 효과를 나타내지만, 치료된 우울증과 습관적 낙관주의는 큰 차이가 있다. 셀리그만이 말한 긍정적 해석양식으로 살다보면 우리가 겪는 모든 문제는 한 인간으로서 실패를 의미하는 게 아니라, 일시적이고, 특수하며, 외적인 문제로 보인다. 인지요법은 세상에 대한 기본 인식을 변화시키며, 한번 달라진 인식은 영속되는 편이다.

간추린 평

《학습된 낙관주의》는 1960년대 중반 심리학계의 엄청난 변동과정에서 탄생되었다. 이전까지 인간의 행동은 내적 충동에 의해 '이끌리거나'(프로이트 학파) 사회로부터의 보상이나 처벌에 따라 '강제되는 것'(행동주의)으로 알려졌다.

그와 반대로 '인지요법'은 무의식적 경향이나 사회적 조건화와 상관없이 인간의 사고방식이 달라질 수 있다는 걸 보여주었다. 셀리그만은 이 책의 말미에서 집단이민과 같은 근대적 격변이 지금은 바람직한 현상으로 통하는 신속한 개인변화의 필요성을 만들었다고 말했다. 게다가 우리는 매번 자신을 갈고 닦아야 하는 문화에 살고 있다. 모든 사람이 경험과 정신적 과학의 증명을 통해 자기개선이 가능하다는 걸 알고 있다.

과학적 토대를 근거로 주장을 펼치는《학습된 낙관주의》는 자기계발 분야의 중요한 작품이며, 자기계발 사상을 '형이상학적 찬송'으로만 여겨왔던 독자들을 강하게 끌어당기며 베스트셀러가 되었다. 더불어 이 책은 낙관주의뿐만 아니라 인간변화의 타당성과 인간조건의 역동적 특징을 설명한다.《학습된 낙관주의》의 여러 사상과 발견을 통합하며 '긍정심리학'에 한발 더 다가선 셀리그만의《긍정심리학》도 상당히 읽을 만하다.

📖 함께 읽으면 좋은 책
《필링 굿》《몰입 flow》《EQ 감성지능》

BOOK 13

감정은 습관이다
《EQ 감성지능》

Emotional Intelligence
: Why It Can Matter More than IQ

"정말로 성공한 사람들은
모든 상황에서 감성적인 자기통제가 가능하다."

대니얼 골먼 Daniel Goleman

캘리포니아의 스톡턴에서 태어났다. 그는 하버드대학교에서 데이비드 맥클랜드 교수의 지도하에 박사학위를 받았다. 맥클랜드 교수는 직원채용이나 대학입학시험에 사용되는 전통적인 기준인 시험성적과 IQ가 실제로 그 사람의 능력을 파악하는 데 정확한 자료가 되지 못하며 감성적, 사회적 기술에 대한 능력검사를 실시해야 한다는 논문을 쓴 학자였다. 이것은 골먼의 감성지능 개념의 골조가 되었다. 12년간 그는 《뉴욕 타임스》에 뇌와 행동과학에 대한 칼럼을 기고했으며 《EQ 감성지능》 외에도 《포커스》, 《명상적 마음 The Meditative Mind》 등을 집필했다.

"정서적인 삶은 수학이나 읽기처럼 더 뛰어나거나 열악한 기술로 조절될 수 있으며, 특별한 능력을 필요로 한다. 이를 위해서는 똑같은 지능을 지닌 사람 가운데 누구는 막다른 인생을 사는 반면, 누구는 풍족한 삶을 누리는지에 대한 이해가 필요하다. 즉 정서적 적성은 지능IQ을 포함한 다른 모든 능력을 얼마나 잘 사용할 수 있는지를 결정해주는 메타능력이다."

"나는 이 책의 집필에 문제가 없을 만큼 충분한 과학적 자료를 얻기 위해 노력했다. 마침내 나는 정신과 관련된 긴박하고 복잡한 문제들에 대해 매우 합리적인 대답을 할 수 있으며, 인간의 마음에 대해 정확한 지도를 그릴 수 있게 되었다."

원서로 300페이지가 넘는《EQ 감성지능》은 너무 많은 사례와 각주로 채워져 있다. 그러나 간략히 세 가지 핵심으로 요약될 수 있다.

- 감정에 관한 지식을 응용하여 인간의 삶을 무한대로 개선할 수 있다.
- 감정은 습관이며, 다른 습관처럼 인간의 좋은 의도를 망칠 수 있다.
- 버려야 할 감정은 버리고, 살려야 할 감정은 살림으로써 인간

은 자신의 삶을 더욱 통제할 수 있게 될 것이다.

만약 위의 내용들이 전부라면 이 책은 그다지 재미있지 않을 것이다. 그러나《EQ 감성지능》은 발간된 자기계발서 중 베스트셀러에 속하며, 전통적인 자기계발서를 뛰어넘는 많은 독자층을 확보했다. 그동안 여러 연구자들이 인간의 지능에 대한 개념을 확장시켜왔으나 대니얼 골먼의 저서는 특히 감성지능EQ의 개념을 주류로 편입시켰다.

보통의 사람들은 IQ 검사결과가 한 사람의 성공가능성을 예측해준다는 일반적인 주장에 반대한다. 또한 IQ 검사는 많은 사람의 선택 폭을 제한하고 자존심에 상처를 입혔다. 결국 여러 가지 '지능' 중 하나일 뿐인 IQ는 결코 성공을 위한 훌륭한 예측자료가 될 수 없으며 그보다는 EQ가 인생에서 훨씬 중요하다고 말하는《EQ 감성지능》은 필연적으로 많은 독자를 확보할 수밖에 없었을 것이다.

그럼 이 책의 핵심적인 내용을 차근차근 살펴보자.

《EQ 감성지능》의 핵심 요약

이 책의 1부에서는 뇌 회로 방식을 설명하면서, 인간의 감정, 특히 충동적인 감정에 대한 비밀을 밝힌다. 인간의 뇌 생리는 오직 살아남는 일이 전부였던 고대로부터 기원한다. 따라서 인간의 뇌는 '생각하기 전에 행동'하며, 날아오는 작살을 피하거나 화난 매머드를 만났을 때 유용하게 쓰이도록 설계되었다. 우리는 그 같은 동굴 거주민의 뇌를 가지고 21세기를 살고 있다. 이것을 근거로 골먼은 오랫동안 같이 살아온 배우자를 충동적으로 살해하게 만드는 '감성적 압도emotional hijackings'(통제할 수 없어보이는 감정의 범람)에 대해서 설명한다.

2부와 3부에서는 감성지능의 구성요소와 현실 적용에 대해 이야기한다. 골먼은 감성지능 자체보다 그것을 주어진 상황에 적절히 활용하는 게 중요하다면서, 아리스토텔레스의 말을 인용해 설명한다.

"누구나 화를 내기는 쉽다. 그러나 적절한 대상에게, 적절한 시간에, 적절한 목적으로, 적절한 만큼만, 적절한 방식으로 화를 내기란 쉽지 않다."

아리스토텔레스의 과제는 기술적으로 진보된 세상에서 더욱 중요한 문제가 되었다. '문명화'라는 뜻이 기술적인 발전이란 뜻을 뛰어넘어 인간의 본성과 자기통제에 대한 물음으로 다시 돌아섰기 때문이다.

3부에서는 감성지능이란 주제를 인간관계와 일, 건강에 접목시킨다. 인간관계에 대한 내용만으로도 탁월한 가치를 보여주는 이 책은 존 그레이의 화성인과 금성인을 넘어서서 신경학적 측면에서 남녀관계를 설명한다.

또한 골먼은 감성적인 삶과 윤리를 연관시키면서 자신의 충동을 조절할 수 없는 사람은 자아에 깊은 상처를 입는다고 말한다. 또한 충동을 조절하는 것은 '의지와 인격의 기본'이라고 말한다. 인격을 말하는 또 다른 기준인 연민은 다른 사람의 생각과 느낌을 알아차리는 능력에서 비롯된다. 이 두 가지 요소는 감성지능의 기본이며 도덕적인 인간의 기본 속성이기도 하다.

감성지능의 또 다른 주요 특징으로 자신에게 동기를 부여하고 인내하는 능력을 꼽을 수 있다. 이것들 역시 부정적인 감정과 경험을 객관적인 시각에서 바라보며 자신을 통제하는 능력을 필요로 한다.

골먼은 성공을 이뤄주는 과학적으로 증명된 방식으로 '긍정적 사고의 힘'을 들면서 마틴 셀리그만의 실험을 인용하며, 긍정적인 시각이 실질적 성과를 알리는 좋은 예측자라고 말한다.

IQ에 대한 집착은 20세기의 기계적 성취 모델에서 비롯되었다. 그러나 감정에 입각한 대인기술과 인간관계에 초점을 맞추는 EQ는 유동적이고 창조적인 21세기에서 성공을 위한 기본요소로 자리 잡았다.

비즈니스와 교육에 EQ 활용하기

골먼은 일터와 비즈니스 세계에도 중요한 영향을 미쳤다. 경영에 할애한 지면은 많지 않지만, 경영에 적용시킨 감성지능 개념은 감성지능이 부족한 상사 때문에 상처 입거나 화난 많은 직원들로부터 확실한 공감을 얻어냈고, 지지부진한 직원들의 실적을 끌어올리릴 방법을 몰라 애태우던 상사와 팀장들에게도 밝은 빛을 던져주었다.

그는 '똑똑한 바보'라는 장에서 IQ를 여러 가지 지능 중 하나로 그 의미를 제한한다. 직장은 가장 흥미로운 생산물을 만들어낼 수 있는 곳이면서도 서로의 자아가 충돌을 일으키는 가장 불행한 격전장이 될 수도 있다. 비즈니스의 성공은 비전이나 상품에 대한 열정에서 비롯된다. 따라서 머리가 좋은 사람들이 비즈니스의 성공과 연관되기도 하지만, 그보다는 상품이나 비전에 초점을 맞춰 직원들 간의 조화와 흥미를 불러일으키는 능력을 갖춘 사람이 더 큰 성공을 거둔다. 이러한 사상은 속편격인《감성지능으로 일하기》에 더욱 잘 설명되어 있다.

간추린 평

골먼은 자기계발서에 '과학적 자료가 부족'하다는 사실을 깨달으면서 이 책을 쓰기 시작했다. 실제로 이 책은 탄탄한 학술적, 연구적 배경을 드러낸다. 또한 그는 감성지능 분야의 핵심적인 인물들을 죄다 만나본 듯하다. 그들 중에는 하버드대학교의 저명한 지능학자인 하워드 가드너와 뉴욕대학교의 조셉 르두, 감성지능의 개념을 최초로 도입한 예일대학교의 피터 샐로비 등이 포함된다.

동시에 이 책은 고전 형태의 자기계발서이다. 쉽게 영향받는 뇌의 회로와 감정의 경험을 빚어내는 인간의 능력을 지적하면서 그가 취한 입장은 "기질은 운명적인 것이 아니다"였다. 전혀 바뀔 수 없어 보일지라도 인간의 마음과 감정에 대한 습관은 결코 정해져 있는 게 아니라는 것이다.

《EQ 감성지능》에서 가장 눈길을 끄는 대목은 감정에 대한 인식과 통제가 인간의 진화를 이끈다는 것이다. 우리는 분노와 증오, 질투 같은 것들을 오로지 인간만이 느낄 수 있는 '인간적'인 것으로 믿지만, 간디, 마틴 루터 킹, 마더 테레사 같은 21세기의 위인들을 살펴보면 그들한테 부정적인 감정이 확실히 덜하다는 사실을 알 것이다. 이들은 아리스토텔레스의 금언에 따라 분노를 표현할 줄 알며, 감정을 자유롭게 조절할 수 있었다. 그렇다면 문명이나 인류를 정의하는 더 나은 기준은 무엇이겠는가?

📖 함께 읽으면 좋은 책
《필링 굿》《마음챙김》《학습된 낙관주의》

BOOK 14

믿음은 인간의 모습을 만든다

《잠재의식의 힘》

The Power of Your Subconscious Mind

> "잠재의식의 작동방식을 이해하면
> 꿈을 현실화하는 법을 배울 수 있다."

조셉 머피 Joseph Murphy

1898년 5월 20일 남아일랜드 작은 바닷가 마을에서 태어나 1981년 라그라힐의 자택에서 사망했다. 그는 자신의 인생은 책 속에 들어 있다면서 한사코 자기 약력과 개인사를 밝히길 꺼렸다. 그의 학문적 배경은 동양철학이며, 실제로 여러 해 동안 인도에서 살면서 인도대학교의 안드라연구소 특별연구원으로 일했다. 그는 성서에 정통했고, 철학, 법학, 교육, 정신법칙에 관한 세계적인 권위자로서 미국 캘리포니아주 디바인 사이언스 교회의 목사로서 일했다. 그는 많은 이의 사랑을 받은 《잠재의식의 힘》외에도 《우주적 마음의 놀라운 법칙The Amazing Laws of Cosmic Mind》, 《당신 안의 우주적 힘The Cosmic Power Within You》등을 비롯하여 30권 이상의 책을 집필했다.

"기도가 어떤 결과를 낳는지는 기도의 외형과는 상관없이 삶의 원칙을 얼마나 잘 따르는가에 달려 있다. 여기에는 어떠한 오류도 없는 수학적 원칙만이 존재한다. 거짓이 없는 진실의 원칙이며, 무지함이 없는 지식의 원칙이다. 불화가 없는 조화의 원칙이며, 질병이 없는 건강의 원칙이다. 또한 궁핍이 없는 풍요의 원칙이다."

"마음의 법칙은 곧 믿음의 법칙이다. 따라서 마음의 작동방식을 믿는 것은 믿음 그 자체를 믿는 것이다."

조셉 머피는 동양철학을 공부했으며, 《주역周易》을 연구한 학자였다. 또한 실용적인 영성과 일상적인 신앙 및 교리를 부르짖는 '신사상New Thought'(인간의 신성神性을 강조하여 올바른 사상이 병과 과실을 억제할 수 있다고 주장하는 19세기의 종교철학) 계열의 교회인 '디바인 사이언스 교회Church of Divine Science'의 로스앤젤레스 지부 목사를 28년간 지냈다.

　고대 동양과 로스앤젤레스는 다소 동떨어진 느낌이 들지만 시간과 문화를 초월하는 잠재의식에 관한 비밀을 알아차린 머피는 많은 독자에게 그것을 알리고자 했다.

잠재의식은 어떻게 작동되는가

머피는 잠재의식을 현실로 드러날 이미지를 미리 찍어내는 암실로 보았다. 의식이 사건을 보고 그것을 사진으로 찍어 기억한다면, 잠재의식은 그와 반대로 아직 일어나지 않은 일을 미리 보는 것이다. 직관이 틀리지 않는 것은 바로 이것 때문이다.

잠재의식은 습관적인 행동과 생각에 반응한다. 도덕적인 면에서는 완전히 중립적이며 좋든 나쁘든 '일상의' 모든 습관을 기꺼이 받아들인다. 이런 상황에서 인간은 삶의 매 순간마다 부정적인 생각을 잠재의식 속에 경솔하게 떨어뜨려놓고는 그것이 일상의 경험과 관계에서 표현될 때마다 깜짝깜짝 놀라곤 한다. 때로 우리가 아무런 역할을 하지 않은 일도 일어나지만 그런 경우는 사실상 극히 드물다. 우리에게 일어나는 대부분의 나쁜 일들은 이미 우리 안에 머물면서 날이 밝기만을 기다리고 있던 것이다.

가혹한 현실이 아닐 수 없다. 그러나 잠재의식에 대한 지식은 다른 돌파구도 마련해준다. 우리의 생각과 생각에 영향을 미치는 이미지를 조절함으로써 우리 자신을 새롭게 만들 수 있다는 뜻도 되기 때문이다.

그리고 잠재의식에 가장 큰 영향력을 발휘할 지령과 확언이 실린 머피의 책은 해방을 위한 도구가 될 만하다. 앞서 말한 사진의 메커니즘으로 잠재의식을 이해한다면 어려움 없이 삶의 변화를 일으킬 것이다. 지금의 정신적 이미지를 바꾸는 것만으로도 새로운 것을 만들어낼 수 있다면 누구나 손쉽게 변화를 일으킬 수 있기 때문이다.

잠재의식은 의식과는 완전히 성격이 다르다. 이것은 강제될 수 없으며 손쉽게 변화를 일으킬 수 있다는 느긋한 믿음에 가장 잘 반응한다. 열심히 노력하는 것은 의식이 주어진 일을 해나가는 데는 도움이 되지만, 그와 반대되는 잠재의식한테는 실패의 원인이 된다. 오히려 잠재의식에게 원하는 일을 하는 데 장애물이 많다는 사실을 알려주는 꼴이기 때문이다.

느긋한 믿음이 있으면 잠재의식이 일을 이루도록 하는 것만큼 감정을 일으키기도 쉽다. 생각만으로도 합리적인 의식을 불러일으킬 수 있지만 잠재의식은 뭔가 '감정화'시키길 좋아한다. 생각이 기분이 되고 상상이 소망이 될 때, 원하는 것은 빠르고 쉽게 이뤄질 것이다.

그러나 머피는 잠재의식의 작동방식을 아는 것보다 잠재의식의 능력을 믿는 것이 더 중요하다고 말한다. 미국 심리학의 아버지 윌리엄 제임스는 19세기의 가장 위대한 발견은 잠재의식의 힘을 알고 그것을 믿기 시작한 것이라고 말했다. 마음의 장면을 바꾸는 것만으로 인생을 바꿀 수 있다는 것은 신대륙이나 전기, 증기의 발견처럼 역사책에는 등장하지 않지만 위대한 인물이라면 누구나 알고 있는 원칙이다.

믿음은 인간의 모습을 만든다

머피는 "마음의 법칙은 믿음의 법칙이다"라고 말한다. 믿음은 인간의 모습을 만든다. 윌리엄 제임스는 믿음의 대상이 현존하는 것이든 아니든 사람들이 진실이라고 믿는 모든 것은 결국 그렇게 된다고 말했다.

오늘날 서양인들은 '진실'을 인간의 가장 고귀한 가치로 여긴다. 맞다. 진실은 중요하다. 그러나 인간의 삶을 형성하는 데 있어서 믿음이라는 실질적인 힘보다는 약하다. 우리가 잠재의식에게 말하는 모든 것이 사실로 기록될 것이다. 다만 아쉽게도 잠재의식은 유머 감각이 없으므로 행여 농담이라도 불행에 대해 말하는 것은 절대 삼가라.

정신적인 혼란을 겪는 사람과 건강한 사람이 지닌 믿음의 힘은 똑같다. 다만 유일하게 다른 점은 정신이 건강한 사람의 믿음이 객관성을 유지한다는 사실이다. 자신을 엘비스 프레슬리로 소개하는 정신병환자는 '거짓말'을 하고 있는 게 아니라 자신을 정말로 엘비스 프레슬리라고 믿고 있는 것이다.

우리는 이와 같은 굳건한 믿음의 힘을 건설적인 결과에 사용해야 한다. 따라서 완벽한 배우자가 되거나 사업의 귀재가 되길 바라는 대신, 그렇게 될 거라고 믿어라. 말도 안 될 것 같지만, 전혀 말이 안 되지 않을 것을 찾아 그것이 이뤄질 거라고 믿어라. 1년 전에는 불가능해 보였던 뭔가가 이제는 마음의 소망이 따라야 할 법규가 될 것이다.

잠재의식은 복리를 만든다

흥분성 약재와 주문으로 이루어진 고대의 의식에서 정작 치료의 힘을 발휘한 것은 사실 잠재의식의 암시와 수용이었다. 오늘날에도 간혹 의사들이 "효과 좋은 약입니다"라며 환자에게 주는 위약(가짜 약)은 기적 같은 치료효과를 나타낸다. 이처럼 치료의 기적은 의식의 정상적인 의심이 억제되고 인간의 육체가 '완벽한 건강'에 대한 잠재의식의 믿음에 순순히 복종할 때 일어난다고 머피는 말한다.

정신적 치료의 또 다른 면은 인간의 개별적 마음을 거대한 인류적 마음의 일부로 여기는 것이며, 이것은 '무한지식'과 연관된다. 덕분에 물리적으로 멀리 떨어져 있는 사람도 치료할 수 있다는 이론이 가능하다고 머피는 말한다. 우주의 모든 건강과 에너지, 사랑이 한 사람에게 쏟아지는 것을 시각화함으로써 생명력이 그 사람의 몸 구석구석을 통과하여 몸속을 깨끗이 청소하고 활기를 불어넣도록 하는 것이다.

우주에는 건강과 조화의 원칙과 더불어 풍요의 원칙이 있다. 머피는 "대부분 사람들의 문제는 눈에 보이지 않는 지지를 받고 있지 않다는 것이다"라고 말한다. 풍요의 원칙을 잘 알고 있는 사람들은 예금잔고가 바닥나거나 사업이 실패하더라도 정신적 파탄의 길로 빠지지 않는다. 그들은 풍요로운 우주의 원칙을 상기하고 그것과 다시금 조화를 이루라는 신호로 받아들인다.

'부유하다는 느낌'이 현실에서 실제로 부를 창조해낸다고 머피는 주장한다. 또한 잠재의식은 복리複利의 사상을 이해하고 따른다. 당신이 예치해둔 작은 생각이 정신적 풍요의 원칙에 따라 시간이 갈수록 정기적으로 복리를 만들어내는 것이다. 머피는 이 같은 풍요의 이미지가 현실세계에서 실현되도록 각자가 잠재의식에 어떤 올바른 신호를 보내야 하는지를 정확히 알려준다.

과학적으로 기도하라

머피는 법과 질서의 우주를 언급하며, 기도에 대한 응답을 얻는 일은 결코 '신비로운 과정'이 아니라고 말한다. 높은 빌딩을 세우는 것보다도 신비롭지 않다. 오히려 잠재의식의 작동원리를 아는 사람은 '과학적으로' 기도하는 법을 배운다고 한다.

무슨 뜻일까? 전통적인 기도는 신에게 "잘되게 해주십시오"라고 열렬히 간청하는 방식이다. 그러나 이런 기도에는 논리적으로 무게나 힘이 실리지 않는다. 안 될지도 모른다는 의심이 그 밑바닥에 깔려 있기 때문이다.

전통적 기도에 믿음이 빠져 있다는 것은 상당히 아이러니하다. 진정한 믿음은 단순하다. 지금 당장 뭔가가 일어나고 있고 얻어지고 있다고 믿는 것이다. 지금 받고 있는 것(아직 현실에서 나타나지 않더라도)에 감사의 기도를 드리는 순간, 그것은 신이 알아주길 바라는 신비로운 의식이 아니라 분명한 목표를 지닌 신과 자신과의 공동창조의 과정이 될 것이다.

간추린 평

《잠재의식의 힘》은 종교나 문화로부터 자유로워지려고 노력한 글이다. 다소 반복적이지만 그 자체가 잠재의식을 프로그래밍하는 과정이다. 특히 잠재의식의 작동방식을 설명하는 전반부가 훌륭하다. 후반부는 결혼과 인간관계, 과학적 발견, 수면, 두려움, 용서, '내면의 젊음'에 변화를 일으키는 잠재의식의 역할과 힘을 설명한다. 이 책의 저자는 온전한 효과를 얻기 위해서는 적어도 두 번 이상 읽으라고 조언한다.

일부 독자들에게는 이 책이 구식처럼 여겨질 수 있다. 그러나 그보다 많은 독자들은 이 책을 읽고 인생이 달라졌다고 말한다. 잠재의식은 강력하다. 비이성적인 마음을 이해하려 노력하지 않으면 이성적인 소망과 계획도 영원히 이루지 못할 것이다.

📖 함께 읽으면 좋은 책
《간절히 그렇다고 생각하면 반드시 그렇게 된다》
《인생의 게임에서 승리하는 믿음의 법칙 10》

BOOK 15

감정이라는 감옥에서 탈출하라
《필링 굿》

Feeling Good : The New Mood Therapy

"느낌(감정)은 사실이 아니다.
감정이 현실을 정확하게 반영하고 있는지 늘 점검하라."

데이비드 D. 번즈 David D. Burns

애머스트대학교를 졸업하고 스탠퍼드대학교에서 박사학위를 받았다. 그 후 펜실베이니아대학교에서 정신과 수련과정을 마친 뒤 펜실베이니아 대학병원 정신과에서 근무했다. 또한 그는 하버드대학교 의대 초빙교수와 스탠퍼드대학교 의대의 정신의학 및 행동과학과 임상 부교수를 지냈다. 1998년에는 그의 열정적인 강의 및 연구 덕분에 스탠퍼드대학교 대학원생들로부터 '올해의 교수상'을 받기도 했다. 번즈 박사는 베스트셀러인 《필링 굿》외에도 이 책의 속편인 《필링 굿 핸드북Feeling Good Handbook》과 인간관계에 관한 《사랑은 충분하지 않다Love Is Never Enough》,《자존감을 위한 열흘Ten Days to Self-Esteem》등을 집필했다.

"새로운 방식의 놀라운 효과를 시험해보기 위해 일부러 우울해질 필요는 없다. 실제로 모든 인간은 간헐적인 정신적 '조율'을 통해 이익을 얻을 수 있다. 이 책은 우울한 기분이 들었을 때 어떻게 해야 할지를 정확히 알려준다."

"감정의 감옥에서 해방되는 비결은 의외로 간단하다. 생각이 감정을 만들어낸다는 사실을 명심하는 것이다. 당신의 감정은 잘못된 생각에서 만들어졌을지 모른다. 불쾌한 감정은 단지 당신이 무언가를 부정적으로 생각하고 있다는 걸 말해줄 뿐이다. 당신의 감정은 마치 새끼오리가 어미의 뒤를 졸졸 뒤쫓듯 당신의 생각을 뒤따라 나타난다."

《필링 굿》은 프로이트식 전통적 우울증 치료에 대한 불만에서 나왔다. 데이비드 D. 번즈의 스승인 아론 T. 벡 박사는 프로이트의 정신분석이 우울증 치료에 효과적이라는 어떤 경험적 증거도 찾지 못했으며, 오히려 정신분석을 받은 우울증 환자가 스스로를 낙오자로 느낀다고 했다.

프로이트는 스스로의 심각한 결점을 인정한 후에야 우울증 치유가 가능하다고 믿었다. 그러나 우울증 환자를 직접 치료한 벡 박사는 우울증 환자가 자신에 대해 생각하는 것과 그 환자의 실제 모습은 상당히 다르다는 사실을 발견했다. 많은 우울증 환자가 "난 아무 짝에도 쓸모가 없어요."라고 말하지만 듣는 사람의 입장에서는 결코 이해되지 않는 경우가 많았기 때문이다.

결국 벡 박사는 우울증이 잘못된 생각에서 비롯되었다는 결론을 내렸다. 부정적이거나 잘못된 생각이 온갖 우울한 증상을 만들어 내고, 그러한 증상은 상황을 더욱더 악화시킨다는 것이다. 이런 시각은 환자들이 왜곡된 자기인식에서 벗어날 때까지 자신의 생각을 계속 고쳐나감으로써 '스스로 우울증에서 빠져나오도록 하는' 인지요법의 기초를 마련했다. 이러한 연구는 약물치료 및 다른 심리요법과 더불어 우울증 치료에 인지적으로 접근하도록 관심을 불러일으켰다.

우울증 연구와 그 실체를 밝히다

이 책의 저자인 번즈는 펜실베이니아대학교에서 인지요법을 연구하면서 우울증 환자를 치료한 결과를 바탕으로 이 책을 썼다. 더이상 새롭지 않은 내용이 많지만, 그래도 여전히 인지요법cognitive therapy을 알리는 최고의 책이자 베스트셀러로서 그 위치를 굳건히 지키고 있다.

아마도 감정을 조절하는 방법을 다루는 평범한 자기계발서보다 임상적인 접근을 원하는 독자라면 결코 실망하지 않을 것이다. 미국에서는 정신의학자들이 뽑은 최고의 자가우울치료서로 선정되기도 했다. 많은 그래프와 표, 가상의 의사와 환자가 나누는 대화록 등이 부담스럽다면 얼마든지 건너뛰어도 좋다.

하지만 이 책은 단순히 우울증 치료서만이 아니라 좀더 실질적인 일상의 감정과 기분을 조절하는 법을 훈련시켜주는 책으로, 이미 300만 부 이상이 팔렸다. 마틴 셀리그만이 무기력의 학습을 연구하다가 그의 명저인《학습된 낙관주의》를 탄생시켰듯이, 벡과 번즈 박사도 우울증을 연구하다가 그와 반대되는 기쁨과 자기통제를 통한 우울증 극복의 길을 발견했다.

과거에는 우울증을 감정적 장애로 여겼다. 그러나 인지적 시각에서는 잘못된 지식이 우울증을 만들거나 악화시킨다고 주장한다. 따라서 우울증은 반드시 나을 수 있는 병이다.

부정적 사고는 눈덩이효과snowball effect를 일으킨다. 어떤 계기로 우울했던 것이 점점 왜곡된 인식의 혼란으로 확장되고, 결국에는 세상의 모든 것이 싫고 의미 없어지는 것이다. 우울증에 빠진 사람은 스스로를 4D(패배한defeated, 모자란defective, 버림받은deserted, 불우한deprived) 존재로 여기며, 자신의 가치 없는 모습을 절대적 진실로 여긴다. 그들은 정상적인 사고능력을 상실하며 우울증이 심해질수록 자신의 모습에 대한 왜곡도 심해진다. 그러나 분명하고 균형 있는 시각을 회복하면 틀림없이 건강한 자존감과 자신감도 회복할 수 있게 된다.

번즈는 '슬픔'과 '우울'을 구분했다. 슬픔은 삶의 경험을 확장하고 자기인식을 일으킨다. 반면에 '우울'은 삶의 가능성을 상실시키며 인간을 억누른다.

감정은 사실이 아니다

인간은 자신이 느낀 '감정'을 확실한 진실로 받아들이는 경우가 많다. 그러나 감정이 '옳다'고 여기는 것은 인간의 착각이다. 더욱이 인간은 자기 자신이나 자신의 능력에 대한 안 좋은 감정을 어쩔 수 없는 것으로 받아들이는 경향도 강하다. 우리는 "네 느낌을 믿어라"라는 말을 종종 듣는다. 그러나 그 느낌이 비합리적이거나 잘못된 편견 또는 오해에서 비롯된 것이라면 그러한 느낌을 믿는다는 것은 굉장히 위험한 일이다.

번즈는 다음과 같이 말한다. "당신의 감정은 마치 새끼오리가 어미오리의 뒤를 졸졸 뒤쫓듯 당신의 생각을 뒤따른다. 그러나 새끼오리가 어미오리를 따른다고 해서 어미오리가 반드시 옳은 길을 가고 있다는 뜻은 아니다. 감정은 인간이 가장 마지막으로 믿어야 할 대상이다. 감정은 사실이 아니기 때문이다."

'좋은 기분'이 당신을 특별히 가치 있는 사람으로 증명해주는가? 그렇지 않다. 그렇다면 반대의 경우도 논리적으로 마찬가지이다. 나쁜 감정 역시 당신의 진정한 가치와는 아무런 상관이 없다. 번즈는 "당신의 감정은 당신의 가치를 정하지 않으며, 다만 당신의 상대적 만족과 불만족 상태를 나타낼 뿐이다"라고 말한다. 실제로 번즈는 우울증 환자들이 스스로에 대해 "쓸모없다"라든가 "욕먹어도 싸다"는 식의 표현을 쓰지 말도록 충고한다. 어떤 인간도 그런 평가를 받아선 안 된다. 모든 인간은 섣불리 판단될 수 없는 유동적이며 점진적인 발전을 이루는 현상적 존재이기 때문이다. 우리의 일부 행동이 언짢을 수는 있으나, 그것이 우리의 전반적인 행동을 정의하고 기본적 자아에 대한 폭넓은 판단을 일으키는 논리적 지표가 될 수는 없다.

과민성지수를 낮춰라

화가 날 때 인간은 주로 두 가지 방식으로 대응한다. 속으로 화를 삭이다가 우울증이나 무감정으로 발전시키거나 솔직하게 표현하며 '밖으로 분출'하는 것이다.

화를 표현하는 것이 효과적일 때도 있으나 그것은 화를 극단적으로 단순화한 것이며, 그러한 방식이 우리를 곤경에 처하게 만들기도 한다. 반면 화에 대한 인지적 접근은 분노를 처리할 필요성을 아예 없앰으로써 두 가지 방식에서 모두 벗어나도록 한다. 애초부터 화를 내지 않는 것이다. 그러기 위해서는 현실의 사건이 아닌, 자신의 '거친 생각'이 화를 일으킨다는 점을 명심해야 한다. 누가 봐도 기분 나쁠 때라도 자동적이고 통제 불가능한 반응에 사로잡히기보다는 자신의 반응을 직접 선택할 수 있어야 한다. 만약 화를 내고 있다면 그것은 우리가 화를 내기로 선택했기 때문이다.

비난의 두려움에서 벗어나고 싶은가? 비난받더라도 차분하고 비공격적인 방식으로 대응하길 바라는가? 이러한 능력은 자기인 식에 엄청난 영향을 미친다. 다른 사람의 비난은 옳을 수도 잘못될 수도, 아니면 그 중간일 수도 있다. 그중 무엇인지 분명히 하려면 상 대에게 직접 비난에 대해 물어보면 된다. 더욱 가혹하고 개인적인 비난을 듣더라도 구체적으로 파고들어라. 그러면 내가 들은 비난 이 나의 행동을 개선할 기회를 줄 진실인지, 그저 상대의 분노가 표 출된 것인지 밝혀질 것이다. 어느 쪽이든 내 입장에서는 부정적인 감정으로 대응할 필요가 전혀 없다. 상대의 비난을 성장의 발판으 로 삼거나 그냥 흘려듣고 예전처럼 생활하면 된다. 이러한 대응방 식은 상대의 분노도 누그러뜨리는 역할을 한다.

가장 화나는 경우는 자존심이 상했을 때이다. 그러나 분노의 감 정을 조절하는 법을 배우면 자존심이 흔들리지 않고 모든 상황을 감정적으로 대처하는 데서 벗어날 수 있다. 번즈는 "화내는 것은 인 간적인 것이 아니다"라고 말한다. 감정을 통제한다고 해서 결코 로 봇처럼 되지 않으며 오히려 인생을 활기차게 즐기는 데 필요한 에 너지가 증폭된다.

이 밖에도 죄책감, '칭찬중독'과 '사랑중독' 극복하기, 일('당신이 하고 있는 일이 당신의 가치를 말하지 않는다.'), 낮은 목표의 소중함('감 히 평범해져라!' 완벽주의 극복), '무위도식' 극복 등에 관한 훌륭한 충 고가 실려 있다.

또한 이 책의 마지막 장에는 놀랍게도 우울증의 화학적 치료약 인 프로작에 대한 설명이 덧붙여 있다. 이러한 약물은 인지요법과 병행될 경우 합리적인 사고를 도와줌으로써 인지요법의 효과를 극대화한다.

간추린 평

기분이 오락가락하고 자학적인 행동을 하는 것을 우리의 자연스러운 모습 중 일부로 여길지도 모른다. 그러나 이 책은 그 같은 오해를 철저히 부수며, 간단하지만 효과적인 원칙과 기술을 통해 그러한 행동에서 손쉽게 벗어나도록 한다. 대부분의 우울증은 상습적인 상황에서 발생되며 처음 그것이 발생한 원인은 기억조차 나지 않는다. 해결해야 할 해묵은 감정이 아직까지 남아 있다고 여겨진다면 그것이 시간낭비일 뿐이라는 사실을 정확히 인식하라.

감정통제는 우리를 로봇으로 만들지 않으며, 오히려 우리의 인간성을 향상시킨다. 이 책은《EQ 감성지능》,《학습된 낙관주의》등의 성공적인 저서들이 탄생되도록 길을 열어주었다는 점에서 중요한 의미를 지닌다. 또한 이들 저서는 인간의 감정적 영역을 이성적 영역으로 통합하고 다스리려는 노력을 기울였다는 공통점이 있다.

📖 함께 읽으면 좋은 책
《EQ 감성지능》《학습된 낙관주의》

BOOK 16

마음을 돌봄으로써 얻는 것들

《마음챙김》

Mindfulness : Choice and Control in Everyday Life

"정신적 습관은 삶을 무디게 만든다.
사고에 대한 통제력을 되찾으면 새로운 삶을 경험할 것이다."

엘렌 랭어 Ellen Langer

1970년 뉴욕대학교에서 심리학 학사학위를 받고, 1974년 예일대학교에서 박사학위를 받았다. 그 후 랭어 박사는 하버드대학교의 심리학 교수로 재직하면서 수많은 학술서적과 논문을 집필했다. 《마음챙김》은 주로 노인으로 이뤄진 50명 이상의 사람들을 연구한 결과물로서 이 책에서 랭어는 양로원과 같은 보호시설이 자율과 책임을 감소시키며 노화를 촉진한다고 주장하고 있다. 이 책은 지금까지 13개 언어로 번역되었으며 지금까지 스테디셀러로 자리잡았다.

"의식의 변형된 상태인 마음챙김과 마음놓음은 그에 대한 이야기를 너무 많이 들어서 이제는 상식이 되다 못해 더 이상 그 힘의 중요성을 인식하지 못하거나 인간의 삶을 변화시키는 데 활용하지 못할 정도가 되었다. 이 책은 인간이 마음놓음으로써 치르게 되는 심리적, 물질적 대가에 대해 이야기하고 있다. 더불어 그보다 중요한 마음챙김의 강점을 설명한다. 이것은 인간의 삶을 더욱더 통제 가능하게 만들고, 선택을 폭넓게 하며, 불가능해 보이는 것을 가능게 만든다."

"인간이 부주의하게 마음을 놓아버리는 행동을 하며 과거의 구분에만 의존할 경우, 인간은 고정된 종착점까지밖에 발전할 수 없다. 즉 미리 정해진 행로를 따라 움직이는 로켓과 같아진다. 그러나 마음에 주의를 기울여 마음을 챙긴다면, 인간은 모든 종류의 선택을 할 수 있어 새로운 종착점을 만들어낼 것이다."

혹시 상점의 마네킹이 사람인 줄 알고 말을 걸었거나 1월달 수표에 전년도 숫자를 적어본 적이 있는가? 아마 대부분의 사람들이 "그렇다"고 답할 것이다. 하지만 이런 사소한 실수는 전체적인 부주의로 따지면 빙산의 일각에 불과하다고 엘렌 랭어는 말한다. 하버드대학교의 심리학 교수로 마음의 경직rigidity of mind을 연구하던 랭어는 유동적인 정신mental fluidity 또는 마음챙김Mindfulness을 관찰하기 시작했다.

자기계발서의 좋은 주제 중의 하나는 습관과 규범을 무의식적으로 받아들이는 것에서 벗어나는 일이다. 이러한 면에서 랭어의 저서는 그 실천 법을 제대로 알려준다. 또한 서양의 과학적 연구 전통을 충실히 따르며, 《EQ 감성지능》이나 《학습된 낙관주의》를 읽은 독자들이라면 틀림없이 좋아할 만한 매력적인 실험결과들로 가득 채워져 있다.

그럼 마음을 챙긴다는 것은 무엇이며, 또 어떤 사람들이 그렇게 하는가? 이 책은 그들의 특징을 다음과 같이 설명한다.

- 새로운 범주를 창조해내는 능력이 탁월하다.
- 새로운 정보에 개방적이다.
- 둘 이상의 관점을 인식한다.
- 결과보다 과정에 신경을 쓴다.
- 직관을 믿는다.

새로운 범주를 창조해내는 능력이 탁월하다

랭어는 인간은 개념적 형태의 현실을 경험하며 살아간다고 말한다. 따라서 인간은 사물을 볼 때마다 매번 새롭게 바라보지 않는다. 그 대신 범주를 만들고 그 안에 자신이 본 사물을 집어넣는데, 이것은 세상을 훨씬 편리하게 살아가는 방식이다. 예를 들면 일본화병을 화병의 범주에 넣고, 난초를 꽃으로, 사장을 사람의 범주에 넣는 것과 같은 사소한 분류는 물론이고, 종교와 사상, 정부조직 등에서 더욱 광범위한 분류를 행한다. 이 모든 것은 일정 수준의 심리적 확신을 가져다주며, 끊임없이 자신의 믿음에 도전해야 하는 버거운 노력에서 벗어나도록 한다. 가령 동물을 '반려동물'과 '가축'으로 양분함으로써 우리는 한쪽은 사랑하고 한쪽은 마음 편히 먹을 수 있는 것이다.

그러나 그러한 분류가 애초에 인간이 정한 것임을 잊은 채 그저 아무 생각 없이 받아들일 경우, 마음놓음Mindlessness이 생겨난다. 그와 반대로 새로운 분류를 창조해내고 옛것을 다시 평가하는 것이 마음챙김이다. 심리학자 윌리엄 제임스는 이렇게 말했다.

"천재는 비습관적으로 인지하는 능력이 남보다 조금 뛰어난 사람이다."

새로운 정보에 개방적이다

랭어는 '미숙한 인지적 위임premature cognitive commitments'에 대해서 이야기한다. 이것은 의미는 상실되고 동작만 남은 사진과 같다. 이러한 거짓, 억압된 이미지의 위험성을 알리기 위해 랭어는 영국 작가 찰스 디킨스의 장편소설《위대한 유산》의 미스 해비샴을 언급한다. 결혼식 날 파혼당한 미스 해비샴은 나이 든 후에도 여전히 웨딩드레스를 벗지 않는다. 드레스는 마지 낡은 커튼처럼 평생 그녀의 몸 위에 걸쳐져 있다.

또 이렇게 설명할 수도 있다. 지루하고 심술궂은 한 노인을 알고 있는 어떤 아이는 '나이 든 사람은 모두 심술궂다'라는 이미지를 가지고 있으며 이러한 이미지를 어른이 되어서도 유지된다. 만약 그가 이러한 이미지를 다른 이미지로 대체하려는 노력을 번거로워서 회피한다면 그는 자신의 경험에서 비롯된 그릇된 인식에 사로잡혀 결국 심술궂은 노인이 될 것이다.

인생의 다른 면에서도 마찬가지이다. 만약 우리가 마음을 꼼꼼히 들여다보고 챙긴다면 우리의 모자란 행위나 행동에 대한 변명으로 '유전자'를 들먹이는 일 따위는 없을 것이다. 부모가 간부로 승진한 적이 없다고 해서 그 자녀가 기업의 회장이 되지 말라는 법은 없다.

둘 이상의 관점을 인식한다

랭어는 정황과 아무 상관없이 무조건 정보를 받아들이는 것은 마음놓음이며, 정황에도 불구하고 능력을 발휘하는 것은 마음챙김과 창의력의 상징이라고 말한다.

또한 많은 고통이 정황에 의해 생겨난다고 말한다. 축구장에서 멍이 드는 것보다 집에서 멍이 들었을 때 우리는 훨씬 큰 문제로 여긴다. 또한 상상은 관점을 새롭게 만드는 중요한 요소다. 예를 들면, 1962년 영화 〈앨커트래즈의 버드맨Birdman of Alcatraz〉에서 미국 샌프란시스코만에 있는 바위섬인 앨커트래즈의 연방교도소에 40년 이상 수감된 주인공 버드맨은 상처 입은 새들을 돌보며 자신의 인생을 풍요롭게 만들고자 노력했다.

　이러한 이야기에 나타난 자기개선에 대한 암시는 분명하다. 긍정적인 정황으로 인식하는 한, 우리는 그 어떤 일도 이겨낼 수 있다. 명확한 개인적 비전이 없으면 삶은 끊임없는 두려움과 분노의 덩어리처럼 보인다. 그러나 비전을 갖추면 모든 것을 폭넓은 시야에서 바라볼 수 있다. 니체의 말대로 '이유'를 지닌 사람은 어떠한 '방식'도 이겨낼 것이다.

결과보다 과정에 신경을 쓴다

마음챙김의 또 다른 특징은 결과에 앞서 과정에 초점을 맞춘다는 것이다. 우리는 위대한 업적을 이룬 과학자를 '천재'라 부르며, 그가 마치 하루아침에 뭔가를 이룬 것처럼 말한다. 물론 위대한 발명의 해에 한꺼번에 발명품을 쏟아낸 아인슈타인 같은 천재도 있지만, 대부분의 과학적 업적은 수년간 계단을 하나씩 밟아오른 결과로 인한 것이다. 예를 들어 자신이 수강할 과목을 가르칠 교수의 강의노트를 본 한 대학생이 그것을 수년간의 연구와 작업의 결과가 아닌, 묵직한 학술지에 실려야 할 고귀한 지식으로 여기며, '난 죽었다 깨어나도 이런 글을 못 쓸 거야'라고 생각한다. 그러나 이것은 지극히 잘못된 비교이다.

　과정을 지향한다는 것은 '내가 이 일을 해낼 수 있을까'가 아닌, '내가 이 일을 어떻게 해낼까'를 묻는 것이다. 이것은 "분명한 판단을 가능케 할 뿐만 아니라, 자기 자신에 대해 좀더 좋은 느낌이 들도록 만든다"라고 랭어는 말한다.

직관을 믿는다

직관은 마음챙김으로 향하는 중요한 길이다. 직관을 통해 낡은 습관과 기대를 버리고 이성과 반대될지 모를 무언가를 시도하기 때문이다. 최고의 과학자 역시 직관적인 사람들이며, 직관적인 진리로 섬광처럼 떠오른 무언가를 통계적으로 입증하기 위해 수년간 쉬지 않고 노력한다.

마음챙김과 직관의 놀라운 점은 상대적으로 많은 노력을 필요하지 않는다는 것이다. "두 가지 모두 지극히 평범한 삶을 위한 무겁고 고집스러운 노력을 떨쳐낼 때 생겨난다." 더욱이 직관은 우리의 생존과 성공을 위한 소중한 정보를 제공해준다. 그러나 그것의 정체를 알 수 없는 사람들은 때로 직관을 무시하며 대가를 치르기도 한다. 그에 반해 마음을 챙기는 사람은 이해되지 않는 직관일지라도 그것이 꼭 작동되도록 한다.

간추린 평

요약하자면 마음챙김은 각자의 개성을 지키는 것이다. 반대로 제한된 정신적 자원을 지니고, 과정보다 결과에 집중하며, 다른 사람과 나를 잘못 비교하는 것은 로봇과 같은 존재로 가는 지름길이다. 진정한 개인은 새로운 것에 개방적이며, 지식과 경험의 의미를 늘 다시 분류하고, 자신의 일상적 행동을 보다 넓고 의식적인 차원에서 바라본다.

랭어는 자신의 저서가 동양 종교와 유사하다는 사실을 인정하면서, 불교의 명상 역시 마음챙김 상태를 즐기는 것이며 '올바른 행위'를 이끈다고 말한다. 또한 자신의 마음챙김이 명상과 똑같은 효과를 나타낸다고 믿으며 개인뿐 아니라 사회의 건강을 위해서도 중요한 역할을 하길 기대한다. 마음챙김의 미덕은 그것이 눈에 띄게 작동하지 않는다는 것이다. 사실 그렇게 함으로써 마음챙김은 우리의 생각을 더 크게 지배한다. 실제로 이것은 자신에 대한 통제력을 높여 조용한 방식으로 의식을 끌어올린다.

이러한 사상이 다소 어려울 수도 있다. 그러나 이 책은 대중적으로 쓰였으며, 낡은 사상도 아니다. 대부분의 자기계발서보다는 다소 학문적인 것이 사실이지만 읽고 나면 그 내용이 영원히 마음속에 남을 것이다.

📖 함께 읽으면 좋은 책
《달라이 라마의 행복론》《법구경》《EQ 감성지능》《학습된 낙관주의》

BOOK 17

자기 자신을 사랑하고 인정하라

《치유: 있는 그대로의 나를 사랑하라》

You Can Heal Your Life

"자신을 올바로 사랑하는 법을 배울 때,
인생은 비로소 변할 것이다."

루이스 L. 헤이 Louise L. Hay

심리적, 영적 문제를 다루는 저명한 강사이자 교사이며 베스트셀러 작가이다. 그녀는 영적 영감과 지혜를 주는 책과 비디오를 출판하는 헤이하우스Hay House의 설립자이자 발행인이기도 하다. 헤이는 1981년부터 심리치료 전문가로서 이력을 쌓기 시작했으며, 그동안 수천 명의 상담고객에게 인간이 갖고 있는 창조적인 힘의 잠재력을 모두 일깨워 사용하는 방법을 알려줌으로써 성장과 자기치유를 도와주었다. 그녀의 대표적 저서《치유: 있는 그대로의 나를 사랑하라》는 1984년 출간된 후 10년간 35개국에서 29개 언어로 번역 출간되었으며, 지금까지 세계 곳곳에서 많은 독자의 사랑을 받고 있다.

"뚱뚱하기 때문에, 또는 어느 소녀의 표현대로 '몸의 라인이 살지 않기 때문에' 자기 자신을 사랑할 수 없다고 말하는 사람들이 너무나도 많다. 그러나 나는 그들에게 말한다. '자기 자신을 사랑하지 않기 때문에 뚱뚱해진 것이라고.' 자기 자신을 사랑하고 인정하기 시작하면 체중은 놀랄 만큼 줄어들 것이다."

"가진 것에 감사하면 가진 것이 더욱 늘어난다. 나는 지금 내 삶을 구성하는 모든 것을 사랑하고 축복한다. 집, 난방, 물, 빛, 전화, 가구, 수도관, 가스관, 전자제품, 옷, 자동차, 직장, 돈, 친구, 보고, 느끼고, 냄새 맡고, 만지고, 걸을 수 있는 능력과 이 놀라운 지구에서 즐겁게 살 수 있는 능력에 감사한다."

《치유: 있는 그대로의 나를 사랑하라》는 35개국에서 300만 부 이상 팔렸으며 저자인 루이스 L. 헤이는 자기계발, 뉴에이지, 전인적 치유운동holistic healing movement의 여성 리더가 되었다. 그녀는 이 책의 성공 요인으로 '사람들에게 죄책감 없이 변화하도록 만드는' 특징을 꼽았다. 또한 이 책에는 최악의 순간에서 끝까지 살아남아 평온을 되찾은 한 인간의 진솔한 인생사도 담겨 있다. 저자의 개인사가 담담히 기록된 마지막 장을 읽을 때 이 책의 제목을 비로소 진실로 이해할 수 있을 것이다.

파란만장한 인생 스토리

헤이의 어머니는 아주 어렸을 적부터 그녀를 남의 집에 맡겼다. 5세 때 처음으로 이웃에게 성폭행을 당한 그녀는 15세가 될 때까지 계속해서 성적인 학대를 당했으며, 결국 집과 학교를 떠나 식당 종업원이 되었다. 그리고 1년 후 그녀는 여자아이를 낳았으나, 다시는 볼 수 없는 곳으로 입양 보내야 했다.

시카고로 떠난 그녀는 수년간 힘든 일을 했으며, 뉴욕에 정착한 후로는 패션모델이 되었다. 그곳에서 우아하고 안정된 생활을 가져다줄 것 같은 '점잖은 영국 신사'를 만나 결혼했다. 그러나 14년 후 남편은 다른 여자를 만났고 두 사람은 이혼했다.

그 후 종교학 교회 Church of Religious Science 모임에 우연히 참석한 것을 계기로 그녀의 인생은 달라지기 시작했다. 그녀는 인정받는 교회 상담사로 일했으며 아이오와 소재의 마하리시국제대학교를 다닌 후로는 초월명상가가 되었다.

사목인으로서 자신만의 독특한 상담활동을 펼치던 헤이는 신체적 질병의 신체 외적 요인을 설명한《당신의 몸을 치료하라》라는 첫 책을 썼다. 그 당시 그녀는 암진단을 받았으나 철저한 식단개선과 정신적 수양으로 암을 극복해냈다. 미 동부해안에서 삶의 대부분을 보낸 그녀는 어머니가 돌아가시기 직전, 로스앤젤레스로 돌아와 어머니와 시간을 보내다 2017년 8월 눈을 감았다. 헤이는 쉽지 않은 인생이었지만 그때마다 스스로를 치유해냈다. 그녀가 자신의 인생으로 증명한 치유와 명상의 힘에 많은 사람이 감명을 받았다.

자신을 있는 그대로 사랑하라

이 책은 희생의 나날을 이겨낸 한 인간의 메시지로서, 비슷한 삶을 살아온 여성들에게 엄청난 호소력을 미쳤다. 정신적 자유와 육체적 건강을 위해 '자신을 사랑하고 죄책감을 없애라'는 이 책의 핵심은 정신면역학적 측면에서도 그 효과가 입증되었다.

제한적 사고를 자유롭게 깨부수고, 두려움을 믿음으로 대신하며, 남을 용서하고, 생각이 경험을 창조한다는 친숙한 자기계발 메시지들도 이 책에 담겨 있다. 그중 몇 가지를 살펴보면 다음과 같다.

- 질병은 마음의 상태를 반영한다. 남을 용서하지 못하고 미워하는 것은 만병의 근원이다.
- 치유를 위해서는 현재의 상황을 일으킨 사고방식에서 벗어나야 한다. 우리가 생각하는 '문제'는 실제 문제가 아닌 경우가 대부분이다. 나에 대해 좋지 않게 생각하도록 만드는 피상적인 것들은 '나는 별로다'라는 자신의 뿌리 깊은 믿음을 살짝 가릴 뿐이다. 자아도취가 아닌, 진실로 자신을 사랑하는 일은 치유를 위한 기초가 된다.
- 확언은 자신의 진정한 자아를 기억하고 그 힘을 활용하는 것이다. 원하는 것을 명백하게 표현하는 확언의 힘을 믿어라. 다만 늘 긍정적인 내용과 현재시제라는 형식을 따라야 한다. 예컨대 "난 정말 건강해" 또는 "놀랍고 멋진 일이 내게 다가오고 있어"라는 식이어야 한다. 이 책에는 여러 가지 확언의 예들이 실

려 있다.

- 가진 것에 감사하는 마음은 가진 것을 더욱 풍요롭게 만든다. 한없이 베푸는 우주를 인식하라. 자연을 바라보라. 수입은 번영의 원천이 아니라 번영으로 향하는 하나의 경로일 뿐이다.
- 안정된 삶은 직장이나 예금통장, 투자나 배우자, 부모로부터 얻어지는 것이 아니라, 만물을 창조하는 우주의 힘과 연결되는 능력에 달렸다. 마음을 차분히 하고 혼자가 아니라는 걸 깨달아 마음의 평화를 얻으면, 다시는 불안을 느끼지 않을 것이다.

상담받으러 오는 사람들에게 그녀가 가장 먼저 들려주는 말은 "자기 자신에 대한 비난을 멈춰라!"이다. 우리는 평생 자신을 미워하며 살 수도 있겠지만, 삶을 치유하려면 자기를 사랑해야 한다는 중요한 과정을 거쳐야 한다. 진정으로 자신을 사랑하기 위해서는 또 한 번의 기회를 줘야 한다.

간추린 평

《치유: 있는 그대로의 나를 사랑하라》는 뉴에이지적인 성격이 강하며, 지금은 낯설지 않지만 집필 당시만 해도 헤이가 처음이나 다름없었던 '인간의 전인성'(인간의 지성, 감성, 영성을 한데 어우른 개념)에 대한 설명이 들어 있다. 사실 이 책에는 분명히 읽을 만한 지적인 내용은 많지 않지만 마음의 안정을 찾아주는 직접적이고 열정적이며 직관적인 내용이 들어 있다.

자기계발의 진정한 정신을 따르고 있는 이 책은 문제를 고치는 데 만족하지 않고 모든 문제의 무기력한 실체를 밝히려고 한다. 이런 견해는 언뜻 느슨해 보이지만 실제로는 매우 엄격한 철학적 견해이다. 문제에 집중하면 결코 문제를 풀 수 없지만, 가능성에 집중하면 희망과 동기를 제공받는다. 많은 사람이 힘겨운 삶을 살고 있지만 문제를 털어버릴 방법을 모르거나 심지어 그런 방법이 있는지조차 모른다. 박탈감은 '어쩔 수 없잖아'라는 환상에서 시작된다. 반면 어떠한 고통과 후회도 자신을 묶어놓을 수 없다는 그녀의 고집스러운 믿음은 심리적 블랙홀로부터 그녀를 구출시켰다. 이 책은 성공적인 탈출을 꾀하는 모든 사람에게 든든한 책이 될 것이다.

📖 함께 읽으면 좋은 책

《위대한 생각의 힘》《길을 헤매다 만난 나의 북극성》
《인생의 게임에서 승리하는 믿음의 법칙 10》

BOOK 18

어떠한 상황에서도 인간은 성장한다
《위대한 생각의 힘》

As a Man Thinketh

> "인간의 생각은 그의 모습을 이끌어낸다.
> 따라서 생각을 바꾸는 것만으로도 삶은 달라질 것이다."

제임스 알렌 James Allen

1864년 영국 레스터에서 출생했으며, 15세 때 어쩔 수 없이 학교를 떠나 일하기 시작했다. 미국에 간 그의 아버지가 사업에 실패한 후 강도에게 피살되어서 그가 어린 나이에도 불구하고 가족의 생계를 떠맡아야 했기 때문이다. 《위대한 생각의 힘》은 알렌이 12년간 집필한 19권의 책 중 두 번째 책이다. 이 책은 아내의 채근이 없었다면 결코 출간되지 못했을 정도로 힘겹게 출간되었지만, 그의 저서 중 가장 훌륭한 작품으로 꼽힌다. 이 밖의 저서로 《빈곤에서 권력으로 From Poverty to Power》, 《성공의 8가지 원칙 Eight Pillars of Prosperity》 등이 있다. 10년 동안 고요한 나날을 보내며 약간의 인세로 근근이 생활을 꾸려나가던 알렌은 48세가 되던 1912년에 갑작스러운 죽음을 맞는다. 그가 죽은 후에야 문학계는 그의 작품에 숨은 천재성과 영감을 인정했다.

"영혼과 관련된 모든 아름다운 진실 중에서 이보다 더 기쁘고 풍요로운 신의 약속이자 확신은 없다. 그것은 인간이 자기 생각의 주인이자 인격 형성의 주체이며, 상황과 환경과 운명을 빚어내는 당사자라는 사실이다."

"좋은 생각과 행동은 결코 나쁜 결과를 낳을 수 없다. 나쁜 생각과 행동은 결코 좋은 결과를 낳을 수 없다. (중략) 인간은 자연세계의 이런 법칙을 잘 알고 있으며 그에 따라 살아간다. 그러나 인간은 정신과 도덕세계에서도 이와 똑같은 분명한 법칙이 적용된다는 사실을 알지 못하며, 그에 맞춰 살아가지도 않는다."

마음은 인간의 내적 성격과 외적 환경을 창조하는 '직조織造의 대가'라는 주제를 지닌 이 책은 자기계발 영역의 중심 사상을 심층적으로 탐구한다. 이 책에서 제임스 알렌은 "로봇이 아닌 인간은 자신의 생각을 자유롭게 통제할 수 있다"라는 일반적인 가설의 허구성을 밝힌다.

대부분의 인간은 정신과 물질이 분리되어 있다고 믿기 때문에 생각을 감추거나 무력하게 만들 수 있다고 생각한다. 이른바 생각 따로 몸 따로가 가능하다고 믿는 것이다. 그러나 그는 의식만큼이나 무의식이 많은 행동을 일으키며, 의식을 통제할 수 있다는 환상은 현실에서 다음과 같은 의문을 낳는다고 말한다.

"왜 내 맘대로 이렇게 저렇게 못하는 걸까?"

한 사람의 소망과 의지가 그 소망과 일치하지 않는 생각에 의해 파괴된다는 사실을 알아낸 알렌은 "인간의 생각은 그가 원하는 것이 아니라 그의 모습을 이끌어낸다"라는 결론을 내렸다. 외적인 성취를 구현한 사람이 성취감을 얻는다. 그 사람은 성공을 '얻은 것'이 아니라 성공한 존재가 된 것이다. 정신과 물질 사이에는 간격이 없다.

이 책의 논리는 논란의 여지가 없다. 고상한 생각은 고상한 사람을, 부정적인 생각은 불행한 사람을 만든다. 부정적인 생각의 늪에 빠진 사람은 세상을 혼란과 공포로 바라본다. 반대로 부정적이고 파괴적인 생각을 줄이면 "세상 만물이 인간에게 온순해지며 인간을 돕는다"고 그는 말한다.

인간은 좋아하는 것뿐만 아니라 두려워하는 것에도 이끌린다. 왜 그러는지에 대한 알렌의 설명은 간단하다. 우리가 좋아하거나 두려워하는 모든 것들이 우리의 잠재의식 속으로 흘러가고, 그것이 현실에서 다음에 일어날 사건을 위한 연료가 되기 때문이다. 랄프 왈도 에머슨의 말대로 "하루종일 어떤 생각을 하느냐에 따라 그 사람의 모습이 정해진다." 그래서 우리는 언제나 자신의 정신과 영혼을 되돌아보고, 더 좋은 생각을 할 수 있도록 의식적으로 노력해야 한다.

내 상황은 내가 만든 것이다

알렌의 책은 "상황이 인간을 만드는 것이 아니라, 인간의 내면이 상황으로 드러나는 것뿐이다"라는 주장으로 유명하다. 이는 굉장히 냉혹하고, 필요 시 상황을 무시하도록 정당화하며, 상류층의 우월감과 하류층의 열등감, 그리고 하류층이 겪는 착취와 학대를 합리화하는 발언처럼 들린다.

그러나 그것은 아무리 나쁜 상황에서도 인간은 성장할 수 있다는 말이다. 성장을 위한 독특한 발판을 제공한 셈이다. 만약 인간의 환경이 늘 인간의 삶과 가능성을 결정해왔다면 인류는 결코 발전하지 못했을 것이다. 실제로 상황은 우리 안의 최고의 것을 이끌어낸다. 그러나 "이젠 틀렸어"라고 단정내린 사람은 좀처럼 주어진 상황에서 벗어나려는 의식적인 노력을 기울이지 않는다. 그러나 모든 전기문을 보면 알 수 있듯이 한 사람의 어릴 적 인생과 조건은 종종 그 사람에게 최고의 선물이 되곤 한다.

그는 현재 자신의 상황에 대해서 누구도 탓할 수 없다고 말한다. 이는 곧 모든 것이 자신에게 달렸다는 뜻이기도 하다. 지금껏 수많은 한계를 두려워해왔다면 지금부터라도 내 안의 가능성을 찾아내는 전문가가 돼라.

생각을 바꾸면 세상이 바뀐다

알렌은 인간이 가난해질 수 있다는 사실을 부인하지는 않지만, 가난을 남의 탓으로 돌리는 방어적인 태도는 현재의 상황을 더욱 악화시킬 뿐이라고 말했다. 자신의 환경을 스스로의 발전에 도움이 되거나 자극이 되도록 활용하는 법에 따라 그 사람에 대한 평가와 정의가 달라질 것이다. 다시 말해 성공하는 사람과 단체는 실패를 가장 효과적으로 처리하는 사람들이다.

그는 "현재의 상황에서 몹시도 벗어나고 싶은 많은 사람이 정작 자기 자신을 달라지게 하는 데는 소홀하며, 그 때문에 결국 제자리에서 벗어나지 못한다"라고 말한다. 과거에 갇혀 있을 때 행복과 번영은 일어날 수 없으며, 번영하지 못하는 잠재적 원인은 늘 인간에게 있다.

알렌이 불교로부터 영향을 받았다는 사실은 '바른 생각'을 강조한 것뿐만 아니라 '마음의 평온'이 성공으로 향하는 가장 좋은 길이라는 주장에서도 뚜렷이 나타난다. 여유롭고 평온하며 목적이 뚜렷한 사람의 성격은 천성적인 것처럼 보이나 실제로는 꾸준한 자기수양의 결과이다.

그들은 수년간 말 그대로 '생각을 생각'하면서 사고방식에 대한 이치를 터득한 사람들이다. 그들은 자석과 같은 흡인력을 지녔으며 생각지 않았던 모든 사소한 바람에는 결코 흔들리지 않는다. 우리들 또한 그들에게 이끌린다. 그들이 진정한 자기 자신의 주인이기 때문이다. '세파에 시달리는' 영혼은 성공을 얻기 위한 불안한 전쟁을 치르지만, 정작 성공은 안정적이지 못한 모든 것들을 피해 간다.

간추린 평

출간 후 100여 년이 지났지만《위대한 생각의 힘》은 여전히 독자들로부터 뜨거운 격찬을 받고 있다. 담백하고 과장되지 않은 문체는 선동적인 특징을 띤 자기계발 분야에서 오히려 큰 매력을 발산한다. 작가에 대해 별로 알려진 바가 없다는 사실도 또 다른 호기심을 자극한다. 메시지를 보다 광범위한 독자에게 전달하기 위해 성별에 따른 내용을 분리하여 두 권의 개정판으로 출간되었는데, 마크 알렌이 엮은《당신이 생각한 대로》와 도로시 헐스트가 엮은《여성이 생각한 대로》가 그것이다.

📖 함께 읽으면 좋은 책
《잠재의식의 힘》《인생의 게임에서 승리하는 믿음의 법칙 10》

BOOK 19

신의 의도대로 자연스럽게 살라

《인생의 게임에서 승리하는 믿음의 법칙 10》

The Game of Life and How to Play It

"인생을 게임으로 여기면 자신의 행복을 위한 규칙을 배우고
응용하는 동기를 얻을 것이다."

플로렌스 S. 쉰 Florence S. Shinn

1871년 9월 24일 뉴저지주 캠덴의 독실한 기독교 가정에서 태어났다. 제1차 세계대전이 일어나기 직전까지 화가이자 삽화가로 명성을 날리던 쉰은 세계를 뒤흔든 전쟁의 참상을 목격하면서 성경 연구와 함께 심리학과 철학 및 문학을 비롯한 다양한 학문들에 깊이 심취하기 시작했다. 그 후 그녀는 뉴욕에서 수년간 형이상학을 가르쳤는데, 1940년 세상을 떠나기 전까지 미국을 비롯한 유럽 각국에서 기독교 신앙을 바탕으로 한 성공철학을 강의하며, 1930년대를 대표하는 영적 스승이자 시대를 앞서가는 여성으로 명성을 날렸다. 쉰의 현실적인 문체와 유머는 영적인 충고에 귀를 기울이지 않았을 많은 독자까지도 끌어당겼다. 여러 저서를 남겼으나《인생의 게임에서 승리하는 믿음의 법칙 10》이 대표작이다.

"대부분의 사람은 인생을 전투라고 생각하지만, 실제로는 전투가 아닌 게임이다."

"초의식은 모든 인간의 내면에 존재하는 신의 마음이며 완벽한 사상의 영역이다. 그것은 플라톤이 《신의 설계》에서 말했듯이 모든 인간을 위한 '완벽한 모형'이다."

"모든 인간을 위한 신의 계획은 이성의 한계를 초월하며, 건강과 부, 사랑, 완벽한 자아표현을 포함한다. 화려한 궁전을 꿈꿔야 하는데도 많은 사람은 자진해서 초라한 단층집을 꿈꾼다."

지금까지 우리는 인생을 휴식에 대항하여 노력과 의지를 다하는 전쟁으로 여겼을지 모른다. 어쩌면 끊임없는 고통스러운 투쟁으로 생각했을 수도 있다.

그러나 인생을 게임으로 여긴다면 결과에 대해 덜 걱정하면서 성공으로 이끄는 룰과 규칙에 초점을 맞출 수 있다. 이것은 세상의 경이로운 현상에 대한 저항을 멈추고 더 많은 시간을 투자하는 길이다. 이를 통해 우리는 두려움이 아닌 믿음을 지닌 인간이 된다.

플로렌스 S. 쉰은 구약과 신약에서 규칙을 발견했으나 100여 쪽에 달하는 그녀의 저서에 소개된 많은 것, 가령 무저항의 원칙과 카르마, 용서 등 동양의 성전에서 볼 수 있는 내용들로 미루어볼 때 그녀의 저서는 보편지향적이다. 그녀는 삶의 네 개의 꼭지점을 형성하는 건강, 부, 사랑, 완벽한 자기표현은 인간의 삶을 지배하는 변치 않는 원칙과 일치하는 삶을 살 때만 이룰 수 있다고 말했다. 또한 이러한 것들을 이루며 사는 것은 인간의 '성스러운 권리'라고 믿었다. 이 책의 원칙들은 다음과 같다.

신성한 밑그림을 그려라

장차 이룰 수 있거나 될 수 있는 모습이 섬광처럼 마음속에 떠오른 적이 있는가? 그렇다면 그때 우주로부터 '신성한 밑그림'의 스냅 사진을 받은 것이다. 그리고 그런 이미지를 실현시킬 수 있는 능력이 자신에게 실제로 있다는 걸 뜻한다. 고대 그리스의 철학자 플라톤은 이것을 일컬어 그 누구도 아닌 자신만이 채울 수 있는 '완벽한 견본'이라고 했다. 남과 같은 모습이 되거나 진정한 자신의 모습과 상관없는 것들을 추구하지 말라. 혹여 이루더라도 그것은 우리에게 불만만 가져다줄 뿐이다. 반면에 자신만의 신성한 밑그림을 알려줄 신호나 메시지를 간절히 바라면 그것은 우리 앞에 그 모습을 드러낼 것이다. 물론 자신이 원하는 것과 다른 메시지를 받을까 봐 두려워할 필요는 없다. 그것은 틀림없이 우리의 심원한 소망을 드러내는 것일 테니까.

신성한 권리에 의해 선택돼라

우리는 무언가에 대해 그것이 '신성한 권리'에 의한 것인지 한번쯤 의심해봐야 한다. 남들이 볼 때는 전혀 잘해주는 구석이 없는 한 남자에게 홀려버린 여성이 있었다. 쉰은 그녀에게 다음과 같은 말을 되풀이하도록 했다. "날 위해 신이 선택해주신 남자를 내 남자로 삼을 것이며, 그렇지 않은 남자에게는 더 이상 매달리지 않겠다." 당연히 그녀는 자신의 이상과 일치하는 다른 남자와 곧 사랑에 빠졌고, 첫 번째 남자는 바로 잊었다.

상담을 하러 온 또 다른 여성에게는 잘 알고 있던 어떤 집에서 너무나도 살고 싶은 강렬한 소망이 있었다. 그 집 주인이 죽자 그녀는 그곳으로 이사했다. 그러나 남편마저 그 집에서 죽자 그 집은 처치 곤란한 골칫덩이가 되고 말았다. 이것은 신 또는 무한한 지성 앞에 가장 먼저 소망을 내맡기지 않은 것에 대한 카르마적 결과였다.

무언가를 소망하는 것은 나쁘지 않다. 그러나 우리의 소망이 '신성한 권리'에 의해 선택되도록 하는 것이 좋다. 그래야 소망이 이뤄졌을 때 그것이 진짜 우리 것이라는 걸 의심하지 않을 수 있다.

싫어하는 것과 싸우지 말라

성공적인 인생게임을 위해서는 싫어하는 것과 싸우는 대신 다음에 나오는 말을 명심해야 한다.

"상황에 아무리 저항한들 그것에 사로잡힐 것이다. 상황으로부터 아무리 도망치려 한들 그것의 추격을 받을 것이다."

인생을 승리를 위한 다툼과 투쟁으로 보았던 태도를, 좋은 결과가 있을 거라 믿는 태도로 단순히 바꾸는 것만으로도 우리 삶에는 큰 변화가 일어난다.

소망이 이루어진다는 사실을 의심하지 말고 '걱정 없이 바란다면' 우리가 원하는 모든 것이 재빨리 이루어질 것이다. 걱정은 '죄악'이며 자연을 거스르는 것이다. 반면에 믿음은 진실하고 굳건하며, 무한한 지성 또는 신이 인간의 소망을 이뤄주는 대가로 인간에게 바라는 것이다. 믿음은 인간을 우주와 연결시키며 인간의 우주적 발자취를 넓혀준다. 반대로 걱정은 인간을 위축시킬 뿐이다.

우리와 가까운 사람과 직장동료, 조국을 향해 지속적으로 선의와 축복의 메시지를 보내라. 이것은 우리에게 엄청난 평화의 느낌을 가져다줄 뿐만 아니라 실제로 분노와 해악으로부터 자신을 '보호'하는 길이다.

네 짐을 주께 맡겨라

"네 짐을 주께 맡겨라."《성서》는 삶의 전쟁이 인간이 아닌 신의 것이라고 여러 차례 말한다. 인간이 배워야 할 일은 '가만히 서서' 신이나 자신 안의 초의식이 알아서 일을 처리하도록 내버려두는 것이다. 이것은 도(신 또는 우주적 지성)와 조화를 이룬 인간은 걱정하거나 두려워할 일이 없다고 말하는《도덕경》의 말씀과도 놀랍게 닮

왔다. 이 같은 마음의 평온을 이룬 자만이 필요할 때 해야 할 일을
알 수 있다.

쉰의 세계에서는 인간이 짐을 짊어지는 것은 '규칙 위반'이다. 초
조해하고 낙심하는 잘못된 삶은 거짓 현실을 만들며, 질병과 재앙
을 끌어들인다. 그러나 일단 짐을 벗어던지면 눈앞의 모든 것이 다
시금 분명해지며 두려움이 아닌 믿음으로 살아가야 한다는 느낌이
되살아난다.

진정한 사랑이란 무엇인가

절망에 빠진 한 여성이 쉰을 찾아와 사랑했던 남자가 다른 여자한
테 떠났다고 하소연했다. 그녀는 그 남자가 애초에 자신과 결혼할
의사가 없었던 것 같다고 말했다. 이야기를 듣고 난 후 쉰은 그녀에
게 말했다. "그를 사랑하지 않는 사람은 당신이군요. 당신은 그를
미워하고 있습니다. 그렇지 않다면 그에게 모든 것을 헌신하고 이
기적이지 않은 사랑을 베푸세요. 그가 어디에 있든 그를 축복하십
시오."

쉰의 말에 마음이 상한 여자는 그냥 가버렸고 아무것도 달라지
지 않았다. 그러던 어느 날 그녀는 그에 대해 더 많은 사랑을 품기
시작했다. 선장이었던 그를 그녀는 '대장'이라고 불렀는데, 그때부
터 여자는 "대장이 어디에 있든 신이여 그를 축복하소서"라고 입버
릇처럼 말하기 시작했다. 그리고 얼마 후 쉰의 책상에 편지 한 통이

도착했다. 여자의 번뇌가 멈춘 순간 그 남자가 돌아왔다는 것이다. 그 후 두 사람은 아주 행복한 결혼식을 올렸다.

여기서 그 여성이 배운 것은 이기적이지 않은 사랑이며, 그것은 인생의 게임에서 성공하기 위해 우리 모두가 익혀야 할 특성이다.

언어의 힘

"언어의 힘을 모르는 사람은 시대에 뒤처진 사람"이라고 쉰은 말한다. 모든 인간은 자기 자신과 지속적인 대화를 나누면서도 그것이 우리의 인생에 엄청나게 영향을 미친다는 사실을 깨닫지 못한다. 우리가 자기 자신에게 하는 모든 말은 빈 칠판과 같은 잠재의식에 '사실'로 인식되므로 내적, 외적으로 내뱉는 모든 말에 세심한 주의를 기울여야 한다.

쉰을 찾는 사람들은 '좋은 말'을 해줄 것을 요청한다. 그녀는 각자의 특별한 상황에 맞는 확언을 들려주었고, 그들은 '좋은' 결과가 실현될 때까지 그 말을 되풀이했다. 쉰은 잠언 18장 21절을 인용한다. "죽고 사는 것이 혀의 권세에 달렸나니 혀를 쓰기 좋아하는 자는 그 열매를 먹으리라."

신은 내게 모든 걸 주신다

많은 사람이 절망 속에 쉰을 찾았다. 어떤 사람은 다음 달에 갚아야 하는 3,000달러의 빚이 있었고, 어떤 사람은 다른 집을 구하지 않으면 곧 거리로 내몰릴 형편이었다. 쉰은 그들에게 "신은 내게 모든 걸 주신다"라는 말을 명심하며 걱정과 안달을 멈추라고 했다.

또한 그들에게 다음과 같은 확언을 들려주었다. "신은 결코 늦는 법이 없습니다. 나는 깨닫지 못하는 사이에 필요한 돈을 얻을 것이며 그 일이 제때에 이루어질 것에 감사드립니다." 쉰의 확언을 따랐던 어느 여성의 경우, 부채상환을 하루 앞둔 어느 날 느닷없이 사촌이 놀러 왔다가 집으로 돌아가기 직전에 그녀에게 물었다고 한다. "그런데 누나 요즘 형편은 좀 어때" 결국 그 사촌의 도움으로 그 여성은 다음 날 돈을 갚을 수 있었다.

그러나 옳은 말을 확언하고 믿음을 가지는 것만으로는 부족하다. 우리가 바라는 것을 받길 진심으로 원하고 있다는 걸 잠재의식에게 설명해야만 한다.

아무런 기미가 없더라도 자기가 바라는 것에 대한 준비를 미리 해둬야 한다. 미래를 위해 적금통장을 개설하고, 가구를 마련하며, 비구름 하나 보이지 않을 때도 비를 준비해야 한다. 얻을 순간을 위해 미리 길을 열어놓는 것처럼 행동하는 것이다. "풍요의 느낌은 반드시 풍요의 실현보다 앞서야 한다"는 사실을 알면 신이 모든 걸 주신다는 믿음도 더욱 강해질 것이다.

간추린 평

1920년대 뉴욕에서 집필되었고 또 종교적 언급이 가득한 이 책은 소수의 열렬한 지지를 얻고 있다. 여기에 담긴 일화는 너무 오래된 것들이지만, 이 책의 지혜만큼은 시간을 초월하며 인간을 올바른 원칙으로 되돌리고 위로하는 효과를 나타낸다. 저자의 표현대로 이 책은 우리 내면의 '신성에 경의를 표하며' 방향감과 확신을 회복시키는 기술을 갖고 있다. 마음을 열고 이 책을 계속해서 읽다보면 이 책의 식견과 확언으로부터 큰 효과를 얻을 것이다.

📖 함께 읽으면 좋은 책
《풍요로운 삶을 위한 일곱 가지 지혜》
《간절히 그렇다고 생각하면 반드시 그렇게 된다》《잠재의식의 힘》

BOOK 20

인생이 내게 원하는 것은 무엇인가

《인간의 품격》

The Road to Character

"도덕적 투쟁에 기꺼이 참여하려는 의지가
성공의 사다리를 오르는 것보다 중요하다."

데이비드 브룩스 David Brooks

1961년에 토론토에서 태어나 뉴욕과 필라델피아에서 자랐다. 아버지는 영
문학 교수였으며 어머니는 역사학자였다. 그는 시카고대학교에서 역사 학
위를 받은 후 경찰 전담 기자로 일했다. 이후 2003년, 《뉴욕 타임스》에 윌리
엄 새파이어 William Safire의 후임 기자로 고용됐다. 그는 스스로를 에드먼드 버
크 Edmund Burke와 알렉산더 해밀턴 Alexander Hamilton을 합친 보수주의자라고 칭한다. 현재 그는 듀크
대학교와 예일대학교의 초빙교수이며, 시카고대학교 이사회에 몸담고 있다. 지은 책으로는 《보보스
는 파라다이스에 산다》, 《소셜 애니멀》 등이 있다.

"품격은 일련의 내적 갈등을 거쳐 형성된다. 성품은 기질, 욕구, 습관이 그 사람의 약점과 맞서 싸우며 천천히 내재화된 복합체이다. 천 번의 사소한 자기 절제, 나눔, 봉사, 우정, 정제된 즐거움의 행동을 통해 우리는 좀 더 스스로를 절제하고 타인에게 사려 깊고 다정한 사람이 된다. 이러한 방식으로 일관성 있는 품격을 계발하지 않는다면 인생은 금방 산산조각 날 것이다. 자기 열정의 노예로 전락하고 만다. 그러나 습관으로 자신을 훈련한다면 늘 한결같고 믿을 만한 사람이 될 것이다."

"품격 있는 사람은 (중략) 중요한 것들에 대한 변치 않는 믿음에 기반을 둔다. 지성의 영역에서 그들은 근본적인 진리에 언제나 변함없는 확신이 있다. 감정의 영역에서는 무조건적인 사랑의 그물에 사로잡혀 있다. 행동의 영역에서는 일생 동안 완수할 수 없는 목표에 끊임없이 헌신한다."

평론가 겸 칼럼니스트인 데이비드 브룩스는 자신이 '날 때부터 본성이 얄팍했으며 자기도취에 빠진 허풍쟁이 행세로 돈을 버는' 자기주장이 강한 사람이었다고 인정한다.

　그는 사람이 스스로의 깊은 내면을 탐색하거나 더 발전하기 위해 자기를 훈련해야 한다는 생각을 전혀 하지 않고도 '내기를 함으로써' 크게 성공할 수 있다는 사실을 잘 알고 있었다. 사람들이 나를 좋아하고, 가족들도 나를 사랑한다면 나는 그럭저럭 꽤 괜찮은 사람이라고 생각할 수도 있다. 그는 《인간의 품격》의 도입부에서

"나는 도덕적 기준이 모호한 인생을 살았다. 착하게 살려는 마음은 거의 없었고, 더 큰 대의를 이루기를 바라지도 않았으며 어떻게 해야 내면의 삶을 풍성하게 가꾸는지 잘 몰랐다"라고 썼다. 그는 이 주제를 조사하면서 자기보다 큰 목적을 위해 흔들리지 않는 헌신을 보여준 사람들이 거둔 도덕적 승리를 연구할 수 있었다. 그는 사람이 인생의 전략은 잘 세울 수 있어도 장례식 추도사에 언급될 만한 친절, 용기, 정직, 신의와 같은 덕목을 갖추는 전략에는 문외한이 될 수 있다는 사실을 깨달았다.

역설적이게도 우리는 세상살이에서 실패하는 순간, 겸손을 배움으로써 도덕적 관념을 배우는 데는 성공한다. 커리어를 쌓기 위해서는 강점을 계발해야 하지만, 도덕적으로 성장하려면 약점을 다루어야 한다. 품격을 갈고닦는 일은 의식적으로 해야 하는 프로젝트이며, 우리 인생에서 가장 중요한 과제이다.

밀어붙이기가 아닌 이끌림

브룩스는 미국 대학교 졸업식에 초청된 외부 연사가 이제 막 사회로 나가는 졸업생들을 격려하는 축사에 관해 이야기한다. 일반적으로 졸업식 축사에는 인생의 성취를 이루고 행복해질 수 있도록, 각자의 열정과 삶의 목적을 발견하라는 상투적인 말이 가득하다. 그 관점에서 인생을 설계하는 최고의 전략가는 우리 자신이다. 먼저 자신이 가진 열정과 재능을 파악하고 목표를 설정한 후, 이를 달성해나간다. 그러나 저자는 이러한 관점 자체가 시종일관 자기한 테만 집중하는 태도라고 지적한다.

이와 다른 길도 있다. 브룩스는 1911년에 발생한 트라이앵글 셔츠웨이스트 공장 화재Triangle Shirtwaist Factory 사건 이후 더 나은 노동 환경을 만들기 위해 일생을 헌신한 프랜시스 퍼킨스라는 뉴욕의 젊은 여성을 소개한다. 우리는 항상 일을 밀어붙이기보다 퍼킨스처럼 무엇인가에 이끌릴 각오가 되어 있어야 한다. 내가 인생에서 원하는 것보다 "인생이 나에게 원하는 것은 무엇인가? 내가 처한 상황은 어떤 일을 하라고 촉구하는가"를 질문하는 것이 중요하다. 인간은 진화 또는 신에 의해 특정한 시간과 장소에 놓였고, 우리의 과업은 그 상황에서 어떤 일을 할 수 있는지 알아내는 것이다. 소설가 프레더릭 부흐너는 "나의 재능과 진정한 기쁨이 세상의 절박한 요구와 만나는 지점이 어디인가"라고 질문했다.

직업은 우리가 선택하지만 소명은 우리를 찾아온다. 혹은 유대교 지혜서인 《미슈나》에서 말하듯 "일을 완성하는 것은 의무가 아니지만 시작하지 않을 수도 없다." 소명은 우리보다 거대하기 때문에 죽기 전에 무엇인가를 완수할 수는 없을 것이다. 어떤 일이 펼쳐지는 데 기여하고, 이를 위해 노력함으로써 기쁨을 얻을 따름이다. 브룩스는 퍼킨스가 "착한 마음에서 우러나 봉사를 하는 것이 아니라 삶이라는 선물에 보답하려는 빚진 마음 때문에 한다"는 것을 알았다고 썼다. 이 생각이 그녀의 대학 시절을 지배했다. 당시에 대학은 직업을 준비하는 곳이 아니라 자기 통제, 품격, 평정심을 길러

안정적이고 균형 잡힌 인재를 길러내는 곳이었다. 학생들은 영웅이 될 수 있다고 배웠지만, 개인의 영광을 위해서는 아니었다. 오늘날 젊은이들이 자기가 '끝내주게 멋있다'고 믿도록 배우는 것과는 달리 당시 그들은 자신의 약점을 분명하게 지적받았다.

브룩스는 오늘날 지역사회 봉사활동이 내면이 연약하다는 사실을 가리기 위한 행동이라고 주장한다. 만약 정말로 타인을 위해 봉사한다고 해도, '가장 막강한 영향력'을 끼거나 '최고의 수치'를 달성하는 일에 집중한다. 이토록 훌륭한 나 자신을 고용할 만큼 가치 있는 일이 무엇인지, 누가 나의 후한 자선의 혜택을 받을 운 좋은 수혜자가 될지 묻는다. 나다니엘 호손은 "자비심은 자만심의 쌍둥이다"라는 말을 남겼다.

퍼킨스는 공장 환경을 개선하기 위해 일했으며, 수많은 노동자가 그녀를 프랭클린 D. 루스벨트 대통령 정부의 노동부 장관으로 추대하여 두 번의 임기를 맡았다. 그녀는 뉴딜 개혁 정책의 숨은 공신으로서 특히 사회보장 제도와 일자리 제도, 초과 근로법, 최소 임금제, 실업 보험을 도입하는 데 중요한 역할을 했다. 정부에 여성 구성원이 거의 없던 시절이었기 때문에, 그녀가 일하기는 쉽지 않았고 가차 없는 비판을 받기도 했다. 그러나 그녀는 "강력한 소명을 가진 사람은 끊임없는 칭찬에 의존하지 않는다. 매월 혹은 매년 봉급을 받을 필요도 없다. 소명을 받은 사람은 그 일이 본질적으로 선하기 때문에 따르는 것이지 대가에 연연하지 않는다"라고 말했다. 요즘의 '경력 계발'이라는 개념과 얼마나 다른 태도인지 생각해보라.

나 자신은 중요하지 않다

조지 마셜은 어린 시절에 똑똑한 아이는 아니었지만, 부모는 그를 버지니아 사관학교에 보냈다. 혹독한 신고식, 엄격한 규율, 쉴 틈 없는 경례, 강도 높은 자기훈련을 통해 그는 이전과 다른 사람으로 거듭났다. 어린 소년은 '자발적으로 검소하고 현실적인 생활을 하는' 절제된 힘의 정수를 깨우친 남자로 성장했다.

동시대 사람인 드와이트 아이젠하워 대통령처럼 마셜도 미 육군의 대기만성형 인재였다. 그는 39세가 될 때까지도 여전히 임시 대령 직책에 머물며 자신보다 어린 사람들이 먼저 승진하는 모습을 지켜봐야 했다. 주목받지 못하는 자리를 수도 없이 견뎠으며, 주요 전쟁에 참전하지 않는 대신 행정과 물류 전문가가 됐다. 미국이 제1차 세계대전에 참전했을 때 그는 병사 수천 명과 군수물자를 프랑스에 있는 참호로 운송하는 일을 조직했다. 전쟁이 끝난 후 그는 존 조지프 퍼싱 총사령관에게 충성을 다했지만 결국 승진에서 제외됐고, 첫 번째 별을 달기까지 18년이라는 세월을 기다려야 했다. 미국이 제2차 세계대전에 참전하며 참모총장이 됐을 때, 그의 나이는 거의 60세였다.

브룩스는 요즘은 조직에 충성하는 사람이 되려는 사람은 아무도 없고, 회사, 부서, 부대를 위해 사심 없이 자기를 헌신하지도 않는다고 말한다. 반면 무엇이 자기 자신과 자아성취에 가장 이로운지를 기준으로 삼아, 진로를 계획하며 이력서를 개선하기 위해 여러 조직을 옮겨 다닌다. 우리는 마셜이 미 육군에 헌신한 것처럼 어떤 일이

닥쳐도 진심으로 헌신하는 일의 의미를 잊어버리고 스타트업, 반체제 인사, 저항세력, 비정부기관, 사회적 기업을 무조건적으로 칭송하는 경향이 있다. 어쩔 수 없는 현상일 수도 있지만 한 가지 부작용이 있다. 바로 제도적 퇴화다. 거대한 제도는 공룡처럼 멸종했다.

모든 제도는 인간을 성장하게 만들도록 설계되었으며 사회에 기여할 수 있는 통로를 제공해준다. 제도는 우리가 태어나기 전에도 있었고 앞으로도 있을 것이며, 좀 더 쉽게 선한 사람이 되도록 도와준다. 눈앞에 펼쳐진 들판에 자신을 뽐내는 멋진 흔적을 남기면서 나아갈 방법을 찾기보다는 제도를 개선하기 위해 노력할 수 있다.

군대는 마셜이 정체성을 갖추는 데 기여했으므로 그도 군대에 갚아야 할 빚이 있었다. 그는 군대 훈련을 개혁해서 더 단순하고 실제 전쟁 상황에 맞게 만들었다. 루스벨트 대통령이 그에게 전쟁 공로를 평가하는 직책을 맡겼을 때는 철저하게 공과에 따라 사람을 평가했다. 그는 많은 사람을 가차 없이 해고해 실직하게 만들 수밖에 없는 위치에 처하게 됐다. 그렇지만 의회와 영국은 그가 정치에 연연하지 않고 오직 전쟁에서 이기기만을 원한다는 사실을 알았기 때문에 대단한 신뢰를 보냈다.

루스벨트 대통령은 프랑스에서 드와이트 아이젠하워에게 연합군이 독일군에 맞서도록 지휘하는 역할을 맡겼는데, 그 이유는 단지 마셜이 그 직책을 원한다는 말을 하지 않았기 때문이었다. 아이젠하워는 유명한 전쟁 영웅이 됐지만 마셜은 자신을 내세우지 않았다는 이유로 그 유명세를 누리지 못했다. 하지만 처칠 수상은 언제나 그를 전쟁에 가장 기여를 많이 한 사람이라고 인정하며 "승리를 만드는 사람"이라고 불렀다.

마셜이 직업 군인 생활을 훌륭하게 마치고 막 은퇴하려고 했을 때, 해리 트루먼 대통령이 그를 중국 대사로 임명했다. 바로 직전에 아내와 함께 살 은퇴 주택을 마련했음에도 불구하고 그는 아무런 망설임 없이 자리를 받아들였다. 이후 그는 미국 국무장관이 되어 전쟁으로 황폐해진 유럽 국가를 재건하도록 미국이 돕는 유명한 마셜 플랜(정식 명칭은 유럽부흥계획)을 시행했다.

브룩스는 "마셜이 위대한 이유는 절대로 자신을 앞세우지 않고 모든 일을 군대와 국가를 위해 봉사하는 태도로 했기 때문이다. 모두가 '틀에 박힌 사고방식에서 벗어나라'고 요구받는 이 시대에 제도를 위한 헌신은 끔찍하게 구시대적인 발상이라고 여겨질 수도 있다. 그러나 제도는 사회의 기반이 되기 때문에 이를 보존하고 개선하여 우리가 개인적으로 전혀 모르는 사람에게 계속해서 도움이 될 수 있도록 하는 일이 가장 도덕적인 선택일 때가 있다"라고 말한다.

굴복하는 힘

젊은 시절 아우구스티누스는 떠오르는 샛별과 같았다. 명석한 두뇌와 뛰어난 재능뿐만 아니라 어머니 모니카의 전폭적인 뒷바라지에 힘입어 말기 로마 제국의 가장자리에서부터 중심부까지 나아갈 수 있었다. 그는 지중해를 건너 밀라노로 가서 황실 소속 연설가이자 수사학자가 됐다.

그러나 더 높은 지위를 얻을수록 그는 불행하다고 느꼈다. 그는 성공하려면 스스로 인생이라는 배의 선장이 되어 더 열심히 일하고, 더 강한 의지력을 발휘하고, 더 나은 결정을 해야 한다고 늘 믿어왔다. 그러나 세상과 분리된 이러한 자급자족의 방식은 아우구스티누스에게 평화를 주지 못하고 오직 불안만 가중시킬 뿐이었다. 반면 그가 훨씬 위대한 존재라고 믿었던 신에게 자신을 굴복하자 더 많은 힘과 평화가 찾아오는 듯했다.

그는 잘 알려진 정원 회심 사건(아우구스티누스가 정원의 나무 아래서 음성을 듣고 성경을 읽은 후 회심하여 이전의 삶을 청산하고 기독교에 귀의한 사건 – 옮긴이 주)을 통해 마침내 자기 수양에 대한 맹신에서 벗어났다. 자신을 신에게 복종하기로 하자 삶에는 은총과 목적의식이 가득해졌다. 이전까지 그는 세속적인 쾌락을 포기하고 싶지 않아서 신 앞에 순순히 복종하기를 거부했지만, 예수의 존재를 경험한 사건을 통해 헌신하는 삶보다 즐거운 것은 없다는 사실을 깨달았다.

브룩스는 아우구스티누스가 "인간은 신에게 더 의지할수록 포부와 행동의 능력치가 올라간다. 의존은 수동성을 유빌하는 것이 아니라 힘과 성취를 이끌어낸다"라는 사실을 발견했다고 말한다. 신성 포기kenosis 또는 자기 부인이란 "측량할 수 없는 고귀함을 얻기 위해 의존적인 위치로 내려가는 것"이다. 아우구스티누스는 위대한 사람이 되려는 꿈을 이뤘지만 그가 예상한 방식대로는 아니었다. 그는 현대적 의미의 교회를 세우는 일을 돕기 위해 모든 재능과 힘을 사용하고자 했다.

브룩스는 아우구스티누스의 이야기를 자기 발전이라는 현대의 윤리규범과 대조한다. 자기계발이나 동기부여에 관한 책은 우리 스스로를 인생의 운전석에 앉히고, 인간이 자기 자신을 통제할 수 있다는 자만심에 전적으로 의존하게 만든다. 그러나 인간이 다듬고 통제할 수 있는 것은 오로지 자신의 성품뿐이며, 이를 위해서는 개인적인 소망을 기독교의 하나님이든 불교의 정신이든 윤리 체계든 자아를 넘어선 무언가에 복종해야 한다. 브룩스는 실제로 당신의 통제력을 믿는 기간이 길어질수록 "진실에서 더 멀어지고 있는 것이다. 인간의 정신이란 스스로의 힘으로 자신을 절대 파악할 수 없을 만큼 광활한 미지의 우주와 같다"라고 한다. 욕구가 무한하고, 감정은 매 순간 변하고, 자기기만이 끝없는 우리가 어떻게 스스로를 다 알 수 있겠는가? 세상에서 풍성한 삶을 살고 쓸모 있는 사람이 되려면 자기 자신을 변하지 않는 것과 동일시해야 한다. 아우구스티누스는 "인간은 스스로를 만들지 않았다. 우리를 만든 분은 절대 사라지지 않는다"라고 했다.

도덕적 투쟁에서 성취를 위한 투쟁까지

사회의 도덕적 분위기는 언제나 그 상황을 반영하며 특정한 가치를 다른 것보다 강조하기 마련이다. 잊히거나 구식이 되는 자질이 있는가 하면 어떤 자질은 더 중요하기도 하다. 브룩스는 도덕적 현실주의 전통에서는 사회가 자아의 역할을 축소하고 거대한 조직을 위해 봉사하며 보편적인 가치에 집중하기를 강조했다고 말한다. 19세기에서 20세기 초반에 나고 자란 사람들은 겸손, 과묵, 헌신을 교육받았다. '죄'라는 개념이 일상의 일부였고 특정한 도덕적 기준을 어겼을 때 맞게 될 결과를 경계하라고 배웠다.

제2차 세계대전이 일어난 이후 도덕적 환경에 변화가 일어났다. 사람들은 자기 절제를 벗어나 느긋하게 재미를 즐기고 싶었다.《성숙한 마음The Mature Mind》의 저자 해리 오버스트릿과 같은 작가들은 죄를 강조하는 풍조 때문에 사람들이 자기 자신을 믿지 못하고 스스로를 쓸데없이 비판한다고 주장했다.

인본주의 심리학은 사람들이 자기를 사랑하고 마음을 터놓아야 한다고 가르쳤다. 인간은 기본적으로 선하고 믿을 만하기 때문에 자기애, 자기 칭찬, 자기 수용이 있어야 행복을 얻을 수 있다고 주장했다. 자존감운동은 사람이 항상 자기의 감정을 믿고 내면의 소리를 따르며 부패한 세상에 순응하지 않아야 한다고 믿는 '진정성의 문화'를 형성하는 데도 영향을 끼쳤다. 죄는 개인이 아니라 사회, 인종차별, 압제, 불평등에 있으며, 중요한 결정을 내릴 때는 객관적인 도덕 기준이 아닌 '옳다는 느낌'에 따르면 됐다.

그 결과 '시를 즐길 줄 모르며 영혼이 사라진' 사람이 생겨났다. 똑똑해서 많은 성취를 이루지만 깊이는 그다지 없는 사람이었다.

자아는 성품이 아닌 재능을 의미했다. 실력주의 문화는 사람을 '기민한 동물'로 만들어 '내면의 인간성을 간소화하여 더 가볍게 떠오를 수 있도록' 요구한다. 그런 문화는 성취를 이루는 방법은 알려주지만 다른 길이 아닌 그 길을 선택해야 하는 이유는 가르쳐주지 않는다. 모든 사건, 심지어 사교적인 모임조차도 스스로를 계발할 기회로 여겨진다.

사람들은 개인적인 영역을 묘사할 때도 '질 좋은 시간'이나 '인적 자원' 같은 상업적인 단어를 쓴다. 예전에 성품이란 이타심, 자비심, 자기희생처럼 무엇인가를 선점하는 행동과는 공존할 수 없는 자질을 나타내는 말이었지만 지금은 투지, 회복탄력성, 의지력, 고집 등 세속적인 성공을 이루기에 유리한 자질을 의미한다. 도덕적 투쟁이 성취 투쟁에 자리를 빼앗겼다.

그러나 인생의 어느 시점 혹은 위기의 순간에 우리는 성취를 위한 투쟁이 생각했던 것처럼 가치 있는 일이 아님을 받아들여야 할 때가 온다. 인간에게는 자기도취와 자기확대 대신에 자신이 누구인지 알고, 스스로를 헌신할 대의나 목적을 발견하며, 자기를 위해서가 아니라 진정으로 타인을 위해 봉사하기 위해 길러야 할 자질과 덕목을 찾고 싶은 욕구가 있다. 자기가 우주의 중심이 아니며 생각만큼 선하지도 않고, 훌륭한 인생을 살기 위해서 재능만으로는 부족하다는 사실을 깨닫게 된다. 삶에서 성취는 그렇게 중요하지 않으며, 내면의 씨름을 치르고 자아를 다듬어서 영혼을 더 위대하게 가꾸는 일이 중요하다.

간추린 평

브룩스는 "이 책을 쓰는 동안 내가 과연 품격을 수양하는 길을 따라 갈 수 있을지 확신이 없었다. 그러나 적어도 그 길이 어떤 길이며 다른 사람들은 어떻게 그 길을 갔는지 알고 싶었다"라고 말했다.

《인간의 품격》은 원래 '인지와 의사결정'을 다루는 책으로 기획됐다. 하지만 결과적으로 저자인 브룩스와 독자인 우리가 심리학을 넘어서 더 중요한 주제를 탐구하게 만드는 훌륭한 작품으로 완성되었다. 인간은 단순히 반사작용, 감정, 진화론적 충동의 집합체가 아니라 스스로가 더 나은 사람이 되는 방향으로 의식적인 의사결정을 내려 인생을 꾸며가는 도덕적 존재이다.

브룩스는 인물들의 이야기를 대단히 흡인력 있게 풀어낸다. 그는 뛰어난 글 솜씨로 드와이트 아이젠하워에서부터 새뮤얼 존슨, 몽테뉴, 조지 엘리엇에 이르는 역사적 인물을 생생하게 묘사하여 독자가 마치 그 시대에 들어가 직접 아는 친구나 동시대 사람을 만나는 것처럼 친숙하게 느끼게 해준다. 유명인사를 화석처럼 묘사하는 지루한 전기와는 차원이 다르다. 브룩스는 간디나 마틴 루터 킹을 위대하게 만든 것은 웅변가나 지도자적인 기술이 아니라 도덕적 질문 덕분이었음을 이 책을 통해 밝힌다.

📖 함께 읽으면 좋은 책
《철학의 위안》《당신의 인생을 어떻게 평가할 것인가》
《죽음의 수용소에서》《나는 무엇을 원하는가》《아직도 가야 할 길》

3부

행복의 추구

누구나 행복할 권리가 있다

BOOK 21

행복은 내 안에 있다
《달라이 라마의 행복론》

The Art of Happiness : A Handbook for Living

> "행복은 결코 외부조건에 달려 있지 않다.
> 정신적 수양을 통해 인간은 늘 행복해지는 능력을 얻을 수 있다."

달라이 라마 Dalai Lama

14대 달라이 라마 텐진 갸초는 1935년 티베트에서 태어났다. 전세계인의 영적 스승으로 자비와 지혜의 가르침을 전파해온 그는 3세 이전에 달라이 라마의 화신으로 인정받았다. 16세에 자유를 잃고, 25세에 조국을 빼앗긴 후 40여 년간 민족의 운명을 걸머진 채 망명객으로 살아온 힘겨운 삶 속에서도 '열린 가슴'의 진정한 힘을 증명해 보여 '살아 있는 부처'라는 별명을 얻었다. 세계평화와 비폭력주의의 중요성을 알리는 데 헌신한 업적으로 1989년 노벨평화상, 1994년 루스벨트 자유상과 세계안보평화상을 수상했다.

하워드 C. 커틀러 Howard C. Cutler

애리조나 의과대학교에서 의학을 전공하고, 굿 사마리탄 메디컬센터에서 정신의학전문의 과정을 마쳤으며, 미국정신의학회와 신경학회로부터 전문의 학위를 받았다. 달라이 라마와는 1982년 티베트 의학을 연구하기 위해 인도를 방문했을 때 첫 만남 이후 수년간 대화해오고 있다.

"**달라이 라마** : 모든 인간은 육체와 정신, 감정을 지니고 있습니다. 모든 인간은 똑같이 태어나고 똑같이 죽습니다. 모든 인간은 고통이 아닌 행복을 원합니다."

"**달라이 라마** : 다음과 같은 것이 시간을 잘 활용하는 것입니다. 되도록 남을 위해 봉사하십시오. 그것이 힘들다면 적어도 남에게 해가 되는 일은 하지 마십시오. 이것이 내 철학의 기본입니다."

"**하워드 C. 커틀러** : 시간이 지날수록 나는 달라이 라마가 다른 사람한테는 결코 찾아볼 수 없었던 수준의 평온함과 만족감을 지니며 살아간다는 확신이 들었다. (중략) 그분은 스님이었다. (중략) 나는 그분의 신념이나 실천을 정리하면서 비불교도에게도 적용시킬 수 있는 방법들을 고민하기 시작했다. 그분의 실천에는 인간의 삶에 직접 적용되어 인간을 더욱 행복하고 강하고 두려움 없이 살게 해주는 힘이 있었다."

스님을 만난 정신과의사에 대한 이야기를 들어본 적이 있는가? 아마 정신분석 치료를 받을 때 쓰는 베개 달린 침상과 시주함이 들어간 농담쯤으로 여기는 사람이 많을 것이다. 하지만 이 같은 상황은 이 책의 기틀을 형성한다.

《달라이 라마의 행복론》은 유명한 정신과의사인 하워드 C. 커틀러와 이 시대의 성인인 달라이 라마의 만남으로 탄생되었다. 여러 가지 주제들에 대한 달라이 라마의 사상과 커틀러의 개인적이고 과학적인 의견이 합해진 것이다.

달라이 라마가 실제로 집필에 참여하지 않았는데도 공동저자처럼 소개된 것에 반감을 갖는 독자도 있을 것이다. 그러나 이 책을 읽다 보면 그런 것은 전혀 문제가 되지 않을 것이다. 이 책에는 달라이라마와 시간을 보낼 기회가 주어진다면 누구라도 물어봤음 직한 질문을 바탕으로 한 행복에 대한 특별하고 강력한 안내가 실려 있기 때문이다.

행복과 인간관계에 대한 질문과 대답

커틀러는 서양적이고 과학적인 지식 배경에서 유래한 특정한 믿음, 이른바 행복은 미스터리이며 인간이 행복에 대해 바랄 수 있는 최선은 그저 불행을 피하는 것이라는 믿음에서 이 책의 포문을 열었다. 하지만 달라이 라마와의 대화를 통해 '행복'은 사치스러운 것이 아니며 인간이 존재하는 목적임을 확신한다. 달라이 라마는 그에게 행복으로 향하는 확실한 길도 있음을 알려준다. 그러기 위해서는 인간을 고통으로 이끄는 요소와 행복으로 이끄는 요소를 구분하여 정의해야만 한다. 그런 다음 고통유발 요소를 제거하고 행복유발 요소를 촉진시켜야 한다.

달라이 라마의 행복이론 가운데 가장 놀라운 점은 행복이 과학적으로 이뤄지며 훈련을 필요로 한다는 점이었다. 커틀러는 이렇게 말한다.

"인터뷰가 시작된 직후 나는 달라이 라마의 표현이 매우 분석적이라는 데 놀랐다. 마치 그로부터 인체해부학에 대한 대답을 듣는 것 같았다. 실제로 그분과의 대화는 인간의 마음과 정신의 해부학에 관한 것이었다."

이 책의 몇 가지 핵심은 다음과 같다.

- 행복에는 여러 가지 차원이 있다. 불교에서는 이것을 부, 현재에 대한 만족, 영성, 깨달음 네 가지로 분류한다. 이것은 '개인이 행복하기 위해 바라는 모든 것'이다. 건강과 돈독한 우정도 매우 중요하다. 그러나 이 모든 것을 이루는 문은 우리의 마음에 달렸다. 마음은 인생의 경험을 만들어낼 뿐만 아니라 경험을 바라보는 인식을 거르는 역할도 한다. 수양되지 않은 마음은 우리가 하고 있는 일을 제대로 통제하거나 원할 때면 언제든 상황으로부터 독립적인 자세를 취하는 것을 가로막는다. 행복의 진정한 원천은 자신의 의식을 통제하는 데 있다. 예컨대 평온한 마음이나 의미 있는 일에 몰두하는 것은 모두 행복과 일치한다.
- 행복으로 향하는 기본적인 길은 타인에 대한 애정과 관계를 발전시키는 것이다. 그렇게 되면 모든 것을 잃더라도 모든 것을 얻을 것이다. 달라이 라마는 나라를 잃었지만 동시에 전세계를 얻었다고 말한다. 재빨리 다른 것과 끈을 맺는 그의 능력 덕분이다. 늘 다른 사람과의 공통점을 살피면 결코 외로워지지 않는다.

- 부정적인 감정과 마음이 아무리 강력해 보일지라도 그것들은 결코 현실적이지 않다. 그것은 철저히 사실을 왜곡하며 사물을 올바로 바라보지 못하도록 만든다. 인간은 심하게 화를 낸 후 뒤늦게 이 점을 깨달으면서 창피하거나 난처해할 때가 많다.

- 긍정적인 마음을 먹는 것은 우리에게 유리할 뿐만 아니라 우리가 만나는 모든 사람에게도 유익한 결과를 낳으며, 말 그대로 세상을 변화시킨다. 아무리 어렵더라도 부정적인 마음을 줄이고 긍정적인 마음을 갖도록 하라.

- 서로 반대되는 '불순한' 행동과 '건전한' 행동은 비단 도덕이나 종교적 문제가 아니며 행복과 불행을 가르는 실질적인 문제이다. 자기수양을 통해 우리는 비생산적인 행동을 할 기회를 줄이는 '착한 마음씨'를 가질 수 있다.

- 행복을 쾌락과 혼동하지 말라. 쾌락은 감각적이며 행복처럼 보이지만 의미가 없다. 반대로 행복은 의미를 기초로 하며 부정적인 외부조건하에서도 느낄 수 있다. 이것은 안정적이고 지속적인 개념이다. 쾌락이 삶의 보너스라면 행복은 삶의 필요조건이다.

- 행복은 시간을 두고 발전한다. 따라서 세속적인 성공을 위해 들이는 것과 똑같은 양의 노력과 결단을 필요로 한다. 행복을 연습하고 공부하는 데 쏟아붓기로 결심하라.

- 시간을 두고 부정적인 감정, 특히 분노와 증오를 없애도록 노력하라. 그리고 그 자리에 인내와 참을성을 대신 채워라. 부정

적인 감정을 긍정적인 감정으로 대체시키라는 달라이 라마의 사상은 인지요법의 출범과 성공으로 확인되었으며, 인지요법 역시 왜곡된 사고방식(가령 "내 인생은 왜 이 모양이지")을 보다 명확한 것("내 인생에서 이 부분은 나쁘지만, 다른 부분은 괜찮아!")으로 바꾸도록 요구한다.

- 달라이 라마가 말하는 인간의 본질은 '관대함'이다. 과학과 철학은 인간을 이기적인 존재로 묘사하길 좋아하지만, 여러 연구들에 따르면 인간은 기회만 닿으면(재난구호 등) 이타적인 존재로 변한다고 한다.

- 연민은 쓸모가 있다. 이것은 감상적이기보다 대인소통을 위한 기본요소이다. 데일 카네기처럼 달라이 라마도 상대방의 시점에서 상대방을 바라보려는 노력을 기울일 때 상대방과 진정으로 연결될 수 있다고 말한다. 연민은 '상대를 가엾게 여기는 것'이 아니라 '상대와 나의 공통성을 인정하는 것'이다. 상대가 오늘 느끼는 감정은 다음주에 우리가 느끼는 감정이 될 수도 있다.

- 달라이 라마는 결코 외로움을 느끼지 않는다. 외로움을 극복하는 방법은 누군가와 연결되는 것이다. 스스로 외롭다고 느끼는 사람들은 실제로 가족이나 친구에 둘러싸인 경우가 많다. 그들은 '특별한 누군가'를 찾으려는 희망에 온 열정을 기울인다. 그러나 달라이 라마는 주변 사람들에게 마음의 눈을 열면 외로움은 먼 과거의 일이 될 거라고 말한다.

- 애정에 의한 사랑과 연민에 의한 사랑을 분간하라. 인간이라면 누구나 행복을 바라고 고통을 피하려 한다. 사랑을 되돌려 받으려는 욕심으로 누군가를 사랑해서는 안 되며, 인간조건의 공통성을 인식하고 자신과 관계하는 특별한 사람의 행복을 향상시키기 위해 내가 무슨 일을 할 수 있는지 생각해야 한다.
- 연민이나 타인의 고통에 공감하는 능력을 키우지 않으면 온화함과 영감의 원천인 인류 소속감을 얻지 못한다. 타인의 고통을 느끼는 일이 불편할 수 있으나, 그것이 결여된 사람은 홀로 고립될 뿐이다. 정이 없는 사람은 마땅한 여유를 누릴 수 없으며, 연민이 가득한 사람은 특별한 자유와 평화를 경험한다.

간추린 평

이 책의 효과는 독자들에게 "달라이 라마라면 이런 상황에서 어떻게 했을까"라는 질문을 스스로에게 던지도록 하는 것이다. 달라이 라마는 온갖 안 좋은 상황에서도 삶의 밝은 면을 바라보는 감각을 알려준다. 그는 나라를 통째로 잃어버린 사람이 아니었던가.

커틀러는 달라이 라마에게 질문을 던질 때 그가 종종 "그건 나도 모릅니다"라고 답하는 것에 놀랐다. 특히 누군가의 개인적 사례에 관한 질문에서는 더욱 그랬다. 달라이 라마는 인간이 매우 복잡한 데도 불구하고, 늘 원인을 밝혀내려고 애쓰는 서양적 방식으로 해답을 찾으려고 노력한다고 말한다. 이럴 경우 해답을 찾지 못하면 인간은 극심한 고통에 빠질 수밖에 없다고 말한다. 이런 식이라면 인간은 평생을 살더라도 삶의 진행방식을 결코 이해하지 못할 것이다.

이러한 시각은 윤회와 카르마에 대한 믿음에서 비롯된 것이기도 하지만 불교의 교리와는 별개로 인식될 수 있다. 삶의 모든 것을 이해하는 것보다 더욱 중요한 것은, 다른 존재에 대해서 선한 존재가 되어 세상을 좀더 좋은 곳으로 만드는 것이다. 이 같은 단순한 명제를 지니고 있으면, 인간은 결코 잘못된 길로 갈 수 없다.

📖 함께 읽으면 좋은 책
《법구경》《리얼 매직》

BOOK 22

좋아하는 일에 집중하라

《몰입 flow》

Flow : The Psychology of Optimal Experience

> "정말 좋아하는 일을 열심히 하는 것은 더욱 큰 의미와 행복,
> 고차원적 자아로 향하는 길이다."

미하이 칙센트미하이 Mihaly Csikszentmihalyi

캘리포니아의 클레어몬트대학교 드러커경영대학원 교수 및 시카고대학교의 심리학과장을 역임했다. 어떻게 하면 사람들의 삶이 좀더 창의석이고 행복할 수 있을지에 대해서 평생 동안 연구해온 그는 미국 인문과학학술원, 미국 여가학술원 회원이고, 풀브라이트재단 선임연구원이며, 브리태니커백과사전 고문을 포함한 여러 이사직을 겸임하고 있다.

그의 대표적 저서 《몰입 flow》에 대해서 1993년도 미국 슈퍼볼 우승팀 댈러스 카우보이의 감독 지미 존슨이 자신의 팀을 우승으로 이끄는 데 많은 영감을 준 책이라고 밝힌 바 있으며, 미국 대통령 클린턴은 1996년 가을 《뉴스위크》와의 인터뷰에서 칙센트미하이를 자신이 가장 좋아하는 작가 중 한 사람으로 꼽았다. 전 미 하원의장 깅그리치도 이 책을 정치기획위원회의 필독서로 추천했다.

"인간의 행복 여부는 우주의 엄청난 힘에 대한 통제능력에 있는 게 아니라, 인간의 내적 조화에 달려 있다. 물론 인간은 외부환경에 대한 지배력을 계속해서 키워나가야 한다. 그러한 능력이 인간의 육체적 생존을 결정하기 때문이다. 하지만 그런 능력은 인간의 개인적 감정에 보탬이 되거나 세상을 경험하며 느끼는 혼란을 조금도 감소시키지 못한다. 이를 위해 인간은 의식 자체에 대한 통제력을 확보해야 한다."

"몰입은 자아의 통합을 돕는다. 인간의 의식은 깊은 집중상태에서 명령에 잘 따르기 때문이다. 생각, 의도, 느낌, 오감이 모두 하나의 목표에 집중된다. 경험은 조화를 이룬다. 몰입을 경험한 사람은 내적인 면은 물론이고, 타인과 세상에 대해서도 전반적으로 이전보다 훨씬 더 '통합'된 느낌을 얻는다."

"행복해지는 일이 왜 이렇게 어려울까", "삶의 의미는 무엇인가." 나태나 좌절을 느낄 때마다 우리는 늘 이러한 질문을 되풀이한다. 그러나 감히 여기에 대한 대답을 내놓는 사람은 많지 않다.

하지만 첫 번째 질문에 대한 해답을 찾고자 헌신했던 심리학자 미하이 칙센트미하이는 그것이 결국 두 번째 질문과 연관되어 있다는 결론을 얻었다. 두 가지 질문을 연관시키는 것이 '몰입' 이론의 기본이다.

첫 번째 질문에 대한 저자의 대답은 놀랍게도 분명하다. 행복해지는 일이 어려운 것은 우주가 인간의 행복을 위한 방식으로 창조되지 않았기 때문이다. 이러한 사실로부터 안정을 얻기 위해 종교와 신화가 생겨났으나, 인간은 직접 체험을 통해 이러한 잔혹한 진실을 재차 확인한다.

칙센트미하이는 우주를 질서와 혼돈의 측면에서 생각하는 것이 가장 바람직하다고 말한다. 그리고 건강한 인간이 찾아낸 기분 좋은 질서는 질서의 고유한 가치인 행복창출의 실마리를 제공한다. 따라서 의식에 질서를 부여하는 '마인드 컨트롤'은 행복으로 향하는 열쇠이다. 그렇다면 무엇이 마인드 컨트롤을 가능하게 만드는가.

행복과 몰입의 상관관계

칙센트미하이는 행복의 본질을 따지기보다 "인간은 언제 가장 행복한가"라는 질문으로 연구를 시작했다. 정확히 무슨 일을 할 때 인간은 기쁨과 만족을 얻는가?

해답을 얻기 위해 그는 일주일간 아무 때나 피험자들에게 연락을 했다. 그리고 피험자들이 그 순간에 하고 있던 일과 그 일로 인한 느낌을 자세히 글로 적도록 요구했다. 그 결과 행복한 순간은 변덕스러운 외부사건에 따라 우연히 발생되는 것이 아니라, 특별한 활동과 관련하여 합리적으로 예측가능하게 발생된다는 사실을 발견했다. 그리고 이처럼 다른 것에 대한 염려나 생각을 모두 떨치도록 만드는 최고의 가치를 지닌 활동을 '최상의 경험optimal experiences'

또는 간단히 '몰입flow'으로 명명했다.

몰입상태에 빠진 사람들은 창의적인 폭이 확장되는 것을 느낀다. 이를 두고 운동선수들은 '존zone(의식의 집중상태)에 들어감', 신비론자들은 '황홀경', 예술가들은 '환희'라고 말한다. 단순히 시간이 멈춘 것 같은 순간을 몰입의 경험으로 인식할 수도 있다. 칙센트미하이는 도교의 장자莊子를 빌어 몰입을 가장 잘 정의하고 있다. 장자의 어느 우화에서 존경받는 궁중의 도축인인 포정은 일에 대한 자신의 태도를 "지각과 이해를 멈추고 정신이 바라는 곳으로 움직인다"라고 묘사했다. 이처럼 몰입상태에서 인간은 생각을 멈추고 그저 행동한다.

또한 칙센트미하이는 기쁨과 쾌락을 분명하게 구분했다. 도전적 과제는 인간에게 집중을 요하며 '기쁨'을 가져다주는 반면, '쾌락'은 집중을 필요로 하지 않는 수동적인 것이라는 것이다. TV와 약물, 수면은 모두 즐거움을 가져다줄 수는 있으나 우리의 의식적인 의지를 거의 필요로 하지 않으며, 따라서 진정한 인간적 성장을 돕지 못한다.

몰입은 자신에 대한 통제권을 쥐고 있을 때 인간은 진정으로 행복해진다는 교훈을 준다. 몰입은 우리 자신에 의해 이끌어지며, 우리에게 통치감을 가져다준다. 목표를 추구하는 일이 그토록 즐거운 것도 바로 이 때문이다. 이것은 '인식에 질서'를 부여하며, 목표 성취를 지켜볼 때의 느낌과는 별개의 것이다. 정돈된 마음이 행복의 원천이 되기 때문이다.

몰입이 가진 복잡성과 의미

우리는 무의미함에서 벗어나기 위해 쾌락을 즐기며, 결국에는 폐허와 정신적 혼란에 빠지거나 자동조종장치를 켠 채 뒷좌석으로 물러나 인생의 가능한 선택들을 멀리할 수도 있다. 그러나 이러한 극단적인 가능성은 우리를 사회적 가치에 굴복하도록 만들며, 우리 자신이 한 인간이기보다 소비자로 정의되도록 방치한다.

칙센트미하이는 여기서 프로이트의 사상이 특별한 현대적 의미를 지닌다고 말한다. 프로이트의 '이드id'는 육체의 본능적 동기를 대표하며, '초자아superego'는 인간의 자아감을 형성시키는 외부세계를 대표한다. 그리고 세 번째 의식 요소인 '자아ego'는 우리 자신의 일부이며, 육체적 욕구나 환경과 상관없는 자발적인 자아감을 획득하고자 조종한다. 이것이야말로 동물과 로봇을 초월한 인간성이 발견되는 지점이다. 자아의 의식 속에서 살아가는 사람은 의지에 따른 행동을 하며, 우주는 결코 인간에게 고분고분한 상대가 아니므로 인간은 점점 더 복잡성을 띠게 된다. 혼돈의 차원이 아닌 상위질서의 측면에서 복잡성을 띤다.

칙센트미하이는 몰입경험에서 매력적인 점을 찾아냈다. 모든 몰입을 경험한 순간, 이후 인간은 전보다 성장한다는 것이다. 흡수된 지식의 파편과 새롭게 정제된 모든 기술은 자아를 확장하고 정돈시키며, 그의 표현대로 '점점 더 비범한 개인'을 만들어낸다.

몰입이 중독성을 보이는 것도 바로 이 때문이다. 몰입이 결여된 삶은 정체되고 지루하고 의미 없다는 느낌을 준다. 칙센트미하이는 행복과 의미 있음은 정말로 좋아하는 일을 많이 할수록 단순하게 증가한다고 말한다. '삶의 의미'에 대한 해답은 뭔가 비밀스러운 차원(인간의 존재 이유와 같은)이 아니라, 주관적이고 개인적인 차원에서 찾아진다. 즉 삶의 의미란 나한테 의미 있는 것이 무엇인지를 뜻한다. 몰입경험은 이미 그것을 즐기는 사람에게는 설명조차 필요 없는 경험이다. 그것이 행복의 두 가지 필수요건인 목적감과 자기인식을 가져다준다는 걸 저절로 깨닫게 되기 때문이다.

몰입은 공동체를 돕는다

몰입은 인간에게 틀림없이 활력을 불어넣지만 그보다 더욱 놀라운 효과도 있다. 복잡한 개인으로 성장하면서 자신의 독특함을 인식하고, 자신이 속한 세상과 자신이 맺은 인간관계에 대해 폭넓게 이해할 수 있게 되기 때문이다. 몰입은 우리를 더욱 특별하게 만들 뿐만 아니라 세상과도 다시 연결시켜준다.

이러한 이중의 효과는 공동체와 국가의 회복을 돕는다는 측면에서 상당한 의미를 지닌다. 칙센트미하이는 21세기에는 국민에게 몰입행위에 참여할 기회를 많이 제공하는 나라와 사회가 가장 성공할 것이라고 단언한다. 그는 미국의 독립선언문에 실린 '행복추구권'은 미래를 내다본 조항임에도 불구하고 불행히도 정부가 행복을 가져다주는 역할을 해야 된다는 기대로 변질되었다고 말한다.

목표의 추구(혹은 미래를 위한 삶)가 현대 서양 문화의 주요 부분을 차지하는 것은 사실이지만, 몰입중심의 문화야말로 수렵채집사회의 특징이었던 현재 중심의 삶으로 되돌리며 우리를 시간의 횡포로부터 자유롭게 할 것이다. 날로 번영하고 더 많은 사람이 좋아하는 일에 몰두한다면 시간에 대한 인간의 태도도 변할 것이다. 산업사회의 근로패턴에 따라 시간을 '노동'과 '여가'로 이분했던 태도는 사라지고, 그 대신 각자가 하고 있는 일에 대한 주관적 태도, 즉 그것이 몰입상태를 일으키는지 아닌지에 따라 시간이 나눠질 것이다.

현대 서양 문화, 특히 미국 문화는 젊음의 망상에 사로잡혀 나이 드는 것을 끔찍이 두려워한다. 하지만 지금 이 순간을 진정으로 즐기며 살아간다면, 다시 말하자면 몰입상태에서 살아간다면, 시간에 대한 중압감은 한층 경감될 것이다. 독일의 철학자 니체가 말했듯이 인간의 성숙은 "어릴 적 놀이에 대해 가졌던 진지함을 되찾는 것이다."

간추린 평

몰입이론은 지금으로부터 30년 전 학술지에 처음 실린 이후로 광범위한 영향력을 발휘하고 있다. 이론체계 그 자체를 분석 대상으로 삼는 메타이론meta-theory으로서 인간의 모든 유형의 활동에 적용시킬 수 있기 때문이다. 실제로 칙센트미하이는 이것을 섹스와 노동, 우정, 고독, 평생교육과 연관시켰다. 하지만 몰입경험은 억지로 이뤄지지 않는다. 지금처럼 앞으로도 자신만의 몰입을 경험하는 사람들은 더욱 행복해질 것이다.

　니체는 '권력에의 의지will to power'가 인간행동의 원천이라 믿었다. 그러나 몰입이론은 '질서에 대한 의지will to order'가 인간의 행동과 그 밖의 것에 동기를 부여한다고 말한다. 질서정연한 자아를 창조하는 모든 활동은 인간에게 심오한 행복과 의미를 부여한다. 어떤 삶을 살아갈 것인가를 선택할 수 있는 가능성의 극적인 발견은 삶에 접근하는 방식과 무엇을 하기로 결정했는지에 초점을 맞추게 한다. 따라서 인생의 질서를 갖추고 스스로를 단련시켜야 할 필요성도 늘어난다. 이 모든 관계는 아직 명확히 밝혀지지 않았지만 이에 관심을 기울이고 있다는 면에서 이 책은 마땅히 격찬받아야 할 작품이다.

📖 함께 읽으면 좋은 책
《달라이 라마의 행복론》《EQ 감성지능》《80/20 법칙》

BOOK 23

서로의 차이를 인정하면 행복해진다

《화성에서 온 남자 금성에서 온 여자》

Men Are from Mars, Women Are from Venus

> "남녀는 개별적인 인간으로 서로를 대하기 전에
> 성별에 따른 행동적 차이를 인식해야만 한다."

존 그레이 John Gray

1951년 텍사스주 휴스턴에서 태어났다. 고등학교를 졸업하고 싱도마스대
학교와 텍사스대학교에 다녔다. 그 후 9년간 힌두교 승려로 지냈으며, 스위
스의 초월명상TM, Transcendental Meditation 단체에 입단하여 지도자인 마하리
시 마헤쉬 요기의 개인비서로 활동했고, 동양철학 석사학위를 받았다. 그 후 미
국으로 돌아와 캘리포니아주 산라파엘의 컬럼비아퍼시픽대학교에서 심리학과 성별에 대한 연구로
박사학위를 받았고, 가족심리치료 자격증을 취득했다. 그의 대표작《화성에서 온 남자 금성에서 온
여자》는 전세계 40여 개 언어로 번역되어 1,300만 부가 팔리면서 9년 이상 각종 베스트셀러 순위
에 오르며 미국에서 1990년대 가장 많이 팔린 책이 되었다.

"유리컵에 담긴 물을 보고 물이 반이나 차 있다거나 물이 반밖에 없다고 말할 수 있는 것처럼 여성도 상승기에 있을 때는 자신의 삶이 모든 면에서 풍족해 보이지만 하강기에 있을 때는 매사가 부족해 보인다. 상승기에는 보지 못하고 지나쳤던 부족함이 하강기에는 초점의 중심이 되는 것이다."

"척은 직장에서 돈을 많이 벌면 벌수록 집에서 아내를 만족시키기 위해 해야 할 일이 줄어들 거라고 생각했다. 그는 매달 받아오는 두둑한 월급봉투가 적어도 자신에게 30점은 가져다준다고 믿었다. 따라서 병원 개업 후 수입이 두 배로 늘자 이제는 한 달에 60점은 기본으로 얻는다고 생각했다. 그러나 그는 한 달에 얼마를 벌어오든 아내에게는 늘 1점짜리 남편밖에 안 된다는 사실을 몰랐던 것이다."

존 그레이는 《화성에서 온 남자 금성에서 온 여자》 출간 이전에 《화성남자와 금성여자의 관계 지키기》라는 책을 썼는데, 그 책은 다음과 같은 이야기로 시작된다.

그레이의 아버지는 길에서 우연히 한 남자를 차에 태웠는데, 그 남자는 곧 강도로 변했고 아버지를 차 트렁크에 가뒀다. 그 후 경찰은 버려진 차가 있다는 신고를 두 차례나 받았으나 잘못된 수사지휘로 인해 차를 찾지 못했다. 마침내 세 번째 신고가 들어온 후에 차를 찾아냈으나 이미 때는 늦었다. 그레이의 아버지는 자신의 차 트렁크에서 질식사한 것이다.

　장례식을 치르러 고향에 내려온 그레이는 아버지가 죽을 당시의 느낌을 알고 싶어서 자신을 트렁크에 가둬달라고 부탁했다. 어둠 속에 갇힌 그는 아버지가 주먹으로 두들겨 움푹 팬 자리를 손가락으로 만져보았다. 그리고 산소를 얻기 위해 아버지가 깼을 미등 자리에 손을 넣어보았다. 그러자 밖에 있던 형이 손을 더 뻗어보라고 말했다. 혹시 트렁크 뚜껑의 열림 단추에 손이 닿는지 보려는 것이었다. 그레이의 손은 단추에 닿았고 그것을 누르자 뚜껑이 열렸다.

　아버지의 죽음은 그레이에게 그가 해야 할 일을 알려주었다. 사람들의 손이 닿을 수 있는 곳에 있는 감정적 해방단추를 알려줌으로써 사람들을 억압으로부터 해방시키는 일이었다.

그레이에 대한 다양한 생각들

그럴 듯한 이야기이다. 하지만 정말로 그레이의 책이 사람들을 해방시켰을까? 수잔 햄슨이란 한 여권주의 여성은 '천왕성인의 반박A Rebuttal from Uranus'이라는 웹사이트 글을 통해 《화성에서 온 남자 금성에서 온 여자》가 성차별주의를 조장한다고 비난을 퍼부었다.

　그레이의 대표이론인 성역할론은 남성과 여성이 본질적으로 다르며 성별이 한 사람의 정체성의 핵심을 형성한다고 말한다. 또한 비평가들은 그레이의 특별히 교활한 서술방식에 대해 비판하는데, 그가 결코 자신의 시각을 하나의 이론이 아닌 "이것은 사물의 이치이다"와 같은 생물학적 사실로 말한다고 한다. 게다가 마케팅 폭격에 사로잡힌 수백만 명의 독자들은 성역할이 실제로는 '문화적으로 조건화된 것'이라는 사실에 눈을 뜰 수 없어서 결국 남성패권문화에서 여성들이 자신의 종속적인 위치를 좀더 기꺼이 받아들이도록 한다는 것이다.

이 책의 핵심요약

한쪽을 편들기 전에 우선 이 책을 살펴봐야 할 것이다. 그레이가 말하고자 하는 핵심요점은 무엇인가?

남녀관계 개선을 위한 핵심적 해결책은 남녀의 차이를 받아들이는 것이다. 우리의 부모세대는 남녀가 다르다는 사실을 받아들였으나 현재의 문화는 남녀 간에 차이점이 없다는 극단적인 반대편으로 달려왔다.

여성은 남성을 개조시키려 하지만 남성은 그저 있는 그대로를 받아들이고 싶어 한다. 따라서 남성은 여성의 불필요한 충고를 반기지 않으며, 부정적인 비난으로 여긴다. 또한 남성에게 문제를 말할 때 남성의 문제점을 지적하는 경우가 많은데, 문제를 지적하더라도 남성이 해결할 수 있는 방향으로 문제를 제기해야 한다. 왜냐하면 자신의 능력에 집중하는 남성은 자신이 해결할 수 없는 문제에 대해서는 시간낭비로 여기기 때문이다. 하지만 여성은 그와 반대로 해결책이 없는 문제에 대해서도 이야기하길 좋아한다. 그것이 자신들의 감정을 표출할 수 있는 좋은 기회로 작용하기 때문이다.

여성은 절벽 꼭대기로 치솟았다가 해구海溝로 빠졌다가 다시 꼭대기로 치솟는 파도와 같다. 그리고 남성은 해구로 빠졌을 때 여성이 남성을 가장 필요로 한다는 사실을 알아야 한다. 이때 남성이 여성을 감싸안고 억지로 해구에서 당장 끄집어내려고 하지 않는다면 여성은 자신의 사랑을 확인받는 느낌이 들 것이다. 행동을 이끌어내는 동기는 남녀 각각 다르다. 남성은 자신이 필요한 사람이라고 느껴야 하는 반면 여성은 자신이 사랑받고 있다고 느껴야 한다.

남성은 친밀함의 필요성과 거리감의 필요성 사이를 오간다. 또한 남성이 자신만의 '동굴'로 들어가는 것은 의식적인 결정이 아니라 본능적인 것이다. 따라서 동굴의 필요성을 인식하지 못한 채 끊임없이 친밀함을 요구하는 여성은 남녀관계를 혼란에 빠뜨린다. 남성은 고무줄처럼 멀리 늘어났다가도 언젠가는 휙 돌아온다.

논쟁은 그 논쟁의 내용보다는 그것을 풀어가는 방식으로 인해 상대에게 상처를 입힌다. 상대를 화나게 만드는 말은 상당히 경솔하다. 그러나 남성은 자신들의 말이 상대에게 얼마나 큰 상처를 주고 화나게 만드는지 잘 모른다. 자신들의 '핵심'에만 초점을 맞추기 때문이다.

대부분의 논쟁은 여성이 무언가에 대한 염려를 표현하고, 남성은 여성에게 염려할 필요 없다고 말하면서 시작된다. 그런 경우 여성은 자신을 무시하는 말로 듣고 남성에게 화를 내며, 아무 일도 아닌 일로 여성이 화를 낸다고 여기는 남성은 더욱 화를 낸다. 남성은 자기가 잘못했다고 인정하지 않는 일에 대해서는 사과하지 않는다. 결국 최초의 논쟁은 몇 시간 혹은 며칠간의 냉전으로 이어진다.

그레이는 역사적으로 현재처럼 낭만적인 삶을 누린 때도 없었다고 주장한다. 하지만 더 나은 삶을 위해 수천 년간 진화를 거듭한 인간의 육체와 뇌는 이제 성별의 차이도 인식할 것을 요구한다. 남녀의 기본적인 사고방식의 차이를 인정하지 않은 채, 그저 완벽한 인간관계의 밝은 면만을 기대하는 것은 너무나도 순진하며 순항 중이던 사랑의 배에 의도하지 않던 파괴자를 태운 것이나 마찬가지이다. 그레이는 남녀의 다른 차이를 천성이냐 교육에 의한 것이냐의 해묵은 논쟁은 들추지 않는다. 다만 남성과 여성의 상이한 행동 경향을 이야기하며, 그것을 이해하면 남녀간의 문제가 줄어들 거라고 말한다.

그레이를 위한 변론

앞서도 말했듯이 이 책은 남녀차별을 조장한다고 자주 비난받는다. 21세기의 우리는 남녀라는 성별을 제쳐둔 채 그저 서로를 인간으로만 볼 수는 없을까? 피부색이나 국적은 어떤가? 게다가 그레이는 동성애자에 관해서는 전혀 언급하고 있지 않다. 그레이는 자신의 이론이 남녀관계를 일반화한다는 사실을 인정하면서도 자신이 말하고 있는 것이 마치 사실인 양 적고 있다.

이 모든 비난은 다분히 일리가 있다. 그러나 이렇게 비난하는 사람은 그레이의 근본적인 의도를 읽지 못한 사람들이다. 그는 유전학이나 사회학 교재를 읽어본 적이 없으며, 다만 더 나은 인간관계를 원하는 독자들을 위해 이 책을 썼을 뿐이다. 그는 《화성에서 온 남자 금성에서 온 여자》가 엄밀한 이론서는 아니며, 남녀가 성별의 잣대로만 평가되는 존재도 아니라고 말한다. 다만 남녀는 더 이상 상대방을 지배해서는 안 되는 독특한 행동적 경향을 지닌다고 말한다. 성별의 차이를 부각시키며 가부장적 사회를 옹호한 데는 책임이 있을지 모르지만, 그의 책 어디에도 성별이 인간을 '결정'한다고 말한 부분은 없다. 만약 그렇게 말했다면 수많은 독자들이 그의 책에 아예 손을 대지도 않았을 것이다. 남녀의 차이에 초점을 맞춘 목적은 역설적으로 그것을 없애고자 한 것이며, 그런 면에서 그레이는 성해방주의자이다.

간추린 평

인간관계에 대한 수천 권의 책 중에서도 《화성에서 온 남자 금성에서 온 여자》를 돋보이도록 한 이유는 대체 무엇일까?

그레이는 일부러 독자들이 '굳이 생각하지 않아도 되도록' 이 책을 썼다고 말했다. 덕분에 많은 사람에게 이 책은 심심할 때 설렁설렁 읽을 만한 책으로 여겨진다. 만약 남녀의 의사소통에 대한 진지한 무언가를 읽고 싶은 사람은 언어학박사 데보라 태넌의 책 《그래도 당신을 이해하고 싶다》, 《내 말 뜻은 그게 아냐》 등을 집어들 것이다. 물론 데보라 태넌의 책 1페이지가 그레이의 책 10페이지보다 더 흥미로울 수 있다. 그러나 그레이의 책이 이처럼 성공을 거둔 이유는 그가 인간의 마음에 관한 설명과 유추를 곁들이며 상당히 미묘한 차이를 지닌 여러 가지 핵심들을 잘 짚어냈기 때문이다.

인간관계 분야에 미친 그레이의 영향력은 미국의 소아과의사이자 시민운동가인 벤저민 스포크 박사가 쓴 《스포크 박사의 육아서》가 자녀교육에 미친 영향에 비견된다. 두 사람의 저서는 각자의 분야에서 기준이 될 만한 책으로 대표된다.

《화성에서 온 남자 금성에서 온 여자》에 대한 최종판결이 어떻게 날지 아무도 알 수 없다. 그러나 이 책이 이 시대에 반드시 필요한 책인 것만은 확실하며, 남녀 간의 차이를 없애기 위해 남녀 간의 차이를 우선 짚어봐야 하는 것도 사실이다.

그레이를 읽는 가장 좋은 방법은 그가 말한 것 중에서 받아들일 것은 받아들이고 그렇지 않은 것은 버리는 것이다. 의심하지 않는 수용과 무조건적인 거부는 닫힌 마음을 대변한다. 이 책을 무시해버리긴 아주 쉽다. 그러나 남편 또는 아내와 싸움을 벌이고 난 후 괴로울 때 읽으면 현실적으로 큰 도움을 얻을 것이다. 서로 반대되는 성을 가진 인간의 잦은 굴곡에 대한 단순한 지침서로서 이 책은 제법 읽을 만하다.

BOOK 24

적게 일하고 크게 성공하라
《80/20 법칙》

The 80/20 Principle
: The Secret of Achieving More with Less

"우리가 잘하는 일을 밝혀내면 성공은 쉽게 다가온다."

리처드 코치 Richard Koch

성공한 사업가이자 베스트셀러 작가이다. 그는 자신에게 중요한 일에 집중하면 더 큰 성과를 내면서도 더 많은 휴식, 더 즐거운 인생이 가능하다는 개념을 만들어냈으며, 자신의 삶이 바로 '적은 노력으로 큰 성과를 낸다'를 실천한 좋은 예라고 주장한다. 《80/20 법칙》은 미국과 아시아, 유럽에서 베스트셀러가 되었으며 18개 언어로 번역되었다. 속편으로 과학적 법칙을 통해 비즈니스 성공을 설명한 《80/20 세계를 지배하는 자연법칙》이 있으며, 그밖에도 《적게 일하고 잘사는 기술》,《무조건 심플》 등의 책을 저술했다.

"80/20 법칙은 현대 세계를 형성하는 데 이바지했으면서도 여전히 이 시대의 가장 심오한 비밀로 남아 있다. 심지어 80/20 법칙을 인식하고 사용하는 선택된 사람들마저도 이 힘의 극히 일부만을 활용하고 있다."

"달걀을 한 바구니에 넣지 말라는 것은 전통적 지혜이다. 그러나 바구니를 신중하게 선택하여 그 안에 모든 달걀을 넣은 후, 그것을 매처럼 매섭게 감시하라는 것은 80/20 법칙의 지혜이다."

"80/20 법칙은 당신을 틀림없이 자유롭게 만든다. 당신은 덜 일하고도 더 많은 것을 얻고 즐길 것이다."

매력적인 이 책은 우리 인생에 혁명을 일으킬 것이다. 리처드 코치는 효과나 결과의 80퍼센트는 단 20퍼센트의 노력에서 비롯된다는 반직관적이지만 철저히 입증된 법칙을 이야기한다. 20퍼센트의 제품군만이 전체 판매량의 대부분을 차지한다. 카펫에서 주로 닳는 부분은 전체의 20퍼센트 정도이다. 이것을 개인의 삶에 적용한다면 행복의 80퍼센트는 전체 시간 중 20퍼센트에서 비롯된다.

　여러 다양한 비율의 법칙 중에서도 이 법칙은 근본적으로 불균형한 세상의 작동방식을 보여준다. 이 책은 80/20 법칙만을 집중적으로 다룬 최초의 책이며 개인의 삶에 처음으로 적용시킨 책이다. 원래 이탈리아의 경제학자인 파레토가 처음으로 밝힌 이 법칙('파레토의 법칙'이라고도 함)은 경영전략 컨설턴트들이 가장 중요하게 여기는 법칙이자, 성공한 기업의 비결로 알려져 있다. 그러나 잘 모르는 사람들에게는 마치 마술처럼 보이는 법칙이다. 이것이 전통적인 경제이론을 부정하고 있기 때문이다. 당연히 이것은 '최소 노력의 법칙'이라도 불린다. 하지만 이 법칙은 이론이기보다는 단순한 현실의 관찰에서 비롯된 것이다. 여러 자기계발서에 설명되는 영적이거나 철학적인 법칙과 달리 80/20 법칙은 우리가 그것을 믿든 안 믿든 어쨌든 작동한다고 코치는 말한다.

50/50 원칙 vs 80/20 법칙

"공들인 만큼 결과를 얻는다"는 50/50 원칙은 지적인 차원에서 충분히 이해가 된다. '선한' 노력을 기울인 사람은 그만큼 '선한' 결과를 얻을 것이다. '열심히 일한' 사람은 그에 합당한 보상을 받을 것이다. 이것은 아주 오랫동안 이 사회를 이끌어온 정신이며, 사회적 응집에 확실히 좋은 역할을 해왔다. 분명한 일과 보상이라는 등식은 안정된 사회를 이끌고 그런 사회에서는 평범함과 순종이 보상을 받았다. 그러나 코치도 말했듯이 불행히도 우리는 더 이상 그런 세상에 살고 있지 않다.

새로운 세상은 그저 '남에게 뒤처지지 않는 것'만으로는 부족하며 무언가에 대한 단순한 능력이 성공을 보장해주지도 못한다. 이제는 우리가 손쉽게 잘할 수 있는 일, 우리가 좋아하는 일을 해야만 다른 사람을 뛰어넘는 탁월한 장점을 발휘하며 우리가 속한 분야에서 상위에 오를 수 있다. 남들이 하는 것에 비하면 '일'하지 않는 것처럼 보일지라도 오로지 이와 같은 유형의 노력을 기울이는 것만으로도 엄청난 보상을 가져다줄 것이다. 과거와 달리 80/20 법칙의 세상에서는 이러한 논리를 적용시키는 사람만이 공들인 것에 비해 훨씬 더 많은 보상을 얻을 것이다. 다만 반드시 자신만의 독특함이 반영된 차원 높은 공을 들여야 한다.

80/20 법칙에 따르면 마이클 조던이 5개 농구팀 선수들을 합한 것보다 더 많은 수입을 벌어들이는 것도 충분히 이해가 된다. 그는 최고의 기술과 더불어 엔터테이너적인 면까지 확실하게 보여주기 때문이다. 일류 배우를 비롯한 스타들 역시 과거 어느 때보다 많은 돈을 벌고 있다. 하지만 이것이 논점의 핵심은 아니다. 중요한 것은 다른 사람들도 스타들과 똑같은 법칙을 적용시켜 그들처럼 될 수 있다는 것이다. "자신의 모든 것을 충분히 드러낼 때 비로소 비범한 가치가 창조된다."

80/20 법칙을 통한 시간혁명

우리가 가치 있게 여기는 것의 대부분은 오로지 시간을 어떻게 보내는가에 관한 하나의 단편에서 비롯된다. 따라서 효율성이나 행복, 수입을 확실히 증대시키기 위해서는 그러한 단편이 우리의 시간에서 차지하는 몫을 10~20퍼센트 이상 늘려야 한다. 코치는 시간에 대한 사회적 인식이 부족하다고 지적한다. "이제 우리에게는 시간관리가 아닌 시간혁명이 필요하다."

전통적인 개념의 시간관리는 일의 능률을 높이고 우선순위를 잘 정하는 것이다. 그러나 코치는 모든 유형의 시간관리가 실패하는 첫 번째 이유는 시간관리를 잘하는지 못하는지에 대해 우리가 잘 알고 있다고 가정하기 때문이라고 말한다. 두 번째 이유는 시간은 짧고 할 일은 많아서 끊임없이 시간에 쫓긴다고 가정하기 때문이라고 한다.

그러나 80/20 법칙은 시간활용을 개선하기 위해 '우선순위'로 되돌아가 그것이 전반적인 우리의 삶을 정말로 잘 활용시키고 있는지 먼저 살피라고 말한다. 코치는 그것에 다소 부정적인 입장을 취한다. "대부분의 사람들이 잘못된 일에 지나친 노력을 기울인다"는 것이다.

80/20 법칙은 실제로 작동되는 자연의 불균형을 반영한 것이기 때문에 합리적인 시간계산은 아무런 효과가 없다. 예측할 수 없고 비합리적인 현실의 특성상 가장 중요한 20퍼센트의 시간에 공을 쏟기 시작하면 우리는 한없이 풍족한 시간을 누릴 수 있다. 늘 시간에 쫓기는 대신 실제로는 시간과 함께 흘러가면서도 '시간을 펑펑 쓸 수 있다는 것'이 위험하지만 분명한 진리라고 그는 말한다.

적게 일하고 크게 성공하라

어디에도 도달하지 못하면서 끊임없이 그곳에 도달하려 노력하고 있는가? 코치는 에리히 폰 만슈타인의 매트릭스를 소개한다. 프랑스와 소련 침공 시 뛰어난 공을 세웠던 '기동전의 대가' 만슈타인은 제2차 세계대전 때의 독일 장군으로, 실수가 적고 선견지명이 뛰어난 우수한 장교들은 지적이면서 동시에 기질적으로 게으른 공통점을 지녔다고 주장했다. 코치는 만슈타인의 매트릭스를 오늘날의 경제에 접목시키며 스타가 되기 위한 핵심은 '게으른 총명함을 모방하여 만들어내고 전개시키는 것'이라고 말한다. 명성을 가져다줄 것으로 여겨지는 어렵고 일반적인 목표를 추구하는 대신, 각자에게 쉽게 다가오는 일을 택하라는 것이다.

놀랍게도 자본주의는 자신의 모습을 드러내는 것만으로도 성공한 부자가 될 수 있도록 한다. 말하자면 자신을 확실히 표현함으로써 자동적으로 작지만 소중한 틈새영역이 펼쳐지는 것이다. 어느 누구도 내가 하는 것처럼 똑같이 할 수는 없기 때문에 이것은 어느 때보다 전문적인 것을 요구하는 정보경제와도 완벽히 일치한다. 심지어 배우나 스포츠 선수처럼 공급만 많고 수요는 적어 보이는 곳에도 적용된다. 수백 명의 프로 테니스 선수가 있지만 안드레 애거시는 단 한 명뿐이며, 그만의 특별한 외모와 태도는 비슷한 순위의 선수들 사이에서도 그를 단연 돋보이게 만든다. 모든 분야에서 리더십의 핵심은 열정과 습관적 호기심, 지속적인 학습으로 통하지만 이런 것들은 사실상 별 효과를 나타내지 못한다.

80/20 법칙에서는 느긋한 야망과 자신감 있는 태도를 결합시켜야 한다고 말한다. 여기에는 사려 깊은 사고(행동보다 식견이 앞서는 것)와 비전통적인 방식의 시간활용, 쾌락주의적 철학이 포함된다. 코치는 '일은 곧 성공'이란 문화가 쾌락주의에 오명을 씌웠다고 주장한다. 쾌락주의는 이기주의가 아니다. 무언가를 사랑할수록 우리는 그 일에 더 능숙해질 것이며 다른 사람을 위한 유익한 결과를 낳을 가능성도 높다.

간추린 평

《80/20 법칙》은 정신없는 생쥐의 경주에서 벗어나 자신만의 잠재력에 초점을 맞춰 살아가는 법을 분명히 보여주는 책이다. 또한 얼마나 사소한 것들이 인생을 가로막는지, '바쁘다'는 평계가 목적 없이 살아가는 삶을 얼마나 잘 감춰주는지를 보여준다. 이것들은 자기계발서에 자주 등장하는 친숙한 주제이다. 하지만 우주의 '힘의 법칙' 중 하나를 응용함으로써 코치는 이러한 식견에 특별한 무게를 더했다. 과연 '우주의 특성에 대항하지 않고 더불어 작동하는' 행동의 논리를 무시할 만한 사람이 얼마나 있겠는가?

이 책은 특히 오늘날 경제세계의 연금술을 이해하는 데 유익하며, 경영 서적이자 흥미로운 인생 안내서라는 두 가지 역할을 톡톡히 해낸다. 코치는 조셉 포드의 말을 인용하며, 신이 우주와 주사위놀이를 하고 있으며 주사위는 그저 던져진다고 말한다. 우주의 '예

측가능한 불균형'을 보여주는 80/20 법칙은 당연히 인간의 마음에
드는 나머지를 취하도록 허락한다. 그것의 핵심은 잘하지 못하는
뭔가 '훌륭한' 것을 추구하기보다는 자신만의 독특한 재능을 표현
하고 갈고닦는 것이다. 단순히 잘하는 것이 아니라 남과 다른 특별
한 것을 잘할 때 엄청난 보상이 따를 것이다.

📖 함께 읽으면 좋은 책
《길을 헤매다 만난 나의 북극성》《몰입 flow》

BOOK 25

세상에서 살되 얽매이지 마라
《법구경》

法句經, *The Dhammapada*

"생각을 연마하고 사고의 질을 높이면
세상의 근심이 사라질 것이다."

법구法句

법구는 고대 북인도 건타라국 출신의 학승으로, 불교를 보호하던 카니슈카 왕 아래서 불교 법전의 편수에 종사했다고 전해진다. 그러나 《법구경》의 엮은이라는 사실 이외의 문헌적 기록들은 남아 있지 않고, 기원 전후의 생존 연대만 추측된다. 구전 및 기록 등 오늘날까지 여러 형태로 전해내려온 《법구경》은 불경 중에서 전세계적으로 가장 많이 읽히는 경전이며, 철학적이고 개념적이기보다는 짧게 서술된 시들로 구성됐다. 깨달음을 향하여 부지런히 나아가라는 부처의 간절한 마음을 담은 내용으로 지금까지 인류의 삶을 비추는 등불 같은 역할을 했다.

"백단과 협죽도, 푸른 연과 재스민에는 향기가 있다. 그러나 이들보다 더욱 향기로운 것이 미덕의 향기이다."

"이리 와 세상을 보라. 마치 어리석은 자들이 타고 있는 화려한 마차 같구나. 지혜로운 자는 마차에 갇히지 않는다."

"영원의 길을 보지 못한 채 백 년을 사는 것보다 불멸의 길을 깨달으며 산 하루가 낫다."

현대의 자기계발서에 질렸는가? 《법구경》은 지혜에 대한 오래된 가르침이며 영적 문학의 위대한 작품으로 손꼽힌다. 또한 부처의 사상을 엿볼 수 있는 완벽한 입문서이며, 소승불교 경전의 주요 주제들을 요약한 것이기도 하다.

이 책의 영어 원서 제목 '담마파다dhammapada'는 우주의 방식과 존재의 법칙을 의미하는 산스크리트어 '다르마dharma'와 발걸음을 뜻하는 '파다pada'를 합한 것이다. 이 책의 영문 번역자인 후안 마스카로는 자신의 번역본에서 이 성전聖傳이 인간을 열반 또는 해탈로 이끄는 사랑과 진리에 대한 우주적 방식을 소개한다고 설명한다. 실제로 이 책은 우주적 법칙을 정의하고, 인간이 우주적 법칙과 조화를 이루며 살아가는 법을 설명한다.

부처는 누구인가

싯다르타 고타마는 예수보다 500년 전에 살았던 인물이다. 붓다Buddha로도 불리는데, 붓다(부처)는 본명이 아닌 산스크리트어로 '깨달은 자', '환히 아는 사람'이라는 뜻의 존칭어이다. 그는 지금의 네팔에 속하는 소국가 인도 카필라국의 왕자로 태어났다. 키아누 리브스 주연의 〈리틀 붓다〉를 본 사람이라면 인도 왕실의 사치와 나태를 익히 알 것이다.

그는 스물아홉의 젊은 나이에 왕실의 바깥세상에서 얼마나 많은 민중이 불행하게 사는지 돌아본 후 밀림으로 가출하여 수년간 은둔했다. 그는 유명한 보리수의 큰 가지 아래서 '깨달음'을 얻었다. 예수와 달리 부처는 늙을 때까지 생존했으며 45년간 민중의 스승으로 인도 북부를 돌아다녔다.

부처의 성공 요인

당시 수만 가지 믿음 중에서 부처의 사상은 단연 돋보였다. 이유는 대체 뭘까? 부처는 사회 모든 계층의 사람들을 찾아냈으며, 카스트

제도와 브라만 승려의 배타적 언어와 의식을 배척했다. 그는 권력의 타락과 종교적 교리의 부재를 깨달았으며, 개인과 깨달음 사이의 장벽을 제거하는 길을 찾고자 노력했다. 부처는 신이 아니며 신의 화신도 예언자도 아니다. 그는 자신을 헌신하여 완벽한 지혜와 마음의 정화를 이뤘으며 그를 따르는 사람들에게 귀감이 되었다.

불교는 영겁의 고통을 없애는 부처의 확실한 실천법을 가르침으로써 급속히 퍼졌다. 이는 분명히 혁신적인 사상이었으며 현재에도 마찬가지이다. 고통에서 해방시켜준다는 약속은 그만큼 민중을 끌어당기는 흡인력을 지니는 것이다. 또한 불교학자 토머스 클리어리는 부처의 성공요인으로 그의 가르침이 시대와 문화를 초월하며, 인간조건의 본질적 속성과 우주와 인간의 관계를 다루고 있기 때문이라고 정의한다.

《법구경》의 말씀

《법구경》은 초시대적이고 이해하기 쉬운 불교의 특성을 대변한다. 이것은 여러 장으로 이뤄졌으나 서로 뚜렷한 연관성은 없다. 어느 쪽을 먼저 펼치든, 그 안에서 부처가 전하는 영감적인 사상, 세월을 뛰어넘는 경외로운 말씀을 들을 수 있다. 《신약성서》가 세상을 변화시키고 싶어 하는 젊은이의 에너지를 가졌다면, 《법구경》은 그보다 나이 든 사람의 지혜와 평온, 인내를 전한다.

《법구경》의 대부분은 시적인 구절을 통해 기쁨과 행복, 악과 같은 영구적인 주제를 다루며, 불교의 일부 저술과 달리 학구적이지 않게 핵심을 이야기한다. 시대와 문화에 따라 새롭게 해석되는《법구경》은 시간이 지나도 나이가 들지 않는다. 이 책의 일부 주제를 살펴보자.

행복

스스로를 미움과 질병, 불안으로부터 자유롭게 하는 것은 인간의 의무이다. 이를 위해 인간은 세상을 거부하지 말고 그 안에서 사랑과 건강, 평온을 증진시켜야 한다. 이러한 이상적인 상태는 영원히 믿을 수 있는 원천으로부터 흘러나오는 자체적인 기쁨을 만들어낸다.

집착에서 벗어남

인간은 소중한 것을 잃었을 때 슬퍼하고 그것을 잃을까봐 두려워한다. 좋아하는 것으로부터 자유로운 사람은 슬픔을 겪지 않으며 두려워할 일도 없다.

그렇지만 좋아하는 것과 싫어하는 것이 어떻게 없을 수 있을까? 아마 불가능할 것이다. 하지만 강력한 소망은 대가를 수반한다는 사실을 잊지 말아야 한다. 무언가에 집착하면 그것을 잃을까봐 두려워지는 게 당연하다. 삶의 무상한 본질을 깨닫고 우리에게 일어나는 모든 일을 받아들임으로써 집착을 줄이고 두려움과 불행도 막을 수 있다.

극기

극기는 실로 중요하다. 다음 구절은 그것을 잘 나타내준다.

"에너지, 각성, 자제, 극기를 통해 현명한 사람은 홍수에도 휩쓸리지 않는 섬을 만든다."

"혼자서 있을 수 있고, 혼자서 쉴 수 있고, 자신의 소중한 일에 쉽게 지치지 않는 사람은 소망의 숲 언저리에서 스스로 자제하며 기쁘게 산다."

깨달음

정상적인 삶을 떠나 수행자가 되는 게 부러워 보일 수도 있다. 그러나《법구경》은 고독한 도피가 자기중심 또는 두려움의 신호라고 말한다. 그보다는 일, 가족과 함께하는 삶을 어렵게 하는 것을 찾아내 그것을 적절히 해결하는 편이 낫다. 이를 통해 인간은 깨달음을 얻을 것이다.

응보와 응보를 피하는 법

다음 두 문장은 아마도《법구경》에서 가장 심오할 것이다. 인간의 삶과 인간관계의 모든 면을 함축하고 있기 때문이다.

"증오는 증오로 정복되지 않는다. 증오는 사랑으로만 정복된다. 이는 영원의 법칙이다."

"평온으로 분노를 이기고, 선으로 악을 이겨라. 베푸는 것으로 자린고비를 이기고, 진리로 거짓말쟁이를 이겨라."

이것은 행동을 취하지 말라는 것이 아니라 어떤 일이 일어나든 그저 '감정적인 대응'이 아닌 의식적으로 선택된 대응을 하라는 뜻이다.

비난을 삶의 현실로 받아들이기

우리는 모든 사람을 기쁘게 할 수 없다. 그저 자신의 일과 본연의 모습에 충실하면 된다. 더불어 다른 사람으로부터의 좋은 평가에도 초연해져라.

"사람들은 침묵하는 자를 헐뜯고, 말 많은 자를 헐뜯으며, 적당히 말하는 자도 헐뜯는다. 이 세상에 비난받지 않고 살 수 있는 사람은 아무도 없다."

길이란 무엇인가

사람들은 불교를 염세적인 종교로 오해하는 경우가 많다. 이것은 제20장의 다섯 번째 말씀인 '길' 때문이다. 고전적인 해석은 다음과 같다. "모든 것이 덧없고 슬프다. 이것을 깨닫는 자는 불행에서 벗어난다. 이것은 분명한 길이다." 서양문화는 이 문장을 가리켜 불교가 삶을 고통으로 인식한다고 풀이한다. 그러나 클리어리가 자신의 번역본에서 설명하듯이 불교는 천성적으로 낙천적이며, 개인과 인류가 어리석음과 두려움에서 벗어날 수 있다고 믿는다.

만약 독립적인 마음을 지니고, 환경에 대한 자동적인 반응체가 되지 않는다면 삶은 고통과 함께하지 않을 것이다. '해탈'은 세속적 감각을 망각하는 것이 아니라 온전히 독립된 존재로 세상 속에서 살아갈 상태가 되었음을 뜻한다. 고대 인도의 통속어 팔리어Pali로 해탈nirvana은 탐욕과 증오, 자만, 착각, 의심, 독단적인 의견의 '소멸'을 뜻한다.

불교의 유명한 '4성제'는 고통과의 단절을 보장하는 중심사상이다.

- 고통과 슬픔은 인간의 조건화된 상태이다.
- 고통에는 원인이 있다.
- 고통에는 끝이 있다.
- 고통을 끝내는 길은 해탈을 향한 8가지 길, 팔정도八正道를 걷는 것이다.

팔정도는 다음과 같다.

1. 정견定見 올바로 보는 것
2. 정사유正思惟 올바로 생각하는 것
3. 정어正語 올바로 말하는 것
4. 정업正業 올바로 생활하는 것
5. 정명正命 올바로 목숨을 유지하는 것
6. 정정진正精進 올바로 노력하는 것
7. 정념正念 올바로 기억하고 생각하는 것

8. 정정正定 올바로 집중하는 것

간추린 평

쓰인 지 2,500년이나 지난 책이 현대인들을 즉시 변화시킬 만한 식견을 담고 있다는 게 정말 놀랍다. 부처의 가르침은 지금도 시의적절하며 신선하기까지 하다. 교리와 의식이 부족한 불교의 특징은 오히려 현대인의 삶과 완벽히 들어맞는다. 전통과 단절된 지 오래이지만 인간은 여전히 영적 차원의 수양을 원하며 불교는 세계 주요 종교 중에서 가장 부담을 덜 준다. 또한 열광적인 것에 저항하는 내재적인 특성도 있다. 불교에 원리주의자들의 목소리가 적은 것도 이 때문이다.

이상하게도 인간은 영적인 진리를 신학자들만이 이해할 수 있는 난해한 것으로 생각하기 쉽다. 그러나 《법구경》의 말씀은 영적인 진리가 얼마나 비학문적일 수 있는지를 확실히 보여준다. 그저 평범해 보이는 《법구경》의 말씀이 실제로는 상상 가능한 최고의 삶을 약속하는 분명한 가르침이 될 것이다.

📖 함께 읽으면 좋은 책
《달라이 라마의 행복론》《도덕경》

BOOK 26

주변을 정리하면 인생도 정리된다

《인생이 빛나는 정리의 마법》

The Life-Changing Magic of Tidying Up

"물건과 공간을 대하는 방식은 우리 자신의 많은 부분을 드러낸다.
환경을 바꾸면 삶을 바꿀 수 있다."

곤도 마리에 近藤麻理惠

1985년에 도쿄에서 가족 중 둘째 아이로 태어났다. 어린 시절에 가정에서
뿐만 아니라 학교에서도 물건을 정돈하는 일에 심취했다. 도쿄여자대학교
에서 사회학을 전공하면서 정리 컨설턴트로 활동하기 시작했다. 신사에서
몇 년 동안 일하기도 했다. 《인생이 빛나는 정리의 마법》은 2010년에 일본에서
출간된 이후 베스트셀러가 되었다. 미국에서는 《뉴욕 타임스》 기자인 페넬로페 그린 Penelope Green이
그녀의 정리법 몇 가지를 실천해보고 기사를 발표한 후 책 판매가 탄력을 받기 시작했으며, 지금까지
400만 부가 넘게 팔렸다.

"나는 절대 방을 정리하지 않는다. 왜일까? 이미 정리돼 있기 때문이다. 일 년에 많아야 한두 차례 방을 정리하며 그마저도 매번 한 시간을 넘지 않는다. 지속되는 효과도 없이 정리를 하느라 보냈던 많은 날을 지금 생각하면 믿기 어렵다. 반면 지금은 행복하고 만족스럽다. 신선하고 깨끗한 공기가 느껴지는 나의 조용한 공간에 앉아서 허브티를 음미하며 하루를 돌아보는 시간을 가지면 더없는 행복을 느낄 수 있다."

"추억이 깃든 물건을 만져보며 무엇을 버릴지 결정하면 과거를 돌아보게 된다. 이 물건을 버리지 않고 서랍이나 마분지 상자에 던져 넣는다면, 과거에 붙잡혀서 지금 여기에 집중하여 살아가지 못한다. 물건을 제대로 정리하는 일은 과거를 제대로 정리하는 것과 마찬가지이다. 다음 단계로 나아갈 수 있도록 삶을 재설정하고 밀린 장부를 청산하는 일과 같다."

어린 시절 곤도 마리에는 여성 생활 잡지를 즐겨 읽었고, 최신 수납 비법이나 청소 비결을 꼼꼼하게 살펴봤다. 학교에서는 책꽂이 정리하기를 좋아했고 집에서는 물건을 어딘가에 넣어두거나 버려서 부모와 형제들을 화나게 하곤 했다. 그녀는 중학생 때 다츠미 나기사辰巳 渚의《버리는 기술'捨てる!' 技術》이라는 책을 만나면서 정리 철학을 발전시키기 시작했다.

그녀가 일본에서 가장 유명한 '정리 컨설턴트'가 되자 사람들은 그녀가 '정리'를 직업으로 삼았다는 사실을 놀랍게 여겼다. 모두들

학습할 필요가 없다고 생각하는 분야였기 때문이다. 일본에서는 가정 과목 교육과정을 통해 학생들에게 요리나 바느질을 가르치지만 정리는 경험으로 배우는 영역이며, 훈련이 필요하지 않다는 가정하에 굳이 다루지 않는다. 그러나 정리라는 분야에는 저절로 깨우치기 힘든 기술과 논리가 있다.

실제로 마리에의 이름에서 따온 '곤마리KonMari' 식 정리법은 기술이라기보다 철학에 가깝기 때문에 파급력이 있었다.《인생이 빛나는 정리의 마법》을 읽다 보면 이 책의 심리적, 영적 측면에 놀라게 되지만, 그 영역을 다루는 이유가 있다. 결국 그녀의 말대로 "집을 정리하는 일은 주변에서 일어나는 일들과 과거를 정리하는 셈"이기 때문이다.

"당신이 알고 있는 정리법은 모두 틀렸다."

마리에가 여성지에서 정리에 관한 조언을 읽을 때마다 항상 "최상의 상태를 유지하기 위해 매일 조금씩 정리하라"는 말이 나왔다. 만약 필요 없는 물건을 하루에 하나씩 버린다면 일 년이면 365개를 버리는 셈이다.

그러나 항상 새로운 물건을 샀기 때문에 물건을 버린다고 해도 그 자리는 금세 더 많은 물건으로 채워졌다. 얼마 지나지 않아 그녀는 정리를 한 번에 집중하여 진행해야 한다는 사실을 발견했다. 한바탕 정리를 하고 나면 마음속에 깊은 인상이 남아서 이전의 어수

선한 상태로 돌아가고 싶지 않게 된다. 사람들은 정리가 매일 해야 하는 일이 아니라는 사실에 충격을 받는다. 정리는 끝없는 집안일이 아니라 특별한 행사라고 생각해야 한다. 물론 매일 물건을 제자리에 갖다 놓아야 하지만, 변화를 위한 정리나 재배치는 한 번에 끝내는 일이다.

우리는 정리를 신체적인 노동이라고 생각하지만 사실은 어떤 물건을 계속 가지고 있을지 버릴지 결정하는 정신적인 노동이 차지하는 비중이 훨씬 크다. 마리에가 '무엇을 어디에 둘지' 가르쳐주고 훌륭한 수납 방법을 알려줄 것이라고 기대하는 고객도 있다. 그러나 '수납 해결책'은 소유물과 맺는 정신적인 관계라는 근본적인 문제를 방치하는 피상적인 방법이며, 이른바 '수납 전문가'라고 불리는 이들은 사람들이 물건을 쌓아두도록 부추긴다. 진정한 해결책은 어떤 물건이 남겨둘 가치가 있는지 신중하게 생각하는 것이다. 그래야 앞으로 새로운 물건을 집에 들여오는 문제를 더 숙고하게 만든다.

어수선한 방에는 심리적인 이유가 있다. 내면의 어지러운 정신 공간이라는 근본적 문제가 아닌 다른 곳으로 우리의 관심을 돌리게 만든다. 반면 마리에는 "방이 깨끗하고 정돈되어 있으면 내적 상태를 돌아볼 수밖에 없다. 회피하고 있던 문제를 발견하고 그것을 다뤄야만 하는 상황에 놓인다"라는 사실을 발견했다. 따라서 제대로 정리하기 시작하면 연쇄적으로 생각이 정리되고 삶이 재설계된다. 그녀의 고객 중 많은 사람이 소유물의 5분의 4를 버리는데도 버린 물건을 그리워하지 않는다. 물론 어떤 사람들은 자기가 필요한 물건을 버렸다는 사실을 깨닫기도 하지만 모두들 그것을 긍정적으로 생각한다. 그들이 경험하는 정신적 해방감이 잃은 물건보다 훨씬 중요하기 때문이다.

손에 잡히는 기쁨

마리에는 "일 년 동안 쓰지 않았다면 버려라"와 같이 버려야 할 것을 골라내는 법칙을 수없이 시도해보았다. 그녀는 가끔 신경질적일 정도로 꾸준하게 버리는 일에 매진했지만 생활공간은 절대로 깔끔해지지 않았다. 하루는 절망에 싸여 침대에 털썩 누웠다가 자기의 초점이 완전히 잘못됐다는 사실을 깨달았다. 무엇을 버릴지가 아니라 무엇을 남길지 생각했어야 했다. 정말 좋아하는 물건이 무엇인가? 어떤 물건이 기쁨을 불러오는가? 그녀는 이 방법을 실천할 때 선반에 있는 물건을 눈으로만 보면서 결정하지 말고 물건을 하나하나 들어서 만져보는 행동이 핵심이라는 점을 발견했다. 그 물건을 들었을 때 어떤 느낌이 드는가? 예를 들어 옷을 집어 들어보면 몸의 반응이 느껴질 것이다. 나를 행복하게 하는 옷은 무엇이며 그렇지 않은 옷은 무엇인가.

손에 들어본 물건이 기쁨을 주지 않지만 버리기가 힘든 경우에는 두 가지 이유가 있다. 과거를 포기할 수 없거나 미래를 받아들이기 두려운 경우이다. 스스로에게 정직하다면 소유물 중 많은 부분이 자기를 어떤 대상에 집착하게 만들어서 지금 정말 필요한 것을 얻지 못하게 한다는 사실을 깨달을 것이다. 스스로 한 선택이지만 더 이상 자신이라고 생각하지 않는 모습에 직면해야 하기 때문에 당연히 이 과정이 고통스러울 수 있다. 물건으로 가득찬 집은 이전에 했던 선택이 저장된 창고와 같다. 소유물을 하나씩 살펴보며 오늘 자신의 모습을 나타내는 물건이 무엇인지 선택하는 일은 내 결정에 달렸다.

기쁨을 불러일으키지 않는 사물이나 종이 한 장, 사진을 발견했을 때 우리의 이성은 미래에 필요할 수도 있다거나 버리면 쓰레기가 된다는 등 그것을 가지고 있어야 하는 이유를 만들어낼 것이다. 잘 맞지 않아서 거의 입지 않지만 버리기에는 너무 좋은 옷을 보았다면, 처음 그 옷을 샀을 때 느낀 기쁨에 감사하거나 어떤 옷이 나에게 어울리지 않는지 가르쳐준 것에 감사하면 된다. 어떤 물건이 더 이상 기쁨을 주지 않을 때, 그것을 버리기 전에 나름의 할 일을 다해준 데 감사하라. 이 감사는 그 에너지가 우리가 사랑하는 새로운 물건이나, 새로운 사람이나 관계 등 다른 형태로 다시 돌아올 것이라는 확신을 준다. 새롭고 가치 있고 삶을 긍정적으로 바라보게 하는 물건은 오래된 물건에 대한 애착을 버린 뒤에야 찾아온다는 점을 기억하라. 버린 물건도 어두운 선반에서 해방시켜준 우리에게 감사할 것이다. 물질과 에너지는 사용받기를 요구한다.

마리에는 '나는 어수선하지 않게 살고 싶다'라는 목표를 세우는 것만으로는 부족하다고 말한다. 자신이 원하는 생활방식을 마음속에 그려봐야 한다. 정리된 집을 둘러볼 때 어떤 느낌이 들지, 그리고 그 질서와 아름다움이 우리 일상에 어떤 영감을 줄지 마음에 그려보라. 그녀가 만난 여자 고객 중 한 명은 다다미 일곱 장 크기, 즉 3.5평 크기인 방에 살면서 잡동사니를 너무 많이 들여놓아서 밤에 잠을 자려면 침대에서 물건을 치우고 아침에 도로 침대에 쌓아두어야 할 정도였다. 그 고객은 '좀 더 여성스러운 생활방식'을 꿈꿨다. 방을 분홍색 침구와 골동품 전등으로 호텔 스위트룸처럼 꾸미고, 하루를 마치면 클래식 음악을 들으며 아로마 오일로 목욕을 한 뒤 "서두르지 않는 여유를 즐기며 잠에 들고 싶다"라고 했다. 목표는 이와 다를 수 있지만, 목표가 있다는 사실이 중요하다.

다음 단계는 왜 그런 방식으로 살고 싶은지 스스로 질문하는 것이다. '다음 날 출근을 위해 재충전할 수 있는 편안한 환경을 원한다'와 같이 자명한 이유를 넘어서 깊게 파헤쳐보면 변화를 원하는 간단한 이유를 발견할 것이다. 우리는 행복해지고 싶고, 아름다운 생활공간은 그 목표를 이룰 수 있는 수단이다.

구체적인 방법

마리에는 많은 사람이 정리에 실패하는 이유가 소유물이 얼마나 많은지 모르기 때문이라고 한다. 책을 예로 들면, 방 여러 개에 퍼져 있기 때문에 실제 자기가 가진 것보다 더 적다고 생각하게 된다. 한 번에 방 하나만 정리하면 "절대로 총량을 파악할 수 없기 때문에 결코 정리를 끝낼 수 없다." 범주에 따라 정리하는 방법이 훨씬 효과가 있다.

옷을 무차별적으로 버리면 입을 옷이 하나도 남지 않을 것이라는 걱정이 들 수도 있다. 그러나 마리에는 정말 필요한 것은 남는다고 설득한다. 옷을 버릴 때는 '그 옷이 아직도 완벽하게 사용할 수 있는 상태'라는 생각이 가장 큰 장애물이다. 그녀의 고객 몇 명은 '집에서만 입을 옷'을 남겨도 되느냐고 묻기도 한다. 만약 이를 허락했다면 옷장에 절대 입지 않을 '평상복'이 가득 찼을 것이다. 평상복이 필요하다면 입었을 때 편안하도록 디자인된 실내 전용 의복을 구입하라. 사람들은 집에서는 늘어난 운동복을 입어도 괜찮다고 생각하지만 자아상에는 아무런 유익이 없다. 노동, 여가생활, 운동을 할 때 입는 옷 한 벌을 장만하고, 집에서 쉴 때 입는 옷 한 벌을 따로 마련하라. 쓰레기통으로 가야 할 만큼 끔찍하게 오래된 '편한' 옷을 입고 집안을 어슬렁거리지는 말라.

옷을 옷장에 던져 넣거나 서랍에 쑤셔 넣지 말고, 시간을 들여서 바르게 개면서 몸을 보호해준 것에 감사하는 마음을 가져라. 일본인들이 옷 개는 일을 중요시 하는 데는 이유가 있다. 옷 개기는 정말 시간낭비일까? 마리에는 사실 사람들이 옷 개는 방법을 올바르게 배운다면 그 일을 즐기게 된다고 말한다. 모든 옷은 쓰레기처럼 취급받지 않고 잘 접히기를 원한다. 그녀는 고등학생 시절에도 자기 물건을 살아 있는 것처럼 대했다. 이 태도는 그녀가 물건과 맺는 관계를 바꿔놓았다. 소유물에 그것이 속한 전용 공간을 줌으로써 존중하고 사랑하라. 매일 봉사해준 것에 감사하라.

그녀의 고객 중에는 책을 좋아하는 사람들이 많았다. 첫 번째로 그녀는 책의 양에 상관없이 모든 책을 바닥에 꺼내놓으라고 한다. 책을 선반에 그대로 둔 채 남기고 싶은 책을 고르는 편이 더 쉽지 않을까? 그럴 수도 있지만, 책이 선반에 있으면 우리에게 기쁨을 주는지 않는지 알 수 없다. 책을 집어든 다음, 읽는 것이 아니라 손에 쥐고 생각해봐야 한다. 책과 나 사이에 약간의 소통이 오가야 한다. 만약 그런 것이 없다면 보내줘야 할 책이다. 모든 책이 사랑받는 책장이 있다면 어떨지 상상해보라. 멋진 모음집이 되지 않겠는가? 읽지 않은 책도 읽은 책처럼 가차 없이 판단해야 한다. 지금까지 읽지 않았다면 아마 앞으로도 읽지 않을 것이기 때문에 버릴 수 있으며, 읽다 만 책도 마찬가지다. 만약 버린 다음에 실수했다는 느낌이 든다고 해도 언제든지 또 한 권 살 수 있다. 더 중요한 점은 우리에게 무엇이 중요한지 배웠다는 사실이다.

마리에는 일부 사람들이 문서를 분류하고 철하는 상세한 체계를 언급한 다음, "종이를 다루는 나의 기본 원칙은 모두 버리는 것이다"라는 충격적인 선언을 한다. 배우자가 보낸 연애편지나 학위 증서를 제외한 대부분의 종이는 기쁨을 주지 않으며 일정 시간이 지난 이후에는 가지고 있을 필요가 없다. 그녀는 "집 안 구석구석에 종이가 눈덩이처럼 쌓여 있는 곳이 있기 마련이다"라고 말한다. 학교에 제출해야 할 양식이나 답장을 써야 할 편지를 포함한 모든 종이를 꺼내서 집 안의 한 장소에 모으라. 다른 모든 불필요한 종이를 제외하고 주택계약서, 보험계약서를 비롯한 증서와 같이 중요한 문서만 하나의 투명 플라스틱 폴더에 넣어 보이지 않는 곳에 보관하라.

그녀는 신용카드 고지서, 보증서, 감사카드, 다 쓴 수표책, 휴대전화 상자, 전기 코드, 화장품 샘플, 무료 체험 제품, 코모노(단추, 고무줄, 열쇠고리 같은 잡동사니를 뜻하는 일본말), 선물을 처리하는 방법도 조언한다. 누군가 나를 생각해서 준 물건을 그냥 갖다 버릴 수는 없지 않은가? 사실은 선물을 주고받는 일은 감정을 동반하며 선물을 받는 기쁨이 가장 중요한 부분이다. 그 물건이 지금 쓸모가 있거나 취향에 맞는지는 부차적인 문제이기 때문에 버리는 데 죄책감을 느낄 필요가 없다. 같은 방식으로 자녀가 옛날에 준 선물이나 학교에서 써온 편지를 보관할 필요도 없다. 오래된 물건에 집착하는 것은 언제나 지금 일어나는 멋진 순간과 기회를 놓친다는 의미이다. 나이가 들어서 사진을 훑어볼 날을 기다리며 상자에 보관하지 마라. 모든 사진을 하나씩 손에 쥐어보며 어떤 의미가 있는지 생각해보라. 명절에 찍은 사진은 거의 풍경 사진이거나 같은 대상을 여러 장 찍은 것이기 때문에 버릴 수 있다. 남은 사진은 상자가 아니라 앨범에 넣어 소중하게 보관해야 한다.

간추린 평

마리에는 절대 자신만만했던 적이 없지만, 적어도 사람을 둘러싸는 사물과 공간의 힘은 완전히 이해했다고 고백한다. 이러한 공간이 아름다워질 때 엄청난 자신감과 긍정적인 시각이 생긴다. 마리에는 모든 것에 고유의 힘이 있기 때문에 사물과 그것이 존재하는 공간을 존중해야 한다고 가르치는 일본 풍수학의 영향을 받았다고 스스로 인정한다. 이 철학에 따르면 우리에게 기쁨을 불러일으키는 것만 주변에 두는 일이 당연하다.

물건을 쌓아두는 사람이나 강박적인 청소 장애가 있는 사람을 보면 소유물과 공간이 정신상태를 얼마나 정확하게 반영하는지 알 수 있다. 그런 사람들에게 우월감을 느끼거나 연민을 느끼기가 쉽지만 실제로는 우리 자신의 집도 두려움, 망상, 집착, 방어를 보여준다. 삶이 잘 흘러가고 있다면 집도 그 모습을 나타낼 것이다. 그러나 이 책에서 곤도 마리에가 강조하는 역설은 정리가 매일 강박적으로 할 일이 아니라는 점이다. 인생에는 정리 말고도 해야 할 중요한 일들이 있다. 아름답고 정돈된 집은 우리 모두가 바라는 명료하고 행복한 삶의 기반을 제공한다.

📖 함께 읽으면 좋은 책
《간절히 그렇다고 생각하면 반드시 그렇게 된다》《영혼의 돌봄》

BOOK 27

일상에서 기적을 일으키다
《리얼 매직》

Real Magic
: Creating Miracles in Everyday Life

> "향상된 자아와 인생의 목표를 결합시키면
> 기적 같은 일이 일어난다."

웨인 다이어 Wayne Dyer

1940년 미시간주 디트로이트에서 삼형제의 막내로 태어난 웨인 다이어는 어린 시절의 대부분을 아동보호시설에서 보냈다. 디트로이트에서 대학을 마친 후 아이들을 가르치는 선생님이 되었으며, 학생상담학 석사학위를 받았다. 그는 뉴욕의 세인트존스대학교 부교수를 비롯, 6년간 교수로 지냈으며 그동안 세 권의 책을 펴냈다. 그중에서 《행복한 이기주의자》는 미시시피주 빌럭시에서 아버지의 무덤을 찾아낸 직후에 쓴 것으로, 1년간 이 책을 열심히 판촉한 끝에 베스트셀러 반열에 올랐다. 다른 저서로는 《리얼 매직》, 《믿는 만큼 보인다》, 《의도의 힘》 등이 있다. 다이어는 전세계에서 가장 많이 읽히는 자기계발 작가로서 많은 이에게 영감을 주고 있다.

"나의 지나온 인생을 현재의 시점에서 뒤돌아보면 내 인생의 모든 면들이 다 필요하고 완벽했다는 사실을 알 수 있다. 때로는 장애물이나 고역처럼 여겨지는 계단도 결국 더 높은 곳으로 향한다."

"주변에 아팠다가 건강해졌거나 뚱뚱했다가 날씬해졌거나 중독에 빠졌다가 빠져나왔거나 가난했다가 부자가 되었거나 기술이 없다가 생겼거나 불행했다가 행복해졌거나 불만스러웠다가 만족감을 얻은 사람들을 찾아보라. 그들이 보여준 능력은 보편적인 인간이 지닌 능력일 뿐이다. (중략) 1954년 이전에는 소아마비 약이 없었고 1745년 이전에는 비행기가 없었던 것처럼 예전에는 없었던 것을 만들어낼 수 있는 모든 인간의 개별적인 특성은 인류의 가능성을 위해서도 꼭 필요하다."

웨인 다이어는 많은 사랑을 받는 베스트셀러 작가였으며, 친구인 디팩 초프라, 앤서니 라빈스, 존 그레이, 《천상의 예언》을 쓴 제임스 레드필드와 함께 삶의 변화라는 거대한 물결을 일으킨 다작의 작가이다. 《행복한 이기주의자》라는 첫 책이 성공하면서 그는 명망 높은 학계를 떠나 토크쇼와 책 사인회의 영역으로 들어섰다.

    그가 쓴 가장 완전하고 훌륭한 책은 단연 《리얼 매직》이다. 이 책은 동서양 최고의 사상가들로부터 자유롭게 빌린 놀라운 식견을 통해 진정한 삶을 위한 자기실현 방법을 소개한다.

리얼 매직이란 무엇인가

'리얼 매직real magic'이라는 용어를 처음 쓴 사람은 탈출마술의 명수 해리 후디니이다. 그는 자신의 대부분의 마술이 환각을 이용한 것이지만, 나머지 일부 마술은 자기 자신도 설명할 수 없는 진짜 마술, 즉 '리얼 매직'이라고 불렀다. 다이어는 이것을 다른 모든 사람도 일상에서 기적을 일으킬 수 있는 마술사가 될 수 있다는 역설적인 진리로 받아들였다.

다소 억지처럼 들릴지 모르나 다이어는 이것을 단순히 인간의 존재적 정의를 바꾸는 문제로 본다. 그는 삐에르 떼이야르 드 샤르댕의 말을 인용하며 "우리는 정신적 경험을 하는 인간적 존재가 아니라, 인간적 경험을 하는 정신적 존재다"라고 말한다.

이 책은 우리의 인생에서 '불가능'을 없애고, 그저 목표설정이나 강력한 믿음을 제안하기보다, 우리가 어떤 사람이고 무슨 일을 할 수 있는지에 대한 강력한 '인식'을 계발하는 법을 보여준다. 이처럼 고양된 인식상태에서는 인생목표가 더욱 뚜렷해지고, 보다 정신적인 인간관계를 맺으며, '몰입' 상태로 일을 하고, 좀더 쉽게 결단을 내린다.

그는 인생에서 우연은 없다고 딱 잘라 말한다. 인간의 모든 경험은 아무리 괴롭더라도 결국에는 더 높은 기치로 인산을 이끈다. 되돌아보면 늘 모든 것이 이해되고, 전체 계획의 일부였음을 깨달을 것이다.

인생목적 각성과 기적 일으키기

《리얼 매직》은 무엇보다 우리 각자가 가진 독특한 인생의 목적을 깨달아야 한다고 강조한다. 인간은 다음의 세 가지 방식을 통해 인생과 자신에 대해 배우거나 깨닫는다.

- 고통을 통한 깨달음 "왜 하필 나야"의 방식이라고 할 수 있다. 고통스러운 사건을 통해 배우는 것이다. 그러나 오로지 고통만이 유일한 선생일 경우 기적을 향한 어떠한 가능성도 열리지 않는다.
- 결과를 통한 깨달음 이 길을 걷는 사람은 인생의 목표와 야망을 가진다. 고통을 통한 깨달음보다는 낫지만 여전히 반응적이고 투쟁적인 자세를 취하며 기적을 빚어내는 고차원의 깨달음을 놓친다.
- 목적을 통한 깨달음 우주만물은 각자의 목적을 지니며, 진정한 목적에 따라 살아가는 인간은 인생과 격투를 벌이는 대신, 자신의 바람이 기적처럼 이뤄지는 계단을 오르기 시작한다.

일을 할 때 시간이 언제 지나는지도 모르는 새 지나는가? 내일 당장 억만장자가 되더라도 지금 하는 일을 계속 하고 싶을 만큼 지금 하는 일이 좋은가? 그렇다면 당신은 '목적' 있는 삶을 사는 사람이다. 다이어는 프랑스 철학자 몽테뉴의 말을 인용하여, "인간이 만든 위대하고 고귀한 걸작은 목적 있는 삶을 사는 일이다"라고 말한다.

당신은 그냥저냥 사는가, 아니면 당신만의 걸작을 만들고 있는가? 인생의 목적을 깨닫는 것과는 별개로 아래와 같은 방법을 통해 기적을 일으키는 마음을 가질 수 있다.

- 판단유보("당신의 판단은 누군가를 정의하는 것이 아니라 당신을 정의한다.")
- 직관계발
- 의도가 현실을 만들어낸다는 사실 인식하기
- 우주가 저절로 필요한 것을 가져다주도록 내버려두기

무엇보다 중요한 것은 우리가 하는 일과 그로 인한 보상을 서로 연관시키지 않는 것이다. 바라는 것이 많은 문화의 특성상 쉽지만은 않다. 하지만 다이어는 "야망이 성공의 손톱을 물어뜯는다"는 낯설지만 틀림없는 금언을 인용한다. 우리는 억지로 기적이 일어나게 할 수는 없다. 다만 우리가 하는 일이 가져다주는 보상이 아닌, 그 일 자체에 온전히 집중함으로써 기적이 저절로 일어나도록 해야 한다. 미래에 대한 느긋한 목표를 갖되, 그것이 현재 하고 있는 일을 방해하지 못하도록 하라.

타인은 선물이다

인생의 목적은 인간에게 사랑이 넘치는 삶을 가져다준다. 또한 다이어는 인간의 모든 관계가 '하느님의 필요'에서 비롯되었다고 말한다. 우리가 맺는 관계는 이미 맺어지도록 계획된 것이다. 정신적 동반자들은 공통된 겉모습을 초월하여 그들과의 관계는 서로의 영혼을 진화시킨다. 이러한 시각으로 타인을 단순한 인간이 아닌 우리가 받은 선물로 대하게 된다. 그리고 그들에게 옳은 사람이기보다 친절한 사람이 되고자 노력한다. 우리는 상대가 원하는 최대한의 공간과 시간을 제공하며, 그것은 인간관계를 더욱 새롭게 만든다.

또한 우리는 모든 인간이 신비한 존재임을 알고 있기 때문에 더이상 그들을 이해할 필요가 없으며 '이해하기 어려운 존재를 경외'할 뿐이다.

그가 말하는 개념 중에 '번영prosperity'은 특히 유익하다. 대부분의 사람들은 돈을 많이 벌지 아닐지를 염려한다. 그러나 그는 인간이 '소유'에 집착해서는 안 되며 "번영으로 향하는 길은 없다. 번영 자체가 길이기 때문이다"라고 말한다. 번영은 결핍과 마찬가지로 마음의 상태를 반영한 경우가 많다. 이것은 얼마나 많이 가졌는지에 대한 문제가 아니라 어떤 존재가 되는지에 대한 문제이다. 풍요로운 번영의식을 지닌 사람은 이미 가진 것에 만족할 줄 안다.《성서》에서도 "가진 사람이 더 많이 받는다"라고 말하지 않는가.

반대로 궁핍한 빈곤의식을 지닌 사람은 늘 자신이 가진 것을 부족하게 여기며, 그것은 실제 상황으로 명백히 드러난다. 다이어는 제임스 알렌의 말을 인용하며, "상황이 인간을 만드는 것이 아니라, 인간의 내면이 상황으로 드러나는 것뿐이다"라고 말한다. 민감한

이 말은 자칫 가난한 사람은 다 그럴 만하다는 뜻으로 해석될 수도 있다. 그러나 그는 이를 분명하게 구분한다. 모두가 똑같이 파산했을 때 '빈곤의식'을 가진 사람은 자신이 곤경에 처한 것을 매번 '주변의 탓'으로 돌린다. 그러나 목적을 지닌 사람은 변함없이 남을 위해 베풀며 번영의 흐름에 승차하는 확실한 길을 택한다. 내가 번 것의 10퍼센트를 남을 위해 쓰는 것만으로도 그것을 이룰 수 있다.

나는 어떤 모습으로 예정되었나

《리얼 매직》은 개인에 대한 정의도 놓치지 않는다. 현재 우리의 특성은 커다란 돌 안에 갇혀 있으며, 스스로를 재발견할 수 있다는 사실을 깨닫기 전에는 결코 마술로 가득 찬 인생을 살 수 없다고 한다. 우리의 희미한 직관이나 가능성에 대한 내면의 목소리는 우리가 인정하는 것보다 훨씬 더 많이 우리에 대해 알고 있다. 그것을 소중히 하고 그것이 자라도록 하라. 부족한 것에 초점을 맞추는 대신 "우리는 이미 다 갖추고 있다"는 생각을 가짐으로써 성장은 이루어진다. 우리의 특성을 재발견하는 것은 진실하고 위대한 자아를 더 많이 공중으로 분출시키는 걸 뜻한다.

간추린 평

이 밖에도《리얼 매직》에는 육체적 건강을 이루는 법과 '영적 존재가 되는 법', '영적 혁명'에 대한 훌륭한 조언들이 실려 있다. 다이어는 비물리적인 것을 말하면서도 그것이 지나치게 진지하거나 신비롭게 들리지 않도록 하는 탁월한 재능을 지녔다. 그는 자신의 개념을 설명하기 위해 정신과의 임상경험과 동서양의 종교적 인물, 철학과 양자물리학까지 동원하지만 어려운 설명은 피한다.

지극히 개인적인 그의 문체는 수백만 독자를 사로잡았다. 또한 독자들은 가족의 삶에서 인내심을 앗아가는 순간을 영적인 길과 결합시키려 한 인물로 그를 기억한다. 실제로 그는 어느 대중강연에서 문에 꾸부정하게 기댄 자신의 사춘기 딸이 "아빠가 자녀교육에 관한 글을 썼다면서? 말도 안 돼!"라고 말한 일화를 아무렇지도 않게 이야기할 수 있었다.

그의 비결은 명상이다. 그는 프랑스 철학자 파스칼을 인용하길 좋아한다. "방 안에 혼자 조용히 앉아 있지 못할 때 모든 불행은 시작된다." 만약 방 안에 혼자 조용히 앉아 있지 못한다면, 이 책을 읽는 게 좋은 대안일 것이다.

📖 함께 읽으면 좋은 책
《바가바드 기타》《풍요로운 삶을 위한 일곱 가지 지혜》
《치유: 있는 그대로의 나를 사랑하라》《인간현상》

BOOK 28

결국 사랑으로 되돌아간다

《사랑의 기적》

A Return to Love

"신께 오롯이 의존하고
자기 자신을 사랑하기로 결심할 때 기적은 일어난다."

마리안느 윌리암슨 Marianne Williamson

캘리포니아의 퍼모나대학교에서 2년간 철학과 연극을 공부했으며, 그 후 몇 년간 여유롭고 느긋한 삶을 살았다. 윌리암슨은 1983년 헬렌 슈크만 교수의 저서 《기적수업》을 강의하기 시작하면서 갑자기 유명해졌다. 그녀는 강의에서 《기적수업》의 원리들에 대해 가르치고 그것들을 일상생활에 적용하는 법에 대해 논의했는데, 《사랑의 기적》은 10여 년에 걸친 그녀의 《기적수업》 강의에 대한 결실이자 집약판이다. 그녀의 첫 번째 책 《사랑의 기적》은 1992년 35주 동안 《뉴욕 타임스》 베스트셀러 목록에 올랐으며, 그해 미국에서 다섯 번째로 많이 팔린 책이 되었다. 그 후에 나온 《울고 있는 여성, 당신은 우주의 어머니 A Woman's Worth》도 베스트셀러가 되었으며, 기도와 명상에 관한 《일루미나타 Illuminata》도 뜨거운 반응을 얻었다. 이처럼 다른 저서들이 《뉴욕 타임스》 베스트셀러 1위를 기록하기 시작하자, 그녀는 〈오프라 윈프리 쇼〉에도 출연해 자신의 강의와 《기적수업》의 원리들에 대해 설명하면서 엄청난 대중적 호응을 얻었다.

"진지한 사랑은 근본적 시야이자 세상을 다스리는 심리적 지향의 주요 출발선이다. 사랑은 너무나 거대한 나머지 위협적이기까지 하다."

"대인관계는 인간의 숙제이다. 대인관계는 인간의 깨달음, 성령의 청사진을 위한 방대한 계획의 일부이며, 이것은 인간의 모든 영혼을 더욱 고귀한 인식과 폭넓은 사랑으로 이끈다."

자멸적 특징을 지닌 미제너레이션me-generation(자기 위주로 생각하고 행동하는 현대의 젊은 세대)으로 태어난 마리안느 윌리암슨이 자신의 인생을 변화시킬 무언가를 깨달은 것은 20대 중반이었다. 컬럼비아대학교의 의학심리학 교수였던 헬렌 슈크만은 1965년에 자신의 머릿속에서 울리는 예수의 '목소리'를 받아 적기 시작했다. 그 결과 1975년 사랑과 용서를 토대로 한 독학적, 정신적, 심리적 철학서이자 전세계적으로 토론모임을 만들어낸 무려 1,300여 쪽에 달하는 방대한 분량의 《기적수업》이 탄생했다.

그러나 이 책은 영어가 모국어인 미국인들조차 완전히 읽어낸 사람이 드물 정도로, 그 내용의 무게와 깊이가 주요 종교의 경전들 못지않게 무겁고 깊었다. 그래서 독자들의 이해를 돕기 위한 많은 해설서가 생겨났다.

윌리암슨은 슈크만 교수의 《기적수업》을 처음 읽었을 때, 크나큰 충격과 영향을 받았다. 그 책은 폭풍처럼 다가와 그때까지의 인생 행로를 확 바꾸어놓았다. 그녀는 《기적수업》의 원칙들을 온전히 받아들여 자신의 삶에 적용해보고 그것이 궁극의 진리임을 확인한 후, 자신이 깨달은 진리를 널리 알리기 위해 10여 년간 그에 관한 강의와 연설을 펼쳤으며, 마침내 그 결실이 《사랑의 기적》이라는 책으로 출간되었다.

이 책은 《기적수업》을 훌륭하게 요약하면서 저자의 정신적, 영적 깨달음을 열정적으로 드러낸 책이다. 특히 오프라 윈프리가 좋아하는 책으로 알려지면서 《뉴욕 타임스》의 베스트셀러 상위에 올랐으며 6개월 이상 베스트셀러를 차지했다. 개정판 역시 100만 부 이상 판매되었다.

달콤한 항복

1장에서 윌리암슨은 자신의 인생을 완전히 달라지게 한 요인으로 신경쇠약을 들었다. 그녀는 자기 자신을 명분을 위하고 부정에 대항한 투사로 여겼으며 심지어 악으로부터 해방되는 것 역시 강제적인 '도망'으로 여겼다. 그러나 신경쇠약이 심해졌다가 다시 가라앉으면서 그녀는 자유가 인간의 진정한 본성과 특질 속으로 녹아드는 느낌을 받았다고 한다. 이 같은 이야기는 회의적이고 무엇이든 놓치지 않으려 했던 과거 그녀의 강렬한 의지와 연결지어볼 때 상당히 흥미롭다. 다른 사람들처럼 그녀 역시 자신의 세력을 잃는 것을 경계했다.

하지만 자기와 더욱 순수한 자기 사이의 투쟁에서 진정한 자아가 승리했다. 그리고 무언가를 얻고자 했을 때만큼이나 그녀는 자기 자신을 낮추려고 노력했으며, 그것이 바로 정신적인 '항복'이었다.

'인간의 자아'는 고귀함을 사랑하지만 큰 불행을 만들어내기도 한다고 윌리엄슨은 말한다. 인간은 사건과 환경이 우리의 행복을 만들 수도 깨뜨릴 수도 있다고 생각하지만, 깨달음을 얻은 사람은 자신의 내적 상태가 외부적인 것을 바라보는 방식을 결정한다는 걸 잘 안다. 그들에게도 사건은 터지지만 그것을 두려워하지도 심각하게 여기지도 않는다.

윌리엄슨은 인간이 안정적인 내면을 이룰 때 여전히 스릴은 가득하지만 일반적인 것과 다른 유형의 스릴을 맛본다고 말한다. 일반적인 감정의 짐을 벗어던지고 세상을 똑바로 바라보는 데서 오는 스릴이 그것이다. 또한 극적인 드라마와 위기도 존재하지만 그것 모두가 개인적 성장에 기여한다. 결국 인간은 영적이지 못한 인생의 '시시한 드라마'와 이별하게 될 것이다.

인간관계에 대해

《사랑의 기적》에서 가장 중요한 부분은 관계에 관한 것이다. 이 부분을 몇 번이고 다시 읽으면서 앞으로 되고 싶은 모습을 기억해두길 바란다. 이 부분은 모든 사람에게 공감을 얻고 있는데, 특히 '특별한' 인간 간의 관계와 '경건한' 관계의 차이를 명확히 설명하는 부분은 더욱 감동적이다. 인간은 '흠을 잘 찾아내는 존재'라는 특징이 있다. 하지만 비난은 상대의 불안을 증대시킬 뿐 상대를 변화시키지는 못한다. 잘못에 대한 지나친 관심은 나머지 좋은 것들을 보지 못하게 만든다. 조건 없는 사랑은 쉬운 일은 아니지만 풍요로운 보상을 가져다주며, 스스로 평화 안에 머물 수 있는 유일한 길이기도 하다.

《기적수업》에 의하면 성장을 위한 최고의 기회를 제공하는 인간관계는 꼭 풀어야 할 숙제이다. 낭만적인 감정으로 만나는 존재를 영혼의 동반자로 착각하는 것은 잘못된 것이며, 진정한 영혼의 동반자는 우리의 모든 버튼을 눌러 참을성 있고 겸손하고 더 많이 사랑하는 법을 배우도록 우리를 성장시키는 사람이다. 우리를 화나게 만드는 사람이 우리의 가장 소중한 선생님이 되는 경우도 많다. 그러나 인간의 자아는 문제를 일으키지 않고 확실한 즐거움을 제공하며 심오한 관계에 빠지지 않게 해주는 사람들의 유혹에 끌린다.

윌리암슨은 자신이 만났던 사람들과의 이야기를 들려주는데 그녀가 열거하는 비탄과 고뇌의 이야기를 듣다보면, 그녀가 자신의 모든 것을 바로잡아줄 특별한 누군가를 만나길 열망하고 있었다는 걸 쉽게 알 수 있다. 또한 계속해서 페이지를 넘기다보면 그녀가 말하고 있는 이야기가 우리의 삶이자, 우리가 묻고 싶은 질문처럼 보일 것이다. 그렇지만 질문에 대한 대답은 종종 우리가 기대하는 것과는 다르다.

일과 성취에 대해

《사랑의 기적》에서 일에 대한 부분도 흥미롭다. 우리는 늘 경력과 직업, 보수를 이야기한다. 어떤 일이 흥미로운지 혹은 그 일로 얼마를 벌 수 있는지에 따라 우리의 직업적 삶을 평가한다. 그러나 이 책은 그것이 진정한 성공의 길은 아니라고 말한다. 만약 우리의 직업적 삶을 신께 맡긴다면 신은 우리의 재능과 기질에 가장 적합한 일이 무엇이며 우리가 더 나은 세상을 위해 헌신할 수 있는 일이 무엇인지를 정확히 드러내주실 것이다. 물론 스스로 그 일을 해내는 것도 좋지만 인간의 특수한 재능은 인간이 신을 드러내는 확실한 도구가 될 때 드러난다. 우리는 실패를 두려워할 것이 아니라, 신께 의탁한 우리를 통해 밝게 비춰질 광명을 두려워해야 한다. 이러한 정신을 갖는다면 인간은 더 이상 돈의 노예가 될 수 없다.

인간의 정신은 워낙 강력하므로 인간이 세운 대부분의 목표는 이루어지지만 그것을 이루었을 때 반드시 행복해진다고 장담할 수는 없다. 그러나 그것이 신의 작업이 될 때 우리 앞에 놓인 목표를 이루는 일이 황홀해질 뿐만 아니라, 과정 자체에서도 행복을 얻을 수 있다.

《기적수업》은 "사랑을 베풀면 저절로 지위가 오른다"고 말한다. 이것은 어떤 MBA 과정에서도 들을 수 없는 말이지만, 용기를 갖고 과감하게 이 말을 실천하라. 윌리암슨은 반드시 그렇게 된다고 말한다. 신을 믿는 것은 '중력의 존재를 믿는 것'과 같기 때문이다.

기적을 구하라

개인적 발전은 자신의 행동과 사고방식을 어떻게 더 개선시킬 수 있는지에 관한 것으로 엄청난 책임감을 필요로 한다. 그러나 우리 자신을 우주의 은혜 또는 신께 의탁한다면 그 일은 순식간에 쉬워진다. 한때 윌리암슨은 기적을 '허위적, 신비적, 종교적 쓰레기'로 분류했다. 그러나 그녀는 '기적'을 구하는 것은 정말로 합당한 일이라는 사실을 깨달았다.

기적은 반드시 물을 포도주로 만드는 것만이 아니라 이전에는 불가능한 것으로 여겨졌던 무언가를 가능하게 만드는 것이다. 마음을 열고 변화에 전념하기로 마음먹을 때 우리 힘으로는 어쩔 수 없는 것처럼 보였던 변화가 가능해진다. 자아의 욕구가 아니라 마음의 틀이 정말로 변한 것이라면 기적은 반드시 일어날 것이다. 예전에는 정말로 야속하게만 여겨졌던 배우자가 이제는 착한 사람으로 보이고 그에 걸맞게 그를 대할 것이다. 예전에는 중독에 빠져 공포와 자학 속에서 지냈던 사람도 이제는 모든 결점을 메우고 온전한 사람이 될 것이다.

《기적수업》은 제목부터 독자의 눈길을 잡아끈다. 세속적인 '수업'과 신학적인 '기적'의 결합을 보여주기 때문이다. 이 책은 일반적인 인간과 신의 관계를 뛰어넘어 공동생산을 이뤄내는 동반자 관계를 약속한다. 기적을 행하던 예수가 기적을 의심하며 눈살을 찌푸리는 사람들에게 "내가 한 일을 너희도 할 수 있다"라고 한 말을 기억하라. 심지어 우리가 더 잘할 수도 있다. 교회는 정상적인 방식으로 설명될 수 없는 물리적 현상만을 기적으로 한정지을지 모른다. 그러나 이 같은 제한은 우리들 사이에서 얼마든지 기적이 일어날 수 있다는 사실을 인식하지 못하도록 방해한다. 윌리암슨은 인간이 기적의 힘을 스스로 포기하는 것을 너무나도 안타까워했다.

간추린 평

자기계발서에 동양적 사상이 강력하게 영향을 미치는 주된 흐름에서 볼 때,《사랑의 기적》에 나타난 기독교적 태도는 상당히 독특하다. 그러나 이 책은《기적수업》의 기독교적 용어들을 차용한 영적 작품으로 보는 게 옳다. '유일신론'을 받드는 유대교인이었던 윌리암슨은 신에 대한 모든 사상은 단일적 실재를 표현하며,《기적수업》의 학생이 되기 위해 '신'과 반드시 개별적인 관계를 맺어야 하는 것은 아니라고 미리 언급한다. 학생들은 타인을 어떻게 대하는지에 따라 상급반으로 진급할 것이다.

처음《사랑의 기적》을 펼쳤을 때의 느낌은 베이비붐 세대의 너그러운 자아탐색전처럼 보이지만, 이 책의 대부분은《기적수업》을 가장 아름답게 요약하면서 그 책의 시대를 초월한 권위를 전하고 있다. 이 책은 엄청난 실용적 가치를 지닌 영적인 자기계발 명저이다.

📖 함께 읽으면 좋은 책

《리얼 매직》《아직도 가야 할 길》
《인생의 게임에서 승리하는 믿음의 법칙 10》

BOOK 29

넓은 안목으로 세상을 바라보라

《사소한 것에 목숨 걸지 마라(습관 바꾸기 편)》

Don't Sweat the Small Stuff... and It's All Small Stuff

> "사소한 갈등을 멀고도 넓은 안목으로 바라보라.
> 삶과 인간관계에서 더욱 큰 기쁨을 얻을 것이다."

리처드 칼슨 Richard Carlson

1961년에 태어나 캘리포니아의 피드몬트에서 자랐다. 그는 1986년 행복심리학 psychology of happiness으로 박사학위를 받았으며 대중신문에 '행복을 위한 처방'이라는 글을 연재하면서 행복과 스트레스 경감 전문가로서의 길을 걷기 시작했다. 그의 대표적 저서 《사소한 것에 목숨 걸지 마라(습관 바꾸기 편)》는 1,000만 부 이상 팔렸으며 많은 나라의 언어로 번역되었다. 또한 2년 연속으로 전미 베스트셀러 1위를 기록하기도 했다. 칼슨은 〈뷰〉, 〈오프라 윈프리 쇼〉 등의 유명 방송쇼에서 초대 손님으로 활발하게 활동했다. 강연을 위해 샌프란시스코발 뉴욕행 비행기에 올라탄 그는 비행 중 폐색전이 발작해 45세의 나이로 그 자리에서 숨졌다.

"너무나 많은 사람이 삶의 신비, 아름다움과 단절하게 만드는 사소한 일에 지나치게 에너지를 쏟는다. 사소한 것에 목숨 걸지 않는 것을 목표로 삼고 살아갈 때, 자신이 너그럽고 관대한 사람이 될 수 있는 크나큰 에너지를 지닌 사람이라는 사실을 발견하게 될 것이다."

"많은 사람이 정신없이 서둘고 두려워하면서 경쟁적으로 응급상황이 계속되는 것처럼 인생을 살아간다. 사람들이 이렇게 살아가는 이유 중의 하나는 보다 평화롭고 너그러운 사람이 되면 일순간 목표를 이루고자 하는 노력이 멈출 것 같은 두려움 때문이다. (중략) 그러나 오히려 그 반대가 진리라는 사실을 알게 되면 이런 두려움을 없앨 수 있다. 사실 두렵고 흥분된 생각은 엄청난 삶의 에너지와 창의성, 동기를 앗아갈 뿐이다."

《사소한 것에 목숨 걸지 마라(습관 바꾸기 편)》는 세계적인 베스트셀러이다. 이 책의 저자인 리처드 칼슨은 머리글에서 책 제목의 기원을 스스로 밝혔다. 그는 한 외국 출판사로부터 자신의 책《마음혁명, 생각의 집착을 끊어라!》에 대해 베스트셀러 저자인 웨인 다이어의 추천글을 받아달라는 부탁을 받았다고 한다. 다이어 박사는 전에도 추천글을 써준 적이 있었기 때문에 칼슨은 다시 한 번 부탁했다. 하지만 시간이 흘러도 연락이 없었고, 6개월 후 그의 책을 출간한 외국 출판사는 그에게 책을 보내왔다. 그런데 놀랍게도 그 책에는 전에 썼던 다이어의 추천글이 또다시 실려 있었다. 출판업자가 허락도 없이 무단으로 사용한 것이었다. 그는 무척 화가 났다. 그는 다이어에게 진심어린 사과의 편지를 보내며 출간된 책들을 회수하기 위해 노력하고 있다고 설명했다. 노심초사 속에 몇 주가 흐른 후, 다이어로부터 다음과 같은 답장이 왔다.

"리처드 씨, 조화로운 인생을 위한 두 가지 규칙이 있습니다. 규칙 1. 사소한 일에 목숨 걸지 말 것. 규칙 2. 그건 그저 사소한 일일 뿐이라는 것. 추천서는 그냥 두십시오. 친애하는 웨인."

결국 다이어의 글은 반감을 최소화하라는 영묘한 정신적 법칙을 설명하는 지극히 실용적인 지침서를 이끌어냈다. 《사소한 일에 목숨 걸지 마라(습관 바꾸기 편)》는 자기완성을 위한 안내서가 아니라 단순히 갈등을 피하는 법에 대한 이론을 모아놓은 책이다. 짧게 설명된 100가지 전략들은 독자들에게 충분히 그 가치를 입증받고 있다.

넓은 안목으로 바라보라

이 책은 데일 카네기와 노먼 빈센트 필의 저서에서도 볼 수 있는 사람에 대한 애정과 사랑을 담고 있으며, 동양적 시간개념과 평온의 가치도 포함하고 있다. 그러나 이 책의 진정한 가치는 현대인의 삶의 진성한 욕구와 현대인이 살고 있는 문화를 잘 인식하고 있다는 데 있다. 우리는 명상모임에 참석하거나 주말에 바다여행을 하고 온 후에는 기분이 좋아진다. 그러나 그것도 잠시, 효과는 금세 사라지고 화요일 아침쯤 되면 또다시 바삐 움직이며, 사람들에게 화를 내고 시간부족을 탓한다.

어떻게 하면 인생의 모든 순간을 평화와 넓은 안목으로 지낼 수 있을까? 이것은 칼슨이 던지는 위대한 질문이며,《사소한 것에 목숨 걸지 마라(습관 바꾸기 편)》는 이에 대해 나쁜 감정을 염려하지 말라는 참신한 내용을 담고 있다. 나쁜 감정을 무조건 떨쳐버리려고만 하지 말고 그것을 넓은 맥락에서 지켜보라는 것이다.

사소한 것에 목숨 걸지 않는 100가지 전략

칼슨의 처방은 실제로 상당히 단순하며 새롭다. 100가지 전략 중 일부를 소개하면 다음과 같다.

아침형 인간이 돼라

아내와 자식들이 일어나기 훨씬 전에 일어나는 칼슨은 혼자 평화롭게 책을 읽거나 명상하거나 그날에 대해 생각할 수 있는 '황금 시간'을 누린다. 실제로 많은 사람들이 아침형 인간이 된 것만으로 인생이 완전히 달라졌다고 말한다.

너그럽고 여유로운 사람은 성취에 약하다는 편견을 버려라

끊임없이 바쁘고 흥분된 인생은 강력하게 뭔가를 이루는 사람에 대한 통념과 일치한다. 반면 너그럽고 정 많은 사람은 몽상적이고 성공에 무딘 사람과 일치하는 듯 보인다. 그러나 격앙된 사고와 부단한 움직임은 인생에서의 동기부여와 진정한 성공을 가로막는다. 칼슨은 자신의 주변인들이 다들 너그럽고 여유롭다는 걸 행운으로 여기면서 실제로 그들은 어느 정도 성공을 거둔 사람들이라고 소개한다. 습관적으로 내적 평화를 이룬 사람들은 목표를 이루고 남에게 봉사하는 길을 쉽게 찾아낸다.

남의 말에 끼어들거나 가로막지 말라

이것은 너그럽고 관대한 사람이 되기 위한 놀랄 만큼 쉬운 길이다. 꼭 실천하라.

현재의 순간을 사는 법을 배워라

영국의 대중음악가 존 레논은 "인생은 우리가 다른 계획을 세우느라 바쁜 사이에 휙 지나가버린다"고 말했다. 현재의 순간에 관심을 둘 경우 대부분 상상 속의 미래와 연관돼 있던 두려움은 더 이상 존재하지 않는다. 또한 미래의 문제들은 놀랄 만큼 손쉽게 스스로 해결될 것이다. 이와 같은 마음의 습관을 키운 후, 인생의 미묘한 변화를 즐겨라.

"이것이 내년에도 문제가 될 것인가"를 자문하라

이러한 질문을 통해 칼슨은 자신이 염려해왔던 것들에 대한 실소를 금할 수 없었다. 더불어 그가 한때 화를 내고 그에 압도되는 데 사용되었던 에너지가 지금은 가족과 창조적인 생각을 위해 쓰이게 되었다.

자기 자신을 심심하게 놔둬라

빈 시간을 두려워하지 말라. 인간은 '끊임없이 무언가를 하는 존재'가 아니다. 그저 가만히 있으면서 따분함을 지켜보라. 그것이 얼마나 마음을 정화하고(처음의 불편함을 극복한다면) 새로운 사고를 일으키는지 놀랄 것이다.

관 안에 누운 자신을 상상하라

우선순위를 재평가하는 아주 소중한 방법이다. 삶을 뒤돌아봤을 때 많은 사람이 '사소한 일'에 연연하며 살아온 자신의 삶을 불만스러워 한다. 자신에게 물어라. 나는 어떤 사람이었는가? 나는 날마다 정말로 좋아하는 일을 했으며, 주변인들을 진정으로 아끼고 사랑했는가?

알고 지내는 사람들을 갓난아기나 100세 노인처럼 대하라

이러한 시각은 넓은 안목과 연민이란 즐거움을 가져다준다.

의미 있는 성취가 무엇인지 다시 정의하라

성취를 늘 외적인 것으로만 생각하지 말라. 스스로가 인정할 수 있는 성취에 대해서도 생각해보라. 이것은 역경의 상황에서 중심을 잡아주는 역할을 한다.

마음을 열어라

세상은 늘 원하는 방향으로만 흐르지 않는다. 가까운 누군가가 우리에게 실망하거나, 직장에서 실패를 경험했을 때, 감정의 노예가 되지 말고 그것을 하나의 상황으로 인식하라. 어느 정도 시간이 흐르고 나면, 한때는 자신을 괴롭혔던 것들이 아무런 상처도 남기지 않고 스르르 사라질 것이다.

이 밖에도 다음과 같은 전략들이 있다.

- 나에 관한 비난에 대해 재미삼아 동의하라.
- 기분 좋을 때도 나쁠 때도 늘 감사하는 마음을 가져라.
- 현재의 위치에 만족하라.
- 반응의 악순환을 끊어라.

간추린 평

자기계발에 관심이 있지만 책을 읽을 시간이 없다면《사소한 것에 목숨 걸지 마라(습관 바꾸기 편)》가 가장 좋은 절충안이다. 이 책은 격식을 차리지 않은 단순한 책처럼 보이지만, 실제로는 인지요법에 기초하며 인간의 생각이 기분에 얼마나 직접적인 영향을 미치는지 보여준다. 우리는 자신의 생각을 좀더 인식함으로써 생각과 감정을 변화시킬 수 있는 위치에 설 것이다. 또한 '사소한 것에 목숨 걸지 마라'는 말도 겉으로 보이는 것처럼 그렇게 수준 낮은 말이 아니다. 이것은 저명한 심리학자 에이브러햄 매슬로가 세상과 삶에 대한 편협한 태도를 버리고 특별히 넓은 시각을 갖춘 자아실현자의 특징으로 정의한 것이기도 하다.

이 책은 시간이 날 때마다 필요한 안목이나 영감을 얻기 위해 아무 쪽이나 들춰볼 수 있도록 편집되었다. 긴 설교나 일화를 걷어치운 이 책은 박식한 집필가가 수백 쪽에 걸쳐 이야기했을 내용을 응축하여 전한다. 단지 한두 가지 전략만 마음에 새기더라도 이 책을 읽을 만한 가치는 충분하다.

📖 **함께 읽으면 좋은 책**

《명상록》《리얼 매직》《적극적 사고방식》《학습된 낙관주의》

BOOK 30

살아야 할 이유를 가진 사람은
어떻게든 살아낸다

《죽음의 수용소에서》

Man's Search for Meaning

"삶의 의미는 각자가 정하는 것이다."

빅터 프랭클 Viktor Frankl

1905년 오스트리아 빈에서 태어났다. 제2차 세계대전이 일어나기 전에 빈 대학교에서 의학과 철학 박사학위를 받았다. 전쟁이 터진 후 그는 아우슈비츠와 다카우 등의 강제수용소에서 3년을 보냈다. 《죽음의 수용소에서》는 종전 후 빈으로 돌아와 쓴 것이다. 그는 프로이트의 '정신분석'과 아들러의 '개인심리학'에 이은 정신요법 제3학파라 불리는 로고테라피 학파를 창시했다. 1924년 국제심리분석학회지에 글을 발표한 이후, 그는 《심리요법과 실존주의 Psychotherapy and Existentialism》, 《무의식의 신 The Unconscious God》, 《의미를 향한 소리 없는 절규》를 비롯하여, 사망한 해에 출간된 그의 자서전 《빅터 프랭클 회고록 Victor Frankl : Recollections》 등 30권 이상의 책을 집필했다. 그는 평생 28개의 명예 박사 학위를 받았으며, 1997년 마더 테레사, 다이애나 황태자비와 같은 주에 사망했다.

"때로 삶과 죽음의 갈림길에서 번개 같은 결정을 내려야 할 때가 있다. 그 수감자는 자신의 목숨을 운명의 손에 맡기고 싶었다. 그러나 탈출할 것인지 말 것인지를 결정해야 했을 때 감옥을 탈출해야 한다는 것이 가장 분명하게 느껴졌다. 마음을 정해야 했던 몇 분간, 그는 지옥을 넘나드는 고통을 느꼈다."

"우리는 아주 사소한 배려에도 감사했다. 자기 전에 이 잡는 시간을 주는 것마저도 고마웠다. 비록 이 잡는 것 자체는 즐겁지 않았지만 말이다. 고드름이 매달릴 만큼 추운 막사에서 발가벗은 채로 서 있어야 했기 때문이다."

빅터 프랭클은 아내와 아버지, 어머니, 남동생을 모두 나치의 강제 수용소에서 잃었다. 오로지 가족 중에서는 그와 그의 여동생만 살아남았다. 그는 극도의 굶주림과 추위, 학대를 이겨내야 했으며, 아우슈비츠와 다카우에서 언제 가스실로 향할지 모르는 끊임없는 위협에 처했다. 그는 수용소 첫날 모든 소지품을 빼앗겼으며 그가 평생의 작품으로 여긴 연구논문을 나치의 손에 넘겨야 했다.

　이쯤 되면 삶의 무상을 한탄하며 자살도 생각해봄 직하다. 그러나 인류애의 지옥에 빠졌던 그는 오히려 긍정주의자가 되었다. 그는 아무리 끔찍한 상황에서도 인간에게는 그러한 상황에 대한 인식을 선택하고 그 안에서 의미를 찾아낼 자유가 있다고 믿었다. 미국의 심리학자 고든 올포트가 세 번째 개정판 서문에서 말했듯이 그의 그러한 믿음은 고대 스토아학파가 '최후의 자유last freedom'라 불렀던 것과 일치한다. 고문은 육체적 고통을 가하는 것보다 이 같은 의미를 찾아내는 자유를 빼앗기 위한 적극적 시도라는 점에서 그 해악성이 더하다.

인간의 성취를 재정의하다

프랭클이 가장 좋아한 인용문은 "살아야 할 이유를 가진 사람은 어떻게든 살아낸다"라는 니체의 말이었다.《죽음의 수용소에서》에서 가장 눈에 띄는 대목은 프랭클에게 살아야겠다는 생각을 가져다준 일화들이다. 아내에 대한 그의 생각은 칠흑과 같은 수용소 생활에 유일한 빛을 제공했다. 실제로 어느 날 아내에 대한 생각으로 골몰해 있을 때 눈앞의 작은 둔덕 위로 예쁜 새 한 마리가 포르릉 날아오르는 것을 보았고 프랭클은 그것을 아내가 환생한 것으로 느꼈다고 한다. 또한 그는 전쟁이 끝난 후 강의실의 학생들에게 결코 다시는 일어나지 말아야 할 일에 대해 이야기하고 있는 자신의 모습을 상상하곤 했다. 그것은 결국 현실로 이뤄졌다. 또한 프랭클에게는 빼앗긴 원고 중 기억나는 내용을 다시 적어둬야겠다는 열망도 있었다.

그와 반대로 삶을 포기한 사람들은 한눈에 알아볼 수 있었다. 비록 찌꺼기 같은 음식과라도 바꿀 수 있었던 마지막 담배를 피워버렸기 때문이다. 그들은 인생에 더 이상 의미가 없다고 단정했다. 하지만 프랭클은 그들의 생각을 잘못된 것으로 여겼다. 우리는 삶에게 바라는 것과 삶이 우리에게 가져다주는 것으로 우리의 삶을 평가해서는 안 된다. 그보다는 삶이 우리에게 바라는 것이 무엇인지 날마다 용기 있게 물어봐야 한다. 인간이 해야 할 일은 그저 하루하루를 살아가는 것이 아니라, 우리의 모습과 상황에 대한 특별한 진리를 찾아내는 것이며, 그러한 진리는 때로 혹독한 고통을 통해서만 드러난다. 프랭클은 "고통은 신경증적 증상이 아닌 인간적 성취로 이어져야 한다"라고 말한다.

이 책은 900만 부 이상 팔렸고 24개 언어로 번역되었으며 미 국회도서관이 선정한 '미국에서 가장 영향력 있는 10권의 책'에 뽑혔다. 그러나 당초 이 책의 저자명에 자신의 이름 대신 수감자번호를 싣길 바랐을 정도로 프랭클은 이 책을 자신의 뛰어난 저술로 보지는 않았다. 이 책의 성공은 '우리 시대의 불행을 드러낸 것'이며 그만큼 우리가 의미 있는 삶에 굶주려 있다는 뜻이다.

대중적인 성공과 별도로 이 책은 대표적인 자기계발서 저자들에게도 상당한 영향을 미쳤다. 《성공하는 사람들의 7가지 습관》에서 스티븐 코비가 강조하는 책임감은 프랭클한테서 직접 영감을 받은 것이며, 이 밖에도 여기 소개된 많은 책들이 《죽음의 수용소에서》를 그들의 참고서적으로 언급하고 있다.

현재 출간되어 있는 책은 자서전 형식의 '수용소에서의 경험'과 이론적 에세이인 '로고테라피의 요약', 짧은 단편인 '비극적 긍정주의를 위한 사례'의 3부로 나뉘어 있다. 이러한 구성과 흥미진진한 그의 개인적 이야기는 독자들에게 함축적인 지식을 전하는 데 유용한 역할을 한다.

의미에서의 의지와 로고테라피

프랭클의 경험의 놀라운 점은 그가 전쟁 발발 전 의사로서 이론을 체계화했던 경험을 되살려 또 다른 이론을 만들었다는 점이다. 그의 이론과 실천은 프로이트의 정신분석과 아들러의 개인심리학individual psychology에 이어 빈의 제3심리학과 요법인 로고테라피 logotherapy('의미'를 뜻하는 그리스어 로고스logos에서 차용됨)를 탄생시켰다. 프로이트의 정신분석이 자기반성과 자기내향성을 강조하며 신경증의 근원을 밝혀내고자 했다면, 로고테라피는 자신으로부터 스스로를 분리해내고 자신의 삶을 보다 넓은 시각에서 바라보도록 했다. 또한 정신분석이 '쾌락에의 의지', 아들러의 개인심리학이 '권력에의 의지'에 초점을 맞췄다면, 로고테라피는 인간의 주요 동기부여 요인으로 '의미에의 의지'를 지목했다.

　빈에서 프랭클의 상담실을 찾은 한 미국인 외교관이 있었다. 그는 5년간 정신분석을 받아온 남자였다. 자기 일에 만족하지 못하고 자신이 미국의 외교정책의 앞잡이가 되는 것 같아 불편했던 이 남자는 정신분석 결과 아버지와의 관계에 문제가 있는 것으로 진단되었다. 아버지의 이미지를 대변하는 미국 정부가 그 남자에게는 표면적인 불만의 대상이 되었다는 설명이었다. 따라서 남자가 정말로 해결해야 할 숙제는 아버지에 대한 감정이었다. 하지만 프랭클은 정신분석가와는 달리 그 남자의 문제를 현재의 일에 대한 목적의식의 상실로 보았으며, 직업을 바꿀 것을 제안했다. 외교관은 프랭클의 조언을 받아들였으며 다시금 상담실을 찾는 일은 없었다.

이 일화의 핵심은 로고테라피에서 말하는 존재적 고민은 신경증이나 정신질환을 의미하는 것이 아니라, 의미를 찾고자 하는 인간적인 존재로 가는 신호라는 것이다. 프로이트나 아들러와는 달리 프랭클은 인간의 삶을 단순히 동기나 본능을 만족시키거나 사회에 '잘 적응한 존재'가 되어가는 과정으로 보지 않았다. 프랭클(그리고 에이브러햄 매슬로와 칼 로저스 등의 인본주의 심리학자)은 인간의 자유의지야말로 인간의 두드러진 특징이라고 믿었다.

의미의 원천

로고테라피에서는 현재 자신의 모습과 미래의 모습 사이의 격차를 줄일수록 정신적으로 건강해진다고 말한다. 하지만 미래의 모습을 아직 결정하지 않았다면 어떤가? 프랭클은 현대인들이 다루기 힘들 만큼 많은 자유를 가졌다고 말한다. 또한 인간은 더 이상 본능에 따라 살지 않으며, 전통적 지혜 역시 좋은 안내자가 되지 못한다. 이것은 실존적 허무를 낳으며, 그 안에서 좌절된 의미에의 의지는 결국 돈이나 섹스, 쾌락, 심지어 폭력에 대한 열망으로 보상받는다. 우리는 평소 의미를 가져다주는 다양한 원천에 노출되지 않는다. 그래서 더욱 이를 의식적으로 찾아야 한다. 프랭클이 말하는 의미의 원천은 다음과 같다.

- 일을 만들거나 행동을 하는 것
- 무언가를 경험하거나 누군가를 만나는 것(사랑)
- 피할 수 없는 고통을 받아들이는 태도

첫 번째 원천은 자기계발서에서 '삶의 목적'으로 정의되는 고전적인 것이다. 인간의 문화는 행복을 기대하지만 프랭클은 행복이란 인간이 직접 추구해야 하는 것이 아니라고 말한다. 또한 인간은 모든 상상력과 재능을 일으키는 일에 몰두할 때 행복은 저절로 생겨난다고 정의한다.

두 번째 원천은 성취지향적 사회에서 내적, 외적인 경험을 성취에 대한 적절한 대안으로 사용할 수 있다는 점에서 중요하다.

세 번째 원천은 고통에 의미를 부여하는 것이다. 하지만 그 의미는 무엇인가? 프랭클은 인간이 그 의미를 결코 알 수 없거나 적어도 인생의 종착역에 이르기 전까진 알 수 없을 거라고 인정한다. 하지만 우리가 의미를 이해하지 못한다고 해서 인생에 의미가 없는 건 아니다.

삶은 무상하며 의미가 없다고 말하는 사람들에게 프랭클은 "가능성이 이뤄지지 않는 것이 의미 없을 뿐, 삶 자체는 결코 의미 없지 않다"라고 대답한다. 우리의 문화는 젊은이를 동경하지만 정작 존경받아야 할 대상은 나이 든 사람들이다. 그들은 사랑하고 고통받으며 너무나 많은 것을 실현해왔기 때문이다. 각자의 가능성을 실현하는 일은 아무리 작더라도 세계의 역사에 영원한 흔적을 남기며, 흔적을 남기겠다고 결심하면 무슨 일을 해야 하는지에 대한 책임은 명백해진다. 자유는 등식의 한쪽을 차지할 뿐이다. 남은 한쪽을 차지하는 것은 자유로운 행위에 대한 책임이다.

간추린 평

자기계발서의 공통적인 내용을 찾자면 개인의 변화가능성에 대한 굳건한 믿음이다. 그와 반대로 결정론자들은 인간이 유년의 경험이나 유전적 기질을 벗어날 수 없다고 말한다. 프로이트는 어느 집단의 사람들한테서 음식을 모두 빼앗을 경우, 그 안의 개인 간 특성은 줄어들고 결국에는 집단적 동일 욕구만 부각될 거라 믿었다. 하지만 프랭클은 수용소의 경험에서 그와 반대되는 결과를 보았다. 굶주림, 고문, 더러움은 수용자들의 개별적 민감도를 떨어뜨리는 역할을 했다. 그러나 동물과 같은 무리생활에도 불구하고 상당수의 사람들은 군중심리에 휩쓸리길 거부했다. 인간은 결코 개인의 행동을 예상할 수 없으며, 인간이 지닌 의미도 결코 일반화될 수도 없다.

"우리 세대는 현실적이다. 인간의 진정한 모습을 깨달았기 때문이다. 인간은 아우슈비츠의 가스실을 만들어낸 존재이다. 그러나 한편으로는 주기도문Lord's Prayer이나 셰마 이스라엘Shema Yisrael(유대인들이 매일 아침저녁으로 하루 두 번씩 날마다 기도하듯 암송하는 성서〈민수기〉와 〈신명기〉의 구절)을 읊으며 가스실로 당당히 걸어들어가는 존재이다."

인간을 다른 동물과 구별하는 것은 인간이 이상과 가치를 위한 삶을 살 수 있다는 점이다. 그렇지 않다면 어떻게 용감히 고개를 들고 가스실로 향할 수 있겠는가? 물론 우리들 대부분은 이러한 끔찍한 운명에 처할 일이 없을 것이다. 그러나 프랭클은 자신의 경험을 통해 일상에서 내리는 결정에 대한 개인적 책임을 강조하고자 했다. 상황이 어떻든 우리는 상황으로부터 자유로울 수 있다.

📖 함께 읽으면 좋은 책
《철학의 위안》

BOOK 31

당신의 시간을 재해석하다

《프루스트가 우리의 삶을 바꾸는 방법들》

How Proust Can Change Your Life

"어떠한 상황에서도 풍요로운 인생경험에 감사하라.
기대가 적을수록 놀랍고 즐거운 일이 펼쳐진다."

알랭 드 보통 Alain de Botton

1969년 스위스 취리히에서 태어났으나 영국 런던의 사립 중등학교 해로스 쿨에 다녔고 케임브리지대학교를 졸업했다. 30대 초반에 그의 저서는 이미 16개 언어로 번역되었는데, 자전적 경험과 풍부한 지적 위트를 결합시켜 사랑과 인간관계에 관해 탐구한 독특한 연애소설 3부작 《왜 나는 너를 사랑하는가》,《우리는 사랑일까》,《키스하기 전에 우리가 하는 말들》로 세계의 주목을 받았다. 2003년 2월 프랑스 문화부 장관으로부터 '슈발리에 드 로드르 데자르 에 레트르'라는 기사작위를 받았으며, 같은 해 11월에는 유럽 전역의 가장 뛰어난 문장가에게 수여하는 샤를르 베이옹 유럽 에세이 상을 수상했다.

"프루스트는 자신의 소설 《잃어버린 시간을 찾아서》를 결코 좋아하지 않았고, 오히려 '불행한'(1914년), '잘못된'(1915년), '꼴사나운'(1917년) 등의 다양한 표현을 써가며 폄하했으나 그 책은 시간 손실 이면의 원인을 찾고자 하는 중심 주제가 뚜렷이 드러나는 강점을 지녔다. 이 책은 감상적인 시절의 행로를 더듬는 추억에서 벗어나 인생을 낭비하지 말고 감사하는 법을 가르쳐주는 실용적이고 보편적인 책이다."

"전통적으로 철학자들은 행복의 추구를 고민해왔으나 훨씬 더 훌륭한 지혜는 적절히 생산적으로 불행해지는 법을 알아내는 것인 듯하다. 주기적으로 어김없이 찾아오는 불행을 보면 불행에 대한 접근방식을 발전시키는 것이 행복을 추구하는 어떠한 이상적 가치보다 낫다는 생각이 든다."

프루스트 가家의 아버지는 명망 높은 위생학 교수였으며 수많은 논문을 쓰고 많은 곳을 여행했다. 그의 아들 역시 의사가 되었으며, 경제적으로 성공하고 스포츠를 좋아했으며, 너무나도 건강한 나머지 마차에 치였는데도 멀쩡했다.

그런 프루스트 집안에는 또 다른 아들도 있었는데, 그는 아버지의 돈으로 생활하면서 도서관 사서 같은 단순한 일도 계속할 수 없을 만큼 허약한 심미주의자였다. 그나마 건강할 때는 파리에서 오페라를 보거나 디너파티를 열었다. 부모님이 돌아가신 후에야 그는 자신의 삶을 준비했으며, 30대 중반이 돼서야 작가가 되기로 결심했다. 그리고 작가로 인정받기 시작할 때까지 그 후로도 수년이 걸렸다. 그는 자기 집 가정부에게 이루어질 것 같지 않은 희망을 다음과 같이 이야기했다. "아버지가 환자들에게 했던 것처럼 나도 내 책으로 많은 일을 할 수 있다면 얼마나 좋을까!"

훗날 프루스트가 얻은 명성을 익히 아는 독자들은 그가 희망 없는 삶을 살았다는 사실에 다소 놀랐을 것이다. 그러나 알랭 드 보통은 프루스트의 이와 같은 말이 그의 작품의 의미를 요약하고 있다고 보았다. 프루스트는 아버지의 성공을 모방하고자 애썼으며, 치료자로서의 역할까지 본받고자 했다. 보통은 프루스트의 위대한 대작 《잃어버린 시간을 찾아서In Search of Lost Time》의 문학적 장점을 건너뛰어 치료적 차원의 강점을 이야기하며, 프루스트가 자신의 작품을 통해 궁극적으로는 다른 사람들로부터 인정받고 싶어 했다는 점을 보여준다.

고통의 목적

프루스트는 고통을 올바로 활용하는 것에 관심을 가졌다. 그에게 이것은 '삶의 완전한 기술'이었다. 보통은 전통적인 철학자들이 행복의 이론을 추구하지만 프루스트는 보다 효율적이고 실질적인 삶의 충고를 전한다는 걸 발견했다. 염원을 실현해주는 디즈니랜드식 삶을 바라기보다는 '생산적으로 불행해지는 길'을 찾는 편이 훨씬 낫다는 것이다.

고통은 늘 인간을 놀라게 하는 것처럼 보이지만 반드시 그런 것은 아니다. 프루스트의 작품 속 등장인물들도 심한 고통을 겪으며 자신들의 '문제'에 맞서 갖가지 방어기제를 작동시킨다. 고통을 직시하는 사람들은 그들이 겪는 문제가 어쩔 수 없이 자신들의 감정을 흩뜨리고 남은 지혜마저도 떠나보낸다는 사실을 알고 있다.

프루스트가 이해한 삶의 기술은 훌륭한 삶의 양식에 관한 것이 아니다. 고통스러운 상황에도 불구하고 삶의 의미와 가치를 찾아내는 것이다. 이런 시각에서 봤을 때 생산적인 불행은 인생에 접근하는 매우 좋은 방법임에 틀림없다.

프루스트식 친구 얻는 법

프루스트에게는 그를 진실로 좋아하는 많은 친구가 있었으며, 몇몇은 프루스트와의 소중한 추억을 글로 적기도 했다. 보통은 프루스트가 어떻게 친구들로부터 그런 인기를 누릴 수 있었는지 보여준다.

무엇보다 프루스트는 친구 간의 우정이 한 사람의 영혼을 다른 사람에게 전하는 기회라고 믿지 않았다. 비록 상대가 자신의 말에 관심을 갖너라도 친구를 사귀고, 그들의 개성을 최대한 이끌어내기 위해서는 상대가 말을 하도록 기회를 줘야 한다. 프루스트 역시 훌륭한 청취자였기 때문에 사랑을 받았을 것이다. 또한 프루스트는 서로를 편하게 여기며 우정관계에서 머리를 굴려서는 안 된다고 믿었다. 친구 간의 대화는 상대를 즐겁게 하고 서로를 특별하게 여기도록 하는 기회가 되어야 한다.

이 모든 것은 데일 카네기의 인간관계론에 직접적으로 영향을 미쳤으며, 프루스트의 친구들은 충분한 관심과 칭찬을 전하며 말하는 것을 일컬어 '프루스트 화법Proustify'이라 불렀다. 그러나 보통은 프루스트가 우정의 공식에서 '진리'와 지적인 것을 얼마나 신중하게 삭제했는지를 설명했다. 대신 프루스트는 자신의 날카로운 분석력을 글로 표현했으며 덕분에 친구들과의 관계도 변함없이 유지했다.

우정의 대가로부터 얻을 수 있는 메시지는 친구에 대한 기대치를 최대한 낮추고, 자신의 행복을 누구에게도 맡기지 말라는 것이다. 열정이나 사랑을 투자할 수 있는 무엇(사람보다는 성취나 추구할 만한 무언가가 좋으며, 프루스트의 경우에는 글쓰기였음)에 심취하며 살아가라. 그것이 만족스러우면 우정이나 다른 인간관계를 적당한 거리에서 바라볼 수 있다.

나만의 인생을 사는 법

앞으로 일주일밖에 살지 못한다면 세상은 하루하루가 놀라운 기적처럼 보일 것이다. 그런데 일반적인 삶에서 인간은 얼마나 쉽게 좌절하고 따분해하고 싫증을 내는가? 프루스트는 이것이 잘못된 인식 때문이라고 믿었다. 그의 작품에서 화자는 폭풍우 치는 어두운 해안가에서 울부짖는 바닷새를 볼 희망으로 바닷가를 찾는다. 그러나 그가 본 것은 여느 때와 다름없는 휴양지의 모습이었다. 그러나 화가인 친구 엘스티어가 흰 면 옷을 입은 여성이 태양빛 아래 서 있는 모습과 같은 것들을 가리키자 화자는 아름다움을 알아보는 눈을 되찾는다.

많은 사람에게 '프루스트'라는 이름은 범접할 수 없는 지성과 고상함, 웅장하고 화려한 파리의 황금기를 떠올리게 만드는 그의 작품을 떠올리게 한다. 보통은 이러한 인식이 잘못되었다고 말한다. 프루스트에 대한 경외에는 아이러니하게도 프루스트를 지나치게 좋아할 필요가 없다는 경고가 들어 있기 때문이다. 그러나 프루스트가 유년의 여름을 보냈던 콩브레 마을을 방문하여 그가 보았던 것이 무엇인지 일부러 알 필요는 없다. 오히려 그의 글을 읽는 목적은 당신이 지금 머무는 곳과 당신이 지금 살고 있는 시간에 대한 인식을 고취하는 것이어야 한다. 마들렌과 마차, 연회가 있는 프루스트의 시대에 살았다면 얼마나 좋았을까 하는 생각은 현재의 가능성에게 부끄러운 잘못을 저지르는 행위이다.

당신의 시간을 즐겨라

어떤 차원에서 프루스트의 작품은 삶의 아주 작고 세밀한 순간에 대한 인식을 이야기한다. 그는 인간이 시간의 화려함을 느끼고 맘껏 즐기길 바랐으며, 그러한 강박이 문체에 고스란히 드러난 것으로 유명하다. 한 문장이 단어로 이루어진 순간으로 이해될 경우 그는 가급적 그러한 순간들을 길게 늘이고자 했다. 즉 쓸 만한 가치가 있는 것이라면 그것을 한없이 늘였던 것이다. 실제로 그의 작품에는 표준활자에서 4미터나 이어진 문장이 있는가 하면 와인병이라는 단어가 17번이나 나오는 문장도 있다.

그러나 또 다른 차원에서는 시간의 개념을 완전히 무시한 삶을 살았다. 《잃어버린 시간을 찾아서》의 불어제목인 'A la recherche du temps perdu'는 '지나간 것에 대한 기억 Remembrance of Things Past'으로 번역되며, 프루스트 작품에 대한 대중적인 이해 또한 정서적으로 잊었던 것의 부활이었다. 그러나 보통은 프루스트의 대작이 결코 과거에 관한 것이 아니라고 말한다. 다른 위대한 소설가들과 마찬가지로 프루스트는 과거를 이용하여 세상이 시간과 어떻게 분리되는지를 설명했다. 사건은 과거이지만 사람과 사랑, 인생에 대한 프루스트의 심오한 이해는 시간과 관련이 없다. 실제로 보통은 시간을 초월하는 프루스트의 사상에 영감을 받아 《프루스트가 우리의 삶을 바꾸는 방법들》을 집필했다.

간추린 평

총 7권, 125만 단어로 이뤄진 20세기의 가장 훌륭한 작품으로 뽑히는 《잃어버린 시간을 찾아서》가 과연 자기계발과 관련 있을까?

이 말을 들은 프루스트의 팬들은 아마 격분할지도 모른다. 그의 작품이 실제로 치료적 가치로 경시될 수 없는 예술이라고 믿기 때문이다. 분명히 그의 작품은 지적인 이미지로 가득하지만, 실제로 그는 '기차에 오르기 전에 허술하게 인쇄된 책을 구입하는 사람들'을 자신의 독자로 생각한다고 말한 적 있다. 보통이 말하듯, 그는 문학적 대가로서 명성을 얻기 위해 쓴 게 아니라 자기 구원을 위해 작품을 썼다. 만약 그것이 그를 도왔다면 분명히 다른 사람도 구할 수 있을 것이다.

《프루스트가 우리의 삶을 바꾸는 방법들》은 프루스트에게 경의를 표한 작품이 아니다. 이것은 프루스트의 작품 안에 내재된 자기계발 윤리를 찬사한 책이다. 더불어 프랑스의 천재작가의 글을 읽어본 적이 없는 사람에게도 그의 본질적인 철학을 제대로 전달하는 대단한 장점을 지닌 책이다. 삶을 복잡하고 미묘하게 이해하는 프루스트의 방식은 스티븐 코비나 앤서니 라빈스의 명쾌하고 낙관적인 대답과 비교되며, 독자들에게 또 다른 선택이 되고 있다.

일반적인 '시간관리'에 대한 책만 읽었던 사람들이 이 책을 읽고 난 후 시간 자체의 본질을 생각하게 된다면, 보통과 그를 통한 프루스트는 앞으로도 계속해서 승승장구할 것이다.

📖 함께 읽으면 좋은 책
《영혼의 돌봄》

BOOK 32

인간의 자유의지에 대한 깊은 고찰

《철학의 위안》

The Consolation of Philosophy

"무슨 일이 일어나든
당신의 마음을 정하는 것은 오직 당신이다."

보에티우스 Boethius

로마의 그리스도교 귀족 가문에서 태어났다. 487년 동고트족 테오도리쿠스 황제의 집정관이 된 아버지가 세상을 떠나자, 귀족 아우렐리우스 심마쿠스의 집에서 자랐다. 그는 문학, 음악, 천문학 등 다방면의 학문을 공부했는데, 이런 그의 뛰어난 학식과 인품이 테오도리쿠스 황제의 인정을 받아 510년에 집정관이 되었고, 520년에는 최고행정사법관이 되었다. 그러나 520년 법정에서 전 집정관 알비누스를 옹호하다가 함께 반역 혐의를 받아 524년 잔인하게 처형되어 파비아의 산피에트로 대성당에 묻혔다. 그의 대표적 저서로 《신학논고집》, 《철학의 위안》이 있는데, 그중 그가 감옥에서 저술한 《철학의 위안》은 산문과 시를 번갈아 사용하여 아름다운 문체가 돋보이는 대화형식의 철학서로 5권의 책으로 구성되었다. 마치 이교도 철학자가 쓴 것처럼 보이는 이 책은 은총과 자유의지의 관계를 다루고 있다.

"하늘의 넓이와 불변함을 묵상하라. 그러면 가치 없는 것들을 경외하는 일을 멈출 것이다."

"자기 성찰이 부족한 것은 다른 동물에게는 당연하지만, 인간에게는 그것이 도덕적 오점이 된다."

"사물의 질서를 시각화할 수 없기 때문에 그것이 혼란과 소동의 극치로 보이겠지만, 실제로 모든 사물은 나름의 패턴을 지니며 자기 스스로 선의 방향으로 정돈하고 이끈다."

자기계발 영역에서 《철학의 위안》이 차지하는 위치는 아무리 높여 말해도 지나치지 않다. 보에티우스란 이름이 현대인에게는 낯설지만 서구 기독교 사회에서 그의 작품은 《성서》 다음으로 많이 읽히는 책이었다.

보에티우스는 상당한 특권층의 인물이었다. 로마제국 말기의 귀족가문에서 태어난 그는 정치가인 아우렐리우스 심마쿠스에게 입양되었고, 그의 딸과 결혼했다. 그는 권력을 위해 다듬어진 최고의 교육을 받고 20대 후반의 젊은 나이에 집정관에 임명되었다. 그는 로마원로원과 사회의 중심인물이었을 뿐만 아니라 존경받는 학자였다. 그가 아리스토텔레스의 사상을 번역하고 해설한 저술들은 중세시대에 걸쳐 대표적 명저로 통했다. 그러나 플라톤과 아리스토텔레스의 모든 글을 번역하고 그들의 사상을 하나의 작품에서 조화시키려는 그의 시도는 끝내 이뤄지지 못했다. 그가 격동의 시대를 살았기 때문이다.

로마제국은 기독교 시대로 접어들면서 동부 콘스탄티노플과 서부 라벤나로 나뉘었다. 보에티우스는 과거 로마에서의 대부분의 직분을 그대로 유지했으나 이탈리아의 통치자는 더 이상 로마인이 아닌, '야만인' 동고트족의 테오도리쿠스 황제였다. 그는 테오도리쿠스 왕실의 최고행정사법관으로 임명되었으며 로마원로원과 신정권 사이의 관계를 유화시키는 참모와 같은 역할을 했다. 그러나 왕실의 음모로 반역죄를 뒤집어썼고 그의 결백주장에도 불구하고 사형선고를 받았다.

모든 걸 다 누리던 그의 삶은 완전히 파괴되었다. 이제 그가 사랑했던 철학으로부터 어떤 도움을 받을 수 있을까? 두려운 곤경에 처한 그에게 철학은 확실한 해답을 주었고, 사형수로서 독방에 갇힌 그는《철학의 위안》을 썼다.

운명의 수레바퀴

《철학의 위안》은 독방에 갇힌 무기력한 죄수 보에티우스에게 '철학의 여인Lady Philosophy'이라는 망령이 찾아오면서 시작된다. 죄수가 자신의 처지의 부당함을 토로하자 철학의 여인은 운명을 탓하지 말아야 하는 이치를 설명한다.

운은 선택에 의해 오고가는 것이므로 그것에 의존할 만한 것이 못 된다. 죄수는 높은 지위와 대중의 존경, 부귀를 '행복'과 연관시키고 있으나, 이런 것들이 그가 현재 처해 있는 상황으로 이끌었다면 그것은 결코 진정한 행복의 원천이 될 수 없다. 만약 운에 의존한다면 계절이 오고가듯 운이 올 때처럼 떠날 것도 예상해야 한다. 보에티우스는 분노에 사로잡힌 나머지 이 같은 우주의 질서를 잠시 잊고 있었던 것이다.

그렇다면 우주의 질서는 어떻게 이루어지는가? 철학의 여인은 인간이 추구하는 가장 고귀하고 좋은 것은 '신'이라고 말한다. 또한 명성과 부, 권력을 비롯한 외적인 것들의 추구는 진정한 행복의 원천을 얻는 데 있어 현실상의 욕심일 뿐이라고 말한다. 그러나 운과 달리 신은 결코 변하지 않으며 내면을 들여다보아야 다가갈 수 있다. 신을 알고자 하는 사람은 역설적으로 자가성찰을 얻는다.

그러나 여전히 낙심한 죄수는 악이 선을 이기는 것을 불평한다. 이를 듣던 철학의 여인은 목적을 이룬 악한 사람은 동물에 머물지만, 목적을 이룬 선한 자는 인간을 넘어 신의 경지에 오른다고 말한다. 악은 결코 선을 뛰어넘을 수 없다는 것이다. 선에서 비롯된 모든 시도는 인간을 더욱 고귀하게 만들지만, 악의 '성공'은 인간을 어느 곳으로도 이끌지 못한다.

운과 신의 섭리

이 책은 신의 섭리Providence of God와 자유의지Free Will에 대한 방대한 질문으로 이어진다. 신의 섭리가 우주의 모든 것을 완벽하게 다스린다는 말을 들은 죄수는 당연히 다음과 같은 질문을 던진다.

"그렇다면 인간의 자유의지는 어떻게 되는 겁니까?"

철학의 여인은 "신은 자유로운 선택에 의해 일어날 미래의 사건들을 미리 볼 수 있다"고 설명한다. 신은 인간의 선택에 따라 어떤 일이 일어날지 다 알고 있지만, 신의 인도를 구하지 않는 인간이 내리는 선택에 대해서는 어떤 선택을 내리든 간섭하지 않는다는 것이다.

죄수는 신의 섭리가 우주 전체를 손쉽게 구성하는 반면, 운은 시간적 한계를 가지고 개인의 움직임에 관여한다는 사실을 알게 된다. 따라서 신에 다가선 사람은 신의 섭리에 근접한 삶을 살며, 신의 섭리에 의존하여 도움을 받을 수 있다. 반면 자신의 인생이 오로지 자신의 손에 달려 있다고 믿는 사람은 자신의 운명에 완전히 묶이며, 또다시 역설적으로 자신의 운명을 통제할 수 없게 된다. 평온을 유지하는 사람은 섭리의 정신을 깨우친다. 그러나 혼란과 불안으로 가득한 사람은 운명의 가혹함만을 보게 된다.

불행으로부터 얻는 의미

철학의 여인은 한때 부와 명성, 권력, 출생의 이익을 모두 누린 다음, 그런 물질적인 것의 최종가치를 억지로나마 깨닫게 된 사람만큼 행복한 사람도 없다고 말한다. 따라서 보에티우스에게 일어난 일, 실제로는 그의 운명의 각본에 따라 진행된 이 모든 일에 저항할 필요가 없다고 이야기한다. 그는 마지막 남은 날 동안 '죄수'로서 글을 쓰면서 자신의 인생을 넓은 안목에서 바라보았다. 그러면서 자신이 그동안 누렸던 것들이 현재 자신이 얻고 있는 자기성찰만큼 중요하지 않다는 사실을 깨닫는다.

보에티우스는 지금까지 자신의 삶이 지배력 또는 고의적인 자기 창조에 관한 삶이었다는 것을 알았다. 그러나 감옥에서의 생활은 사춘기와 성인기의 지배력에 대한 집착을 우주의 단일성과 통합에 대한 각성으로 전환시켰다. 이제 그는 탐욕스러운 정치가에서 지혜로운 어른으로 탈바꿈한 것이다. 철학으로부터 위안을 얻은 그는 이제 죽음을 비롯한 그 어떤 두려움도 넓은 시각에서 바라볼 수 있게 되었다.

《철학의 위안》은 단테와 제프리 초서, 아퀴나스 등에게 영감을 주었으며 알프레드 국왕(9세기)과 엘리자베스 1세(16세기)에 의해 영어로 옮겨졌다. 그리고 일반인들에게 이 책은 중세시대와 연관된 신앙심 및 자기반성을 불러일으키는 데 도움을 주었다.

폭넓은 대중을 계몽시키고자 했던 보에티우스의 소망은 이 책에 고스란히 나타난다. 그는 '메니푸스 풍자Menippean satire'(메니푸스는 고대 그리스의 가다라 출신의 철학자로, 냉소적이고 풍자적인 글을 남김)로 알려진 산문과 시를 군데군데 삽입했는데, 이것은 당시로서는 대중적이고 친근한 문학적 형태였다. 이 책은 독자들에게 위로만큼이나 즐거움을 제공함으로써 이 책의 주장을 더욱 잘 받아들이도록 고안되었다. 영문판 번역자인 P. S. 월시도 이 점을 잘 포착했다.

간추린 평

보에티우스는 과거를 살았던 위대한 지성인이지만, 그의 저서는 시대를 뛰어넘어 현대의 독자들에게도 직접적인 충고와 위안과 영감을 제공한다. 자유의지에 대한 이 책의 중심적인 질문은 너무 어려워보일 수 있으나, 실제로 인간의 자유의지는 일반적인 자기계발 윤리의 중추를 차지하며, 육체적으로 자유롭지 못한 상황에서도 자유로운 마음의 소유자가 되는 것, 즉 보에티우스가 이룬 그것은 성숙의 본질이다. 《철학의 위안》은 당신이 지금껏 읽었을 행복의 본질에 관한 책 중에서 가장 심오할 것이다.

📖 함께 읽으면 좋은 책
《명상록》《죽음의 수용소에서》

BOOK 33

수백만 년 전에 탄생한 위대한 지혜의 보고

《도덕경》

道德經

"우주의 자연스러운 '흐름'과 조화를 이룸으로써
한결 쉽고 효율적인 인생을 살 수 있다."

노자老子

중국 고대의 철학자로 도가道家를 창시했다. 그의 이름은 이이李耳, 자는 담聃으로, 노담老聃이라고도 한다. 초나라 고현苦縣에서 태어났다.

춘추시대 말기 주나라의 장서실 관리인인 수장실사守藏室史로 일했다. 공자가 젊었을 때 뤄양洛陽으로 노자를 찾아가 예禮에 관한 가르침을 한 것으로 알려졌다. 또 주나라의 쇠퇴를 한탄하고 은퇴할 것을 결심한 후 서방西方으로 떠났다. 도중에 관문지기의 요청으로 상하 두 편의 책을 써주었다고 한다. 이것을 《노자》라고 하며 《도덕경》이라고도 하는데, 도가사상의 효시로 일컬어진다.

"장애물과 맞서지 말고 비켜가라. 무조건 해내려고 애쓰지 말라. 때를 기다려라."

"이해하려고 애쓰는 것은 진흙탕을 들여다보려고 눈을 크게 뜨는 것과 같다. 마음을 가라앉히고 진흙이 가라앉길 기다려라. 행동할 때가 될 때까지 가만히 있어라."

"자신의 특성에 집착하지 말고 모든 존재를 자기 자신처럼 여겨라. 그러면 온 세상과 혼연을 이룰 것이다."

"친구를 만나든 적을 만나든, 무엇을 잃든 얻든, 명성을 누리든 창피를 당하든, 지혜로운 자는 평상심을 유지한다. 그것이 그를 비범하게 만든다."

《도덕경》은 수백만 년 전에 탄생한 세계적으로 위대한 철학적, 영적 고전 중 하나이다. 도교의 가장 오래된 경전이자 명상서적이며, 자연과의 조화에 초점을 맞추고 시간을 초월한 힘의 철학이다. 또한 이 책은 수많은 세월이 흘렀음에도 오히려 현대인의 리더십 입문서로 활용될 만큼 현대인의 삶에도 잘 맞는다.

《도덕경》의 제목은 '힘의 방식The Way of Power' 또는 '도道, way와 덕德, virtue의 경전經傳'이라는 뜻이다. '도'는 '덕'을 결정하며, '덕'은 '도'를 따르는 사람의 행동방식이다. '도'는 결코 하나로 정의될 수 없으며, 모든 삶을 관통하는 시대를 초월한 정신으로 우주의 본질적 유일성을 창조한다.

《도덕경》은 '도'와 완벽하게 조화를 이룸으로써 우주와도 조화를 이룬 한 인간을 그린다. 저명한 중국학자 마틴 팔머는 티모시 프리크가 번역한 《도덕경》의 영문판 서문에서 이 책은 '저항해야 할 대상이 아닌, 우리를 위해 함께 살아가야 할 정돈된 세상'을 대변한다고 말한다. 이런 세상에서 우리는 더 이상 투쟁하지 않으며, 생각 없이 몸부림치기보다는 우리에게 필요한 것을 가져다주는 세상에 파장을 맞춰야 한다.

'도'와 조화를 이룰 경우 인간의 행위는 더 이상 '행위action'로 보이지 않는다고 말한다. 이러한 느낌을 미하이 칙센트미하이는 '몰입'이라 불렀으며, 물리학자 데이비드 봄은 '펼쳐짐the unfolding'(인간의 의식은 모든 물질의 다양한 깊이의 '접힘'과 '펼쳐짐' 속에 존재하는데, 그 중에 하나인 상태를 일컫는 말)의 일부로 보았다. 반대로 일반적인 행위는 뭔가를 이루려는 의지를 포함하며, 주로 조종이나 착취까지도 포함한다. 그러나 '도'의 행위가 전체를 이룰 때 그와 반대되는 모습이 나타난다.

'도'의 리더십

《도덕경》은 리더를 두 가지 유형으로 보았다. 하나는 힘을 사용하여 자신의 목적을 이루려는 전통적인 전사적 유형으로 '양陽' 또는 남성적인 것을 상징한다. 다른 하나는 치유적 리더십으로 여성적인 '음陰'을 상징한다. 후자는 '봉사형 리더십'의 개념으로, 리더는 배경이 되며 오히려 리더를 따르는 사람들이 주인공이 된다.

비즈니스 세계에서는 강한 힘을 가진 리더일수록 힘을 적게 사용해야 한다고 말한다. 이것은 오늘날 잘나가는 회사의 팀워크와 시너지, 평등한 상하구조에서 확인되며, 힘의 분산으로 효율성을 증대시키는 것이 그들의 목적이다. 이러한 조직에서는 진정으로 삶을 향상시킬 만한 아이디어나 상품을 만들어낼 기회가 훨씬 많다.

2020년쯤 되면 직위나 자리, 부귀에 연연하는 고전적인 리더는 더 이상 영향력을 발휘하지 못할 것이다. 《도덕경》은 이렇게 말한다.

"현명한 자는 돋보인다.
그들은 스스로를 전체의 일부로 보기 때문이다.
그들은 빛난다.
그들은 깊은 인상을 남기길 원하지 않기 때문이다.
그들은 위대한 것을 이룬다.
그들은 명성을 바라지 않기 때문이다.
그들의 지혜는 견해가 아닌 그들의 모습에 담겨 있다.
그들은 언쟁을 거부한다.
그래서 아무도 그들과 언쟁을 벌이지 않는다."

청취와 양보, 협동과 개방, 최선의 결과를 추구하는 모든 '음'적

인 측면은 인간에게 문명을 가져다준 수완 좋은 '양'의 힘과 균형을
이뤄야 한다. 두 가지 힘의 통합은 새로운 리더의 표상이 될 것이며,
그러한 리더는 자신이 하는 말이나 지금껏 이뤄온 것과 상관없이
많은 사람의 신망을 얻을 것이다. "즉 그들의 지혜에는 그들의 모습
이 담겨 있다."

'도'에서 말하는 성공방식

성공적인 삶을 안내하는 책으로서《도덕경》은 상당히 낯설게 들리
는 충고를 한다. "포기하라. 그러면 성공할 것이다."

위의 문장을 성공을 위해 적극적으로 한 계단씩 밟고 올라가라
고 말하는 다른 자기계발서와 어떻게 융화시킬 수 있을까? 전형적
인 현대식 자기계발서《네 안에 잠든 거인을 깨워라》를 보자. '정신
적, 감정적, 신체적, 금전적 운명을 즉각 변화시키는 법!'이라는 부
제의 이 책은 인간이 자신에게 바라는 모습과 인간을 행복하게 해
줄 무엇, 그리고 인간의 무한한 잠재력에 대한 믿음에 근거하여 전
반적인 자기창조의 윤리를 요약하고 있다.

그와 반대로《도덕경》은 힘이나 명성, 부를 추구하지 않고 단순
한 삶을 살아가는 방법에 관한 책이다. 어떤 것도 억지로 생겨나게
만들거나 타인을 내 방식대로 조종하지 않으며 순간순간을 살아가
는 것은 대단한 환희다. 또한 이 책은 시간조절(타이밍)의 힘을 보여
준다.

"마음을 차분히 하고 진흙이 가라앉길 기다려라.

행동할 때가 될 때까지 가만히 있어라."

어떤 길이 나은가? 성취에 초점을 맞추며 포기하지 않는 열정을 기울이는 편이 나은가? 아니면 물 흐르듯 살며 모든 일이 알아서 이뤄지도록 '내버려두는' 편이 나은가? 궁극적으로는 우리가 어느 쪽을 믿는지에 달려 있다. 우리 자신인가? 아니면 우주를 다스리는 지식('도')인가?

《도덕경》에서 모든 것을 창조하는 '도'는 인간에게 평화와 기쁨, 개인적 성취를 가져다준다. 투쟁하려는 충동은 전체를 느끼기 위해 비록 일부일지라도 세상에 대한 통제권을 쥐어야 한다는 인식에서 비롯된 것이 틀림없다. 그러나 뭔가를 창조함으로써 자신의 정체성을 표현하는 것이 자연스러운 방법이므로 투쟁은 성공에 이르는 최선의 길이 아닐 가능성이 당연히 높다. 따라서 인간의 투쟁 목적은 《도덕경》이 제안하는 위대한 통합의 상징으로만 인정되어야 한다. 이러한 통합은 '하늘의 방식'으로 표현된다.

간추린 평

《도덕경》의 글들이 처음에는 생소하게 들리겠지만, 결국에는 우리의 삶과 성공에 대한 생각의 폭을 확장시키고 변화시킬 것이다. 또한 우리에게 필요한 것은 지금과 완전히 다른 생각을 갖는 게 아니라 우리의 세계관을 구체화하는 것임을 알게 될 것이다.

이 책을 처음부터 끝까지 한 번에 읽으려고 하지 마라. 이 책은 설명이 덧붙지 않은 짧은 구절의 글이 연결된 명상록이며, 각 글 사이에 연관성도 없어 보인다. 이 책의 최면적인 힘은 다음의 글로 요약된다.

"여행자는 좋은 음식과 좋은 음악 때문에 길을 멈춘다.

그러나 도에 대한 설명은 김빠지고 맛없어 보인다.

전혀 특별해 보이지 않는다.

전혀 특별하게 들리지도 않는다.

그러나 도에 따라 살라. 결코 도에 싫증나지 않을 것이다."

📖 함께 읽으면 좋은 책
《풍요로운 삶을 위한 일곱 가지 지혜》

BOOK 34

인생의 변화에 대처하는 바람직한 자세

《내 삶에 변화가 찾아올 때》

Transitions : Making Sense of Life's Changes

"모든 삶의 변환은 일정한 패턴을 지니며,
그것을 알아낸다면 힘든 시기를 이겨내는 데
큰 도움이 될 것이다."

윌리엄 브리지스 William Bridges

1933년 뉴잉글랜드에서 태어나 자랐다. 하버드대학교에서 영문학을 공부하고 컬럼비아대학교에서는 역사학으로 석사학위를 받았으며, 브라운대학교에서는 박사학위를 받았다. 《월스트리트 저널》이 선정한 미국에서 가장 영향력 있는 컨설턴트 10인 중 한 사람이자 변환관리 transition management의 창시자인 그는 한때 대학에서 영문과 교수로서 학생들을 가르치기도 했지만, 1970년대 중반에 변환관리 전문가로 변신했다. 컨설턴트 및 강연자로 활동하면서 인텔, 애플, 쉘 등 초일류기업들을 위한 변환전략을 개발했다. 그의 대표적인 저서 《내 삶에 변화가 찾아올 때》는 여러 차례의 워크숍을 진행하는 과정에서 출간되었는데, 변환 과정에 놓인 수많은 사람을 돕는 풍부한 내용들로 인해 오랫동안 베스트셀러에 올랐다.

"자연에서 성장은 시기적 가속과 변모를 뜻한다. 만물은 한참에 걸쳐 느리게 움직이며, 어느 날 갑자기 알껍데기가 갈라지고, 나뭇가지에서 꽃이 피고, 올챙이 꼬리가 없어지고, 낙엽이 떨어지고, 새가 털갈이를 하고, 동면이 시작되기 전까지는 마치 아무 일도 없었던 것처럼 보인다. 인간에게도 마찬가지이다. 비록 깃털과 낙엽만큼 신호가 뚜렷하지는 않지만 변화에 있어서 시간의 기능만큼은 똑같다."

"변화를 택하든 아니든, 당신 내면에는 잠재력이 있으며 아직 겉으로 발산되지 않은 관심과 재능이 숨어 있다. 변환은 새로운 성장을 위해 땅을 고른다. 또한 새로운 장의 무대장치를 위해 잠시 막을 내린다. 당신의 인생에서 무대 뒤편에 조용히 '큐' 사인을 기다리고 있는 것이 무엇인가."

윌리엄 브리지스는 인생의 전환기를 거치던 중, 변환transition에 대한 안내서가 없다는 사실을 발견하고 직접 이 책을 쓰기 시작했다. 자신도 놀랄 만큼 《내 삶에 변화가 찾아올 때》는 즉각적인 반응을 얻었으며 25만 부 이상 팔렸다.

이 책은 단순히 "이렇게 하라"를 알려주는 지침서가 아니며, 해체와 죽음, 부활의 과정이 자연의 근본적인 모습이고 신화의 중심 주제라는 사실을 보여준다. 불안정한 이 같은 주기는 지극히 자연스러운 상태에 속한다. 모든 인간은 이러한 주기를 직관적으로 알아차리고 있지만, 그 과정을 보다 명백히 인정하고 긴밀히 들여다본다면 피할 수 없는 변환의 시간을 좀더 수월하게 보낼 수 있다고 브리지스는 충고한다.

변환의 메커니즘

변환의 가장 흥미로운 특징은 그것이 예상치 못한 방식으로 온다는 것이다. 예를 들어 아이를 낳은 여성이나 부부는 시간과 자유가 없어진 것 때문에 힘든 시간을 겪는다. 자식을 얻은 기쁨을 누릴 겨를도 없이 과거의 덜 구속적이었던 생활이 마감된 것을 극복해야 한다.

브리지스의 그룹치료 모임에 온 남자가 있었는데, 그는 얼마 전에 빠르게 승진되면서 인생의 변환기를 맞은 사람이었다. 그와 그의 가족은 지금껏 원했던 모든 것을 얻은 셈이었으나 왠지 모르게 그는 심리적으로 당시의 상황을 감당하기 힘들어 했다. 왜 그럴까? 모든 인간은 나름의 인생 패턴을 지니는데, 그 패턴이 우리에게 행복을 주는지 아닌지는 실제로 중요하지 않다. 다만 인생의 패턴이 달라졌을 때, 기존의 패턴에 대한 상실감만이 크게 부각된다. 심지어 오랫동안 작은 클럽을 전전하며 힘들게 생활하던 뮤지션도 갑자기 슈퍼스타가 되거나 로또에 당첨될 경우 그에 적응할 시간이 필요하다.

따라서 일어난 사건이 좋은 것인지 나쁜 것인지 판단하기보다는, 그것이 인생에 중요한 변화를 가져오는지 아닌지에 초점을 맞춰야 한다. 상대적으로 하찮아 보이는 사건에도 주목하라. 심리적인 기저에서 심연의 목소리가 계속해서 들려올 때, 그것은 확실한 변환의 상징이다.

변하지 않는 것은 없다

변환을 좀더 폭넓은 인생여정에서 바라보면 더욱 유용하다. 많은 사회학자는 서른이란 나이를 청년에서 진정한 성인으로 옮겨가는 결정적인 전환점으로 본다. 옛날에는 21세가 그랬다. 한 남성이 브리지스를 찾아와 호소했다. "나이를 먹는데도 여전히 사춘기에서 벗어나지 않는 것 같아요!" 그러나 변환은 평생에 걸쳐서 일어나며 특정한 연령과 결코 일치하지 않는다.

브리지스는 수많은 고난과 시련을 뚫고 귀향하는 오디세우스 신화의 긴 여정을 언급한다. 오디세우스는 위대한 지도자였으나 자신의 여정을 통해 과거의 삶의 방식을 버려야 한다는 걸 깨닫는다. 변환의 메시지 중 하나는 인간이 평생 똑같은 행동을 취하는 똑같은 모습일 수 없다는 사실이다. 나이 어린 사람들은 서른이 지나면 죽을 때까지 안정되고 평탄한 삶을 살 거라고 예상한다. 그러나 그런 일은 거의 일어나지 않으며, 만약 지나치게 안주된 삶이 계속될 경우, 우리는 스스로 변화를 택하거나 어떻게든 변화가 일어나도록 만들 것이다.

변환의 3단계

다음은 인류학자들의 이론과 대부분의 부족의식에서 나타나는 '통과의례'에 의거해 브리지스가 정의한 변환의 3단계를 간략히 요약한 것이다.

1단계 : 끝

새로운 출발을 하기 위해서는 하던 일을 끝내야 한다. 전통적인 부족민들은 누군가 내적 변환을 겪기 시작할 경우, 대부분 그를 정상적인 일상생활로부터 벗어나도록 배려한다. 변환을 맞는 현대인 역시 평소의 경험으로부터 '유리'될 필요성을 느낀다.

이것은 '탈脫동일시' 감각으로 이어지며 더 이상 나는 예전에 내가 알고 있던 내가 아니라는 생각이 들도록 한다. 과거에 나를 움직이게 했던 동기는 사라지고 없다. 또 다른 과정은 바로 '깨달음'이다. 그동안 자신을 지배했던 세계관이 현실을 제대로 반영하지 못했다는 사실을 깨닫는 시점이다. 이것은 변환의 첫 번째 단계이자 새로운 출발과 새로운 세계관을 위한 길을 닦는 측면에서 마지막 단계이기도 하다.

인간은 각자 다른 방식으로 끝을 선택하며, 이 과정이 과거의 상처나 수치심을 일깨우기도 한다. 어렸을 적 자신이 가치 없다는 느낌을 가졌다면 훗날 인생에서 실패처럼 보이는 일을 겪을 때마다 어릴 적의 무가치한 느낌이 되살아나면서 심한 고통을 겪을 것이다. 때로 이와 같은 느낌을 받더라도 끝은 인생의 마지막이 아니다.

부족문화에서 그들은 끝을 과정의 마지막으로 보지 않고 새로운 인생을 위해 필요한 단계로 인식시키는 의식을 행한다.

2단계 : 중립지대

인간은 끝의 충격 이후에 오는 불편한 시간으로부터 가급적 빨리 벗어나고 싶어 한다. 그러나 이 시간은 우리의 인생에서 가장 소중한 시간이 될 것이다. '깨어져 나온' 우리는 앞으로 새로운 존재 및 행동방식을 고려할 준비가 되어 있기 때문이다. 브리지스는 중립지대를 보내는 시기를 위해 몇 가지 조언을 한다.

- 혼자만의 시간을 마련하라. 공허함을 반겨라. 주의를 빼앗기지 않고 말 그대로 아무것도 하지 않을 수 있는 곳으로 떠나되, 그곳에서 대단한 계시를 받을 거라고는 기대하지 말라. 중요한 것은 꿈과 생각에 집중하는 것이다.
- 중립지대에서의 경험을 일기나 자서전에 기록하라. 인생여정을 '다시 쓰는' 기회를 가져라.
- 정말로 원하는 것이 무엇인지, 인생에서의 목표가 무엇인지를 찾도록 애써라. 인생이 오늘 끝난다면 지금 당장 무엇을 하겠는가?

사도 바오로, 마호메트, 단테, 부처 같은 여러 위대한 역사적 인물들도 숲이나 사막으로 자진해서 들어갔다. 우리의 목적이 그들처럼 세상을 구원하는 것은 아닐 테지만, 수천 년간 인간은 은둔의 시간을 가져왔고 그렇게 할 필요가 있다.

3단계 : 새로운 시작

중립지대를 언제 떠나도 좋을지 어떻게 알 것인가? 언제쯤 위대한 새 출발이 시작될 것인가? 그 출발점은 훗날 뒤돌아봤을 때만 보이는 경우가 많다. 당시에는 아무런 인상도 받지 못하기 때문이다. 가고 싶지 않았던 파티에서 누군가를 만나 마침내 결혼할 수도 있고, 친구 집에 갔다가 우연히 읽은 책이 인생을 송두리째 바꿔놓을 수도 있다.

움직일 준비가 되어 있으면 기회는 언제든 찾아오며, 놀라운 시간이 펼쳐진다. 하지만 서두르지 말고 과거의 일정 형태의 삶을 계속해서 유지하라. 중립지대를 통해 시각을 새롭게 하는 것이 중요하며, 원하는 만큼 빨리 변하지 않는다고 해도 낙담하지 말라. 브리지스는 선禪의 말씀을 인용하며 "깨달음을 얻은 후에는 빨래를 하라"라고 말한다.

간추린 평

이혼이든 복학이든 전업이든 중대한 변환을 겪는 사람들이 공통적으로 겪는 일이 있다. '또 다른 정돈된 무언가로 되돌아가며' 과거의 모든 시간들을 버린다는 것이다. 아마 이런 생각이 들 것이다. '전에 했던 일을 계속 했어야 하는 건 아닐까? 그것도 나쁘지는 않았는데 말야.'

브리지스의 책은 그런 사람들에게 충분한 지지와 동기를 부여한다. 변환이 모든 것의 끝이 아니라 결국에는 지금보다 훨씬 분명한 방향을 보여주는 주기적인 과정일 뿐임을 알려준다. 그는 랄프 왈도 에머슨의 말을 빌려 "인간이 위대한 것은 인간의 목적보다 변환 덕분이다"라고 말한다. 힘든 시기를 보내는 일에 능숙해진다면 전반적인 인생의 모든 문제를 훨씬 자신감 있게 대처해나갈 수 있을 것이다.

이 책이 지금 당장 매력적으로 읽히지 않더라도 안정의 시기가 끝나는 느낌이 들 때는 꼭 이 책을 기억하라.

📖 함께 읽으면 좋은 책
《길을 헤매다 만난 나의 북극성》《무쇠 한스 이야기》《신화의 힘》
《늑대와 함께 달리는 여인들》《영혼의 돌봄》

BOOK 35

혼돈의 세상에서 나로 살아가는 법
《명상록》

Meditations

"사소하거나 대수롭지 않는 일에 사로잡히지 말라.
보다 넓은 안목에서 현재의 삶에 감사하라."

마르쿠스 아우렐리우스 Marcus Aurelius

121년 4월 로마에서 마르쿠스 안니우스 베루스와 도미티아 루킬라의 아들로 태어났다. 그러나 일찍 아버지를 여읜 그는 할아버지에게 입양되어 당대 최고의 학자들에게 수사학, 철학, 법학, 미술 등을 배웠다. 로마 5현제의 한 사람인 하드리아누스가 138년에 서거하면서 후계자로 안토니우스 피우스를 지명했으며, 그는 하드리아누스의 유지를 받들어 17세의 아우렐리우스를 자신의 후계자로 삼았다. 40세에 왕권을 승계한 그는 자진해서 동생인 루키우스 베루스와 통치권을 나눠 가졌다. 그러나 루키우스 베루스는 8년 후에 사망했다. 그는 평화주의적인 기질을 타고났으나 마르코만니, 콰디를 비롯한 게르만족들과 영토보존을 위해 어쩔 수 없이 전쟁을 계속해야 했다. 이처럼 로마제국의 황금기가 저물어갈 무렵 황제가 된 그는 격무에 시달리면서도 틈틈이 《명상록》을 집필했다. 그가 죽고 14세기가 지난 1559년에 그의 글이 최초로 인쇄되었다.

"너의 운명의 모습과 맞게 다가오는 것만을 사랑하라. 이보다 더 너의 욕구와 맞아떨어지는 것이 어디 있겠는가."

"모든 것은 각자의 임무를 지니고 태어났다. 말과 포도나무도 그렇다. 이는 분명한 이치이다. 태양신마저도 '나는 이 일을 하려고 태어났다'고 말할 것이며 하늘에 계신 다른 신들도 마찬가지이다. 그렇다면 너는 무엇을 위해 태어났는가? 쾌락을 위해? 그런 생각을 스스로 용납할 수 있는가."

마르쿠스 아우렐리우스는 161년에 황제가 되어 눈을 감기까지 19년간 로마를 다스렸다. 그의 통치 기간 중 로마는 위기에 처했다. 국경에서는 '야만인'들이 지속적으로 출몰했고 군인들 사이에 전염병이 돌았으며 페스트와 지진이란 악재까지 겹쳤다. 그와 같은 위기 속에서 오늘날의 대통령이 철학자처럼 행동한다고 상상해보라. 그러나 아우렐리우스는 영면한 후 로마인들에게 완벽한 황제, 진정한 철학자다운 왕, 그의 아들 코모두스의 포악한 통치와 3세기의 사회적 혼란이 있기 이전의 실로 고결한 통치를 보여준 마지막 왕으로 이상화되었다.

개인을 초월한 위대한 선을 찾아서

스토아 철학자였던 아우렐리우스는 고난한 삶으로 인해 불행해지는 것을 거부했다. 스토아학파는 기원전 300년경에 처음 생겨난 그리스 철학파였다. 그들은 인간이 우주의 법칙에 순종하며 살아야 한다고 가르쳤으며 인간의 의무와 이성, 쾌락의 탈피, 두려움 없는 죽음을 강조했다. 또한 의도가 어떻든 모든 행동에 대한 책임을 졌으며, 개인을 초월한 위대한 선善을 추구했다. 아우렐리우스가 지금 살아 있다면 세계적 협조 노력을 지향하는 UN이나 그 밖의 단체들을 지지했을 것이다. 그만큼 스토아철학은 세계적인 시야를 갖췄으며 보편적 형제애를 신봉했다. 보편적 시각은 세계뿐만 아니라 시간에 대해서도 마찬가지였다.《명상록》을 인용하면 다음과 같다.

"모든 것은 유서 깊은 과거로 사라지고 곧 망각으로 덮인다. 영광의 광채에 사는 사람에게도 마찬가지이다. 더 이상 숨을 쉴 수 없게 될 때 모든 사람은 고대 그리스의 시인 호메로스의 말대로 '시야에서 사라지고 소문이 되어버린다.' 과연 불멸의 명성이란 무엇인가? 부질없고 공허하다. 그렇다면 인간이 열망해야 할 것은 무엇인가? 그것은 단 하나뿐이다. 바른 생각과 이기적이지 않은 행동, 거짓을 말하지 않는 혀, 모든 지나가는 일을 운명적이고 예측가능하며 하나의 동일한 원천과 기원으로부터 나온 것으로 기쁘게 받아들이는 마음이다."

지금으로부터 1,900년 이전에 쓰인 글이지만, 오늘날에 오히려 적절하다. 또한 아우렐리우스는 자신의 인생을 통해 이 글을 입증하고 있다. 오늘날 지도자로서의 아우렐리우스의 능력이나 그 밖의 것들을 기억하는 사람은 많지 않을 것이다. 그러나 야전 불빛 아래서 차분히 자신의 사상을 담은《명상록》은 많은 사람의 가슴과 마음에 살아 있다.

이 책은 인간을 비롯한 우주의 삼라만상의 근본적 통합에 대한 인식을 담고 있다. 다른 사람의 눈으로 세상을 바라보려 노력하는 것은, 한 인간의 세계를 확장하는 것과 같으며 세상을 통합하는 것이라고 말한다. 또한 타인을 경멸하거나 피하거나 판단하는 것은 자연의 법칙을 거스르는 것이라고 한다. 그 반대를 통해 인간관계를 한층 높은 차원으로 끌어올려야 한다는 것이 아우렐리우스 황제의 기본사상이다.

있는 그대로 받아들이는 법

《명상록》은 우주와 인간의 어떤 모습을 좋아해야 하는지가 아니라, 그 모든 것을 있는 그대로 받아들여야 한다는 메시지로 가득하다. 이러한 관점은 다음과 같은 시구처럼 서글픈 구석도 담고 있다. "당신의 심장이 멈추더라도 인류는 이전처럼 계속될 것이다." 혹자는 외로운 한 남자의 사상을 읽으면서 가슴 저린 느낌을 받을지도 모른다. 그러나 인생을 객관적으로 바라보는 아우렐리우스의 능력은 모든 실질적인 환멸로부터 그를 구해주었다.

"끊임없이 부서지는 파도와 맞서는 갑岬처럼 되라. 주변의 요동치는 물살이 또 한 차례의 휴식을 위해 잠잠해질 때까지 꿋꿋이 버티고 서라. '내가 이런 일을 겪다니 나는 얼마나 불행한가!' 결코 그렇지 않다. 오히려 이렇게 말하라. '쓰라림 없이 이 일을 겪어냈으니 나는 얼마나 운이 좋은가! 나의 현재는 흔들리지 않았고 미래에 대한 기상 또한 잃지 않았다.'"

스토아철학의 위대한 가치는 사물을 올바로 인식하고 그것의 소중함을 기억하는 것이다. 말하자면《명상록》은《사소한 것에 목숨 걸지 마라(습관 바꾸기 편)》의 고대판인 셈이다. 세상을 제대로 바라볼 수 있는 사람은 세상 저 너머의 것도 바라볼 능력이 생긴다. 우리는 이곳에 살고 있고 이곳에서 해야 할 일이 있지만, 이곳이 아닌 다른 곳에서 왔으며 결국 그곳으로 돌아갈 것이라고 느낀다. 삶은 슬프고 외로우며 산 넘어 산처럼 보일 수 있다. 그러나 이런 것들이 인간의 존재에 대한 경외감을 무디게 만들어서는 안 된다.

"빙글빙글 도는 별들을 보라. 그 별들의 중심에 내가 있는 느낌이 들지 않은가. 때로 그 별들이 새롭게 도는 모습을 그려라. 세속적인 삶의 불필요한 찌꺼기를 말끔히 없앨 수 있을 것이다."

간추린 평

아우렐리우스가 비세속 왕권의 전통을 깨고 왕위에 올라 잔인한 통치를 한 코모두스의 아버지였다는 사실이 상상이 되는가? 위대한 철학자이자 지도자였던 그가 그토록 악랄한 자의 아버지였다니!

《명상록》은 명쾌한 해답을 던지는 또 한 권의 자기계발서가 아니다. 이 책의 주제부터가 '완벽하지 않음'이다. 인간은 왜 이런 일이 일어나는지, 왜 사람들이 저런 방식으로 행동하는지 결코 정확하게 이해할 수 없다. 그러나 그것에 대한 판단은 인간의 몫이 아니다. 모든 사건과 삶은 인간의 한계를 뛰어넘어 방대한 의미를 지니기 때문이다. 이렇게 생각하는 것 자체가 위안이 된다.

이 책은 광폭한 세상에 올바른 이성을 유지한 사람이 쓴 짧은 책이다. 오늘날의 독자들 역시 현대의 철학적 자기계발서 사이에서도 단연 돋보이는 이 책의 아름다운 문구들을 사랑하게 될 것이다. 평생의 길잡이로 구입하기에 아깝지 않은 책이다.

📖 함께 읽으면 좋은 책
《철학의 위안》《사소한 것에 목숨 걸지 마라(습관 바꾸기 편)》

5부

마음의 신비

내면의 아이를 깨워라

조지프 캠벨 & 빌 모이어스, 《신화의 힘》(1987)

M. 스캇 펙, 《아직도 가야 할 길》(1978)

헨리 데이비드 소로, 《월든》(1854)

클라리사 P. 에스테스, 《늑대와 함께 달리는 여인들》(1992)

로버트 블라이, 《무쇠 한스 이야기》(1990)

토머스 무어, 《영혼의 돌봄》(1992)

제임스 힐먼, 《나는 무엇을 원하는가》(1996)

BOOK 36

영웅이 아닌 사람은 없다

《신화의 힘》

The Power of Myth

"늘 좋아하는 일을 하고 인생을 멋진 여행으로 여겨라."

조지프 캠벨 Joseph Campbell

1904년 뉴욕에서 태어났다. 그는 어릴 적부터 원주민들의 신화와 설화를 무척 좋아했다. 다트머스대학교에 진학한 그는 생물학과 수학을 전공했는데, 그 후 컬럼비아대학교로 옮겨 아서 왕 전설에 대한 논문으로 석사학위를 받았다. 1927년 장학금을 받으며 파리대학교에서 고대언어를 전공했고, 뮌헨대학교에서 산스크리트 문학과 인도-유럽 철학을 공부했다. 그는 신설된 사라로렌스여자대학교에 첫 직장을 얻어 38년간 근무하면서 조금씩 집필활동을 이어나갔는데, 《신화의 힘》 외에도 《우파니샤드》의 번역과 편집을 맡았고, 《천의 얼굴을 가진 영웅》 등 여러 권의 저서를 집필했다.

빌 모이어스 Bill Moyers

CBS 뉴스와 PBS를 통해 시청자들의 존경을 한 몸에 받고 있다. 그는 우리 시대의 탁월한 사상가들을 만나 그들의 생각과 학문적 성과를 소개하는 작업을 하고 있다.

"**빌 모이어스 :** 선생님도 천복bliss(하늘이 내려준 행복)을 추구할 때 저처럼 보이지 않는 손길의 도움을 받는 듯한 느낌을 받으신 적 있습니까?"

"**조지프 캠벨 :** 늘 그렇습니다. 정말 놀라운 일이죠. 게다가 매 순간 보이지 않는 손길의 도움 덕분에 갖게 된 믿음도 있습니다. 그것은 누구나 천복을 구하면 늘 자신을 기다리고 있던 길로 접어들게 된다는 믿음입니다. 더욱이 자신이 살아야 했던 과거의 인생은 지금 살고 있는 인생이 됩니다. 그걸 깨닫는다면 천복의 벌판에 사는 사람들을 만날 것이고, 그들은 벌판의 문을 열어줄 것입니다. 전 이렇게 말하고 싶어요. 두려움 없이 천복을 좇으세요. 그러면 생각지도 못했던 곳에서 문들이 열릴 것입니다."

이 책은 매우 충만한 삶을 살았던 한 남성의 이야기를 들을 수 있는 책이다. 조지프 캠벨은 본래 소설가로, 단절적인 현대인의 삶을 빨아들일 힘을 지녔다고 느낀 옛이야기와 신화들을 해설하며 일생을 보냈다. 존경받는 신화학자이기도 한 그는 영화 〈스타워즈〉의 탄생에도 일조했다. 조지 루카스 감독은 캠벨의 저서 《천의 얼굴을 가진 영웅》에서 영화의 모티브를 얻었으며, 지혜와 연륜을 상징하는 '요다'라는 캐릭터도 캠벨의 모습에서 영감을 얻었다고 고백했다.

하지만 캠벨은 자신의 삶에서 특별히 신화적인 부분을 끄집어내려고 하지는 않았다. 왜냐하면 자신뿐 아니라 모든 인간의 삶이 위대한 신화를 닮을 수 있다는 것이 그의 중심사상 중 하나였기 때문이다. '영웅의 여정'이라는 캠벨의 사상은 엄청난 반향을 일으켰으며, 겸손한 많은 사람을 위대한 삶이란 궤도로 이끌었다.

《신화의 힘》은 작가이자 저널리스트인 빌 모이어스가 캠벨과 문명의 신화와 상징에 대해 허심탄회하게 나눈 대화를 기록한 것이다. 그들의 대화는 조지 루카스의 '스카이워커 랜치'라는 광대한 촬영장에서 TV 시리즈로 촬영되어 미국 시청자들의 관심을 사로잡았으며, 책으로도 출간되었다. 캠벨은 촬영 후 얼마 지나지 않아 사망했으며, 《신화의 힘》은 그의 지혜와 지식이 담긴 마지막 스냅사진이 되었다.

신화의 힘

캠벨의 주요 과제는 "신화가 오늘날 인간에게 어떤 강력한 힘을 발휘할 수 있는가"였다. 우리의 삶을 오디세우스나 아르테미스 여신의 삶과 비교할 수 있는가?

캠벨은 신화 속 인물들이 인간의 잠재력을 보여주는 원형의 역할을 한다고 믿었다. 신들이 맞닥뜨린 각종 문제에 반응하는 모습은 우리 인간이 이렇게 삶을 헤쳐나가야 하는지에 대한 아이디어를 제공해준다. 가령 우리 자신을 《바가바드 기타》의 청년 전사 아르주나로 정의하는 것은 우리의 자아를 과장하는 것이 아니라, 아르주나가 인간에게 가르치는 무언가를 받아들이겠다는 뜻이다. 신화와 함께라면 인간은 결코 외로울 수 없다. 신화가 모든 이의 인간 정신을 보여주고, 인간의 모든 삶의 주기와 경험들을 미리 알려주기 때문이다. 그는 신화를 일컬어 서로 다른 수많은 문화와 사람들이 부르는 '우주의 노래'라고 했다. 신화를 통해 인간의 모든 경험은 힘을 얻는다. 반면 신화가 없다면 인간의 삶은 그저 의미 없는 굴곡의 연속처럼 보일 것이다.

다만 캠벨은 신화를 읽는 것은 우리가 삶의 의미를 찾기 위해서가 아니라 '삶 자체가 모험'이라는 것을 깨닫기 위해서라고 말한다. 인간의 광활한 상상력과 경험 안에서 우리 자신을 돌아보지 않는다면 우리의 삶은 낭만과 깊이가 부족할 수밖에 없다. 우리의 머릿속에 담겨 있는 이야기와 상상력은 우리에게 유용하게 사용되는 작은 단편일 뿐이며, 과거의 문화와 예술에 대한 지식으로 범위를 넓힌다면 우리의 삶은 무한히 풍요로워질 것이다.

천복을 따르라

캠벨은 '운명의 수레바퀴'라는 오래된 사상을 이야기한다. 이것은 아주 오랫동안 인간을 '수레바퀴'의 노예가 되도록 만들었다. 수레바퀴의 바큇살은 테두리를 향해 뻗어 있으며, 인간은 시간에 맞춰 굴러가는 수레바퀴에 매달려 오르고 내리는 경험을 반복한다. 현대인의 경우 높은 연봉이나 권력, 아름다운 외모 등을 추종하는 테두리에 매달려 살아가며 끊임없이 기쁨과 고통의 순환을 경험한다.

그렇지만 운명의 수레바퀴 사상 자체에 해결책이 들어 있다. 중심 부분인 수레통, 즉 캠벨의 말대로 자신만의 '천복'에 맞춰 사는 법을 배우는 것이다. 인간은 한없이 마음을 빼앗기는 활동, 일, 힘에 대한 열정을 축복으로 받았다. 그것이 무엇인지는 각자에 따라 다르지만 놀랍게도 이러한 축복을 오랫동안 거부하고 있는 경우가 적지 않다. 현대 심리학에서 캠벨의 천복은 미하이 칙센트미하이의 '몰입'의 상태이며 정말로 좋아하는 일을 하고 있을 때의 경험을 뜻한다. 시간이 멈춘 듯하고 자연스럽게 창의적 능력이 발산되며 남다른 환희가 존재한다.

캠벨은 천복이 늘 인간을 기다리고 있으며 인간이 추구하는 일이 실현되도록 올바른 상황으로 이끄는 '보이지 않는 손'을 가졌다고 묘사한다. 신화에서 우주의 어머니로 대표되는 천복은 인간에게 무한한 위안과 기쁨을 주고 세속의 삶을 보호한다.

《신화의 길The Way of Myth》이라는 또 다른 저서에서 캠벨은 '성공의 사다리'를 어렵게 오르지만 결국에는 그 사다리가 잘못된 벽에 기대어진 사다리임을 깨닫는 주변 사람들의 이야기를 전한다. 영화 〈아메리칸 뷰티American Beauty〉에서 케빈 스페이시는 평생 다른 사람들의 기대에 맞춰 살다가 마침내는 자신이 원하는 것을 하기로 결심한다. 그는 그동안 충분히 바퀴의 테두리에 매달린 인생을 살아왔던 것이다. 그 영화의 메시지, 그리고 캠벨이 말하고자 한 핵심은 우리가 살아가는 현재의 평범한 삶은 언제든 위대한 신화적 삶에게 자리를 양보할 준비가 되어 있다는 것이다.

영웅의 여정

캠벨의 독서량은 가히 전설적이다. 그는 월스트리트 주가폭락 사태가 일어나기 바로 몇 주 전에 유럽에서 미국으로 돌아왔으며, 5년간 일자리를 얻지 못했다. 그렇지만 캠벨에게는 그때가 가장 풍요로운 시간이었다. 그는 말했다. "나는 한 번도 가난하다고 느낀 적이 없다. 그저 돈이 없었을 뿐이다." 그가 누린 천복은 공짜나 다름없는 하숙집에 들어앉아 날마다 하루 종일 책을 읽는 것이었다.

지식에 대한 단순한 갈증에서 시작된 독서는 '모든 신화의 핵심'에 대한 궁금증으로 이어졌다. 전세계의 수많은 이야기들을 읽을수록 대부분의 이야기가 근본적인 주형template을 따르고 있음이 명백해졌다. 그것은 바로 '영웅의 여정', 이른바 인간이자 영웅인 인물들이 시험과 검증의 연속적 경험을 거치는 것이다.

많은 신화에는 전형적으로 평온하지만 충족되지 않은 삶을 사는 주인공들이 등장한다. 그들은 어떤 계기를 통해 특별한 목적이나 요구를 지닌 모험을 떠나도록 '부름'받는다. 예컨대 아서 왕의 전설에서 아서 왕은 성배를 찾기 위한 길을 떠난다. 호메로스의《오디세이》에서 오디세우스는 집으로 돌아가기 위한 길을 찾기 위해 애쓴다. 〈스타워즈〉에서 루크 스카이워커는 레이아 공주를 구하기 위해 길을 나선다. 수많은 작은 시험을 거친 영웅들은 누구도 이겨내지 못할 것 같은 최악의 시련을 이겨낸 후 승리감을 맛본다. 그리고 자신이 획득한 '마법의 묘약'(은밀한 지식이나 사물)을 집으로, 현실로 가져온다. 이야기마다 패턴은 다르지만 기본단계는 똑같다.

영웅의 여정이 현재의 우리 삶과 어떤 관련이 있는가? 또는 모이어스가 캠벨에게 물었듯이 영웅이 리더와 다른 점은 무엇인가? 캠벨은 '리더'란 자연스럽게 이루어지거나 얻을 수 있는 것을 알아내며 회사나 국가를 능숙하게 조직하는 반면, '영웅'은 새로운 무언가를 만들어내는 사람이라고 대답했다. 따라서 개혁에 초점을 맞추는 오늘날의 비즈니스 사회에서 개인의 영웅적 여정은 확실히 중요하다.

간추린 평

형태와 상관없이 신화는 인간에게 엄청난 삶의 가능성을 보여준다. 캠벨은 말한다. "난 사람들이 '보통 사람들'에 대한 이야기를 할 때마다 늘 당황스러워진다. 지금껏 한 번도 보통 남자나 여자, 어린아이를 만나본 적이 없기 때문이다." 캠벨은 너무나도 많은 사람이 불확실한 삶의 슬픔과 절망을 받아들이며, 축복받지 못한 삶을 살거나 자신이 축복받았다는 사실조차 모른 채 살아간다고 말한다.

캠벨은 나방면에 관심을 둔 박식가였다. 그는 서양 문명이 전문적인 것을 지향한다는 것을 알아차렸지만 자신이 두루 지식을 갖추어 인간의 이야기와 삶의 경험에서 보편성을 발견해낼 수 있다는 점을 자랑스럽게 여겼다. 영웅사상에 대한 그의 언급은 많은 사람들에게 자신만의 경험과 꿈을 소중히 가꾸도록 하는 계기를 마련했다. 모든 존재가 신화 안에 현존하며 국가적 장벽도 없다. 영웅의 사상에는 탐욕이나 서두름(캠벨의 삶이 좋은 예이다)이 없으며 순간을 풍요롭게 즐길 줄 안다. 또한 자아를 강화시키기보다는 자기 성찰에 초점을 맞춘다. 이는 60년대와 70년대의 인간잠재력운동에 중요한 역할을 했으며, 캠벨은 신화가 인간에게 수천 년간 이야기하고 있던 것을 대중들에게 상기시켰다. 그것은 바로 모든 인간이 나름대로의 영웅이 될 자격이 있다는 것이다.

📖 함께 읽으면 좋은 책
《길을 헤매다 만난 나의 북극성》《나는 무엇을 원하는가》
《영혼의 돌봄》《내 안엔 6개의 얼굴이 숨어 있다》

BOOK 37

영혼의 성숙을 향해 길을 떠나라

《아직도 가야 할 길》

The Road Less Traveled

"'삶은 힘겹다'라는 진실을 인정하면 현실에서 부딪히는 문제들이
더 이상 그렇게 중요하지 않게 된다."

M. 스캇 펙 M. Scott Peck

1936년에 태어나 뉴욕에서 상류층 교육을 받으며 특권층 예비학교와 하버
드대학교를 나왔다. 1963년 케이스웨스턴리저브대학교에서 박사학위를
받은 후 그는 9년간 육군 의무대에서 근무했고 10년간 자신만의 독특한 정
신요법을 개발했다. 심리상담자로서 미국 행정부의 요직을 맡기도 했던 그는
코네티컷주 뉴밀퍼트에서 정신과의사로 환자들을 돌보며 밀퍼트종합병원 정신건강 치료센터의 책
임자로 근무했다. 《아직도 가야 할 길》은 스캇 펙이 39세였던 1970년대 중반에 쓰였으나 1983년에
서야 《뉴욕 타임스》 베스트셀러에 올랐다.

"벤저민 프랭클린은 '상처를 주는 모든 것이 나를 가르친다'라고 말했다. 현명한 자가 문제를 겁내지 않고 문제가 주는 고통마저 반기는 것은 바로 이 때문이다."

"내가 극기라 일컫는 고통의 기술과 문제의 괴로움을 건설적으로 경험하는 방법은 무엇인가? 그것은 만족을 미루고, 책임을 지고, 진리에 충실하며, 균형을 이루는 네 가지다. (중략) 이것들은 매우 단순하며 대략 13세쯤이면 모두 익힌다. 그러나 대통령과 왕들도 종종 이것을 활용하는 방법을 잊고 몰락의 길로 빠진다."

이 책은 자기계발서를 좋아하지 않는 사람들이 읽는 자기계발서이다. 또한 자기계발서의 특징이라고 할 수 있는 무한한 행복과 기쁨에 대한 솔깃한 약속이 전혀 없음에도 불구하고 베스트셀러의 자리를 놓치지 않는다. "삶은 힘겹다"라는 유명한 말로 시작하는 이 책은 로맨틱한 사랑의 허상, 사악함, 정신질환, 저자의 심리적, 정신적 위기와 같은 우울한 주제들로 가득 채워져 있다.

낙천적이지 않기 때문에 이 책이 더 신뢰를 얻는지도 모르겠다. 최악의 것을 경험하고 나면 자유롭게 그 너머를 탐구할 수 있다는 이 책의 전제가 나름대로 효과를 발휘하는 것이다. 《아직도 가야 할 길》은 훌륭한 삶을 위한 최고의 가치로, 고무적이지만 다소 구식인 '자기수양'을 꼽는다. 깨달음이나 온전한 정신적 건강을 위한 쉬운 길은 없으며, 헌신과 책임 등이 자기실현의 밑거름이라고 믿는 독자라면 M. 스캇 펙 박사와 뜻을 같이 하는 사람이다.

그는 전통적인 교육을 받은 정신의학자지만 심리학을 통해 정신적 성장의 단계를 인식하도록 영향을 받은 사람이었다. 그는 이 시대의 독특한 특징으로 과학적, 정신적 세계관의 조화를 들었다. 그리고 《아직도 가야 할 길》을 통해 이 둘 사이의 간격을 좀더 좁히고자 한 그의 시도는 확실히 성공을 거뒀다. 이 책은 심리학이라는 과학과 정신적 탐구 사이에서 지쳐버린 모든 사람으로부터 환영받는다.

극기란 무엇인가

극기discipline와 자제self-control는 펙을 대표하는 자기계발 브랜드이다. 그는 이렇게 말한다.

"극기 없이는 아무것도 해결할 수 없다. 일부의 극기만으로는 일부의 문제만 해결된다. 완전한 극기만이 모든 문제를 해결할 것이다."

만족을 지연하는 능력을 가진 사람은 고통스러운 경험과 신경증을 피할 수 있을 만큼 심리적으로 성숙한 사람이다. 그렇지 못한 사람은 충동을 정신적 습관으로 만든다. 인간이 겪는 대부분의 큰 문제들은 좀더 작은 문제를 쉽게 다루지 않고 '진실을 따르지 않아'

생긴 것이다. 더욱이 대부분의 사람들은 문제가 저절로 사라질 거라는 엄청난 착각을 하고 있다.

이 같은 책임감 부족은 여러 가지 방식으로 막대한 해를 입힌다. 우리는 자유를 받들어 모시는 문화에 살고 있지만 에리히 프롬이 《자유로부터의 도피》에서 지적했듯이 인간은 정치적 권위주의를 수용하고 각자의 개인적 힘은 포기하는 천부적인 성향을 지닌다. 이를 통해 인간은 마치 부정적인 무언가를 피하듯 진정한 자유와 선택으로부터 후퇴한다. 반면 극기는 현실을 받아들일 뿐만 아니라 우리 앞에 놓인 광활한 선택의 폭을 인식하는 면에서도 '성장'을 거듭하는 걸 뜻한다.

영혼의 성숙을 향한 먼 길을 떠나라

이 책은 자신의 정신적인 길을 선택하는 사람들이 얼마나 적은지 보여줌으로써 독자들을 놀라게 한다. 자질이 충분한 병사가 장교 승진을 앞두고 망설이듯, 심리치료를 받으러 온 사람들 중에는 진정한 정신적 건강을 통해 새로운 힘을 얻는 걸 그다지 반기지 않는 경우도 많다. 새롭고 힘든 도전을 하기보다 자동조종장치에 내맡긴 지금의 인생을 살길 바라는 것이다.

《아직도 가야 할 길》은 진정한 인간의 모습을 설명하는 이야기들로 가득하다. 일부는 삶의 변화를 이야기하기도 하지만 많은 이야기는 그저 변화를 거부하거나 결국 시도조차 하지 않는 사람들의 이야기로 채워져 있다. 정말로 그럴까? 덜 심각하기는 하지만 대담하고 풍요로운 인생을 눈앞에 두고 스스로 등을 돌리는 경우도 많다고 한다. 펙은 끔찍한 정신질환에 대한 문제보다도 놓쳐버린 기회에 대한 솔직한 고뇌에서 비롯된 많은 문제를 먼저 해결해야 한다고 말한다.

하지만 대단한 보상이 기다리는 그 멋진 길을 두고 왜 외면하는 걸까? 우리에게 남겨진 길은 영적인 길이지만, 그 옆에 놓인 일반적인 삶의 고속도로에 비해 훨씬 울퉁불퉁하고 희미한 빛이 비추는 길이다. 게다가 고속도로 위의 사람들은 충분히 행복해 보인다. 하지만 펙은 "왜 귀찮게 어려운 길을 가야 하지"라고 묻는 사람은 기쁨을 전혀 모른다고 말한다. 정신적인 삶으로 인한 보상은 실로 엄청나다. 대부분의 사람들은 상상조차 할 수 없을 만큼의 마음의 평화와 두려움으로부터 진정한 자유가 펼쳐지기 때문이다. 그때가 되면 더 이상 나만의 것이 아닌 인생의 짐을 언제든 내려놓을 수 있다.

사랑은 결단이다

아직도 가야 할 길을 가기 위한 연료는 과연 무엇인가? 그것은 물론 '사랑'이며, 펙은 무엇으로도 충분히 정의될 수 없는 사랑을 나름대로 최선을 다해 실명하고 있다. 인간은 그저 '사랑에 빠진다'고 생각하는 경향이 있다. 사랑은 신비롭다. 그러나 반드시 노력이 필요하다. 사랑은 결단이기 때문이다. "사랑에 대한 열망이 사랑은 아니다. 사랑은 사랑한 만큼만 사랑이다."

사랑에 도취된 상태는 어머니와 내가 하나라고 느끼는 유아기로 되돌아가는 것과 같다. 우리는 세상과 다시금 소통하며 모든 것을 할 수 있을 것 같다. 그러나 아기가 스스로를 개별적 인간으로 깨닫듯이 연인도 결국에는 각자의 자아로 되돌아간다. 펙은 이때야말로 '진정한' 사랑이 시작되는 시점이라고 말한다.

인간은 결코 사랑의 습격을 통제할 수는 없지만 극기를 통해 자신의 반응을 책임질 수는 있다. 또한 이러한 사랑의 '영향력'이 발휘될 때 그것은 계속해서 머물며 가장 활기차고 적절한 방식으로 사랑에 채널을 맞출 수 있도록 우리의 힘을 키우는 역할을 한다.

간추린 평

분별력 있는 독자라면 심리적 변화가 반드시 느리게 일어나야 한다는 펙의 입장과 방법만 알면 인간의 한계를 손쉽게 극복할 수 있다는 인지심리학(마틴 셀리그만, 데이비드 D. 번즈, 앤서니 라빈스가 대표적 인물)의 입장이 서로 반대된다는 사실을 깨달았을 것이다. 인격을 쌓고 영혼을 발견하는 등의 고된 노력의 윤리를 강조하는 쪽과 인간의 문제는 그 뿌리가 깊지 않아서 실용적인 정신기술로 해결될 수 있다는 쪽으로 나뉘는 것이다. 전자가 극기와 자기반성을 특징으로 한다면, 후자는 인간에게 올바른 도구만 있으면 어떤 모습으로든 쉽게 변할 수 있다고 믿는다.

후자에 편중된 독자들은 그의 저서를 통해 스스로 균형을 맞출 필요가 있다. 예컨대 펙은 현대 심리학에서는 결코 언급하지 않는 '은총'이라는 경험을 이야기한다. 평화와 감사, 자유의 놀라운 폭발과 다름없는 은총에 대해 그는 가장 고귀한 인간적 경험이며 극기와 목표 있는 삶만이 누릴 수 있는 결실이라고 말한다.

도덕과 극기, 오랜 고난을 찬미하는 펙의 저서는 현대적이지 않은 것처럼 보일 수 있다. 그러나 체제순응주의자가 아닌 그는 인지심리학이 인간을 정신적인 존재로 보기를 포기했다고 비난한다. 또한 그의 책은 융 학파와 뉴에이지 개념인 집단무의식collective unconscious 및 동시성synchronicity을 모두 포용함으로써 독자들을 놀라게 한다. 어찌되었든 기독교와 뉴에이지, 학문적 심리학의 융합은 그 효과를 누리고 있다.

이 책은 자기계발 분야의 대표작 중 하나이며 700만 부 이상이 팔렸고, 이 책의 제목은 대중적인 표현이 되었다. 이 책에서 그는 사람들이 정신적인 길에 저항하고 있다고 말하지만, '아직도 가야 할 길'에는 점점 더 많은 사람이 모여들고 있다.

📖 함께 읽으면 좋은 책
《프루스트가 우리의 삶을 바꾸는 방법들》《영혼의 돌봄》《사랑의 기적》

BOOK 38

숲속에서 찾은 진정한 개인의 자유

《월든》

Walden

"가만히 생각할 시간을 가져라."

헨리 데이비드 소로 Henry David Thoreau

1817년 매사추세츠주 콩코드에서 태어났으며, 1837년 하버드대학교를 졸업한 후 교편을 잡았다. 그러나 학생에 대한 체벌을 강요당하자 그는 학교를 떠나 아버지의 사업체인 연필제조업체에서 일했다. 1839년부터 자연에 대해 진지한 관심을 갖기 시작한 그는 콩코드강과 메리맥강을 배로 여행했으며, 10년 후 그 경험을 적어 책으로 출간했다. 소로는 1841년부터 1843년까지 랄프 왈도 에머슨과 함께 지냈으며, 에머슨 자녀들로부터 아주 인기가 좋았다. 월든 호수는 에머슨의 소유지에 있었다. 1849년에는 멕시코전쟁에 반대하여 〈시민의 불복종〉이라는 수필을 썼는데 이것은 마틴 루터 킹과 간디에게 영향을 미쳤다. 또 다른 수필인 〈매사추세츠의 노예 Slavery in Massachusetts〉는 《월든》과 같은 해인 1854년에 출간되었다.

"내가 숲으로 간 것은 내 의도대로 살기 위해서였다. 삶의 본질적인 면만을 마주하고 삶이 가르쳐주는 것을 내가 배울 수 있는지 알아보기 위해서였다. 또한 훗날 죽음을 맞이할 때 내가 헛된 인생을 살았다는 걸 깨닫지 않도록 하기 위해서였다."

"서둘지 않고 현명한 삶을 살 때 훌륭하고 가치 있는 모든 것들이 영속적이며 완전하다는 사실을 깨닫는다. 사소한 걱정이나 기쁨은 현실의 그림자일 뿐이다. 그러한 삶은 늘 기분을 돋우며 장엄하기까지 하다."

《월든》은 2년간 숲속 통나무집에서 지낸 헨리 데이비드 소로의 실제 경험을 적은 책이며 현재는 개인의 자유와 자각을 적은 일기로 주로 읽힌다. 이 책은 그 두 가지 차원에서 모두 소중한 의미를 지닌다. 소로는 1845년 7월 4일에 숲으로 들어갔다. 그리 깊은 숲은 아니었으며 그가 대부분의 삶을 살았던 매사추세츠주 콩코드의 중심에서 몇 마일 떨어지지 않은 곳이었다. 하지만 소로는 혼자만의 고독을 즐기고 사회의 거짓과 가십으로부터 벗어나 인생의 핵심을 관찰해보고 싶었다. 그래서 그는 길이 15피트, 폭 10피트의 오두막을 세운 후부터 무척 자유로운 시간을 누렸다. 시장에 내다 팔 약간의 콩을 길렀는데 그 일마저도 매우 즐겼으며, 꼭 필요할 때만 저렴한 가격에 내다 팔았다. 대신 걷고 읽고 새를 관찰하고 글을 쓰고 단순한 일을 하는 목가적인 생활을 계속했다.

《월든》의 삶과 태도

이 책의 발상은 대부분의 사람에게 매우 이질적이며 시간낭비나 불온한 자유주의자를 떠올리게 한다. 그러나 소로는 자신이 누구보다 부유하며 물질적으로 필요한 모든 것과 그것을 누릴 수 있는 시간을 가졌다고 느꼈다. 일반 사람들은 자신이 필요한 것을 얻기 위해 끊임없이 일하는 동안 자연의 아름다움과 영혼의 고독이 가져다주는 온화함은 경험하지 못하기 마련이다.

소로는 노예의 시대에 살았다. 한때 그는 노예제도를 유지하는 정부에 반대하여 세금납부를 거부하며 하루 동안 감옥에 갇힌 적도 있었다. 그러나 그가 반대한 것은 단순한 흑인노예제가 아니라 인간의 노예적인 삶이었다. 서문을 쓴 작가 마이클 메이어는《월든과 시민의 불복종》이라는 책에서《월든》을 잘못된 의식으로부터의 탈출을 그린 해방적 연대기로 볼 수 있다고 말했다. 소로의 가족, 친구들이 있던 콩코드는 불과 2마일 바깥에 있었지만, 그들은 자신들이 물질주의와 순응의 노예로 감옥에 갇힌 것과 같은 인생을 살고 있다는 것을 깨닫지 못했다. 소로는 빈 종이에 다음과 같은 유명한 글을 적었다. "인간집단은 말없는 절망의 삶을 이끈다."

소로의 월든 호수 옆 생활은 현대의 자기계발서가 '탈 각본쓰기descripting'라고 부르는 것을 의식적으로 시도한 것이다. 그는 태어날 때는 가지고 있었으나 자라면서 '전통적 지혜'와 선입견에 의해 왜곡되었다고 여긴 진정한 마음의 자유를 되찾고 싶었던 것이다. 그는 사회적 반영물로 전락되는 것을 막고 자유로운 인간이 무엇인지를 깨닫기 위해 스스로 은둔했다. 그는 당시의 위대한 탐험가들을 이야기하며, 탐험 중에 실종된 영국인 존 프랭클린과 그를 찾으러 떠난 미국인 그린넬에 대해 곰곰이 묵상했다.

"아내가 그토록 찾고자 열망했던 존 프랭클린은 유일하게 실종된 탐험가인가? 그린넬은 자신이 있는 곳이 어디인지 아는가? 차라리 나만의 강과 바다를 탐험하는 멍고 파크(서아프리카의 나이저강 탐사한 사람), 루이스와 클라크(미국 최초로 태평양 연안까지 육지로 가서 돌아온 탐험가들), 프로비셔(북미 대륙의 서부항로를 개척한 영국의 항해가)가 되는 편이 낫다. 자신만의 더 높은 지대를 탐험하라."

《월든》의 영향력

소로와 그의 친구 에머슨은 미국식 개인주의로 불리는 윤리적 기둥을 세운 인물로 통한다. 그러나 역설적이게도 그들은 풍요로운 소비자들의 장이 되어버린 미국을 비롯한 서양의 모습이 개인적 의미의 결핍을 가져왔다는 사실에 가장 강하게 분노한 사람들이었다. 《월든》과 《월든》에 많은 영향을 받은 에머슨의 작품들은 무언가 고귀한 것을 추구하는 사람들에게 무엇보다 매력적이다. 이 책에 들어 있는 많은 사상은 대중의 의식으로 침투했으며 현세대의 자기계발서 작가들에게 중요한 영감을 불러일으킨다. 자연과 사람을 설명하는 다음과 같은 구절이 있다.

"꿈의 방향을 확신하고 그것을 상상하는 삶을 살고자 노력하면 평범한 시간 속에서는 기대조차 할 수 없었던 성공을 맛볼 것이다."
"삶을 향상시키기 위해 의식적인 노력을 기울일 확실한 능력이 있다는 것만큼 인간에게 고무적인 사실은 없다."

《월든》은 환경을 감지하는 측면에서도 시대를 앞섰다. 이 책은 계절의 순서를 개략적으로 따라간다. 소로는 특히 겨울(스스로 벽난로와 굴뚝을 만들었음)을 좋아했으나 소생의 힘과 우아함을 즐길 수 있는 봄도 몹시 기다렸다. 소로는 이렇게 고백했다.

"마침내 나의 동반자를 찾아냈다.
나는 어느 오크나무와 사랑에 빠졌다."

또한 시적인 표현으로 환경과의 일체감을 전했다.

"몸 전체가 하나의 감각으로 이어지고 모든 모공으로 기쁨이 빨려드는 상쾌한 저녁이다. 나는 낯선 자유를 느끼며 자연의 일부가 되어 그 속을 거닌다."

그가 자연 안에서 느낀 점은 인간에게 느낀 점과 연관된다.

"인간이 스스로를 속죄하기 시작한 결과로 지구의 모든 초원을 야생의 상태로 남겨둔다면 얼마나 좋을까."

혁신에 대한 생각

소로는 월든 호수의 반대편 끝을 바쁘게 오가는 기차를 보며 반갑고 기뻐했다. 과학기술의 발전은 국가적 영광을 나타낸다. 하지만 과연 그럴까?

"인간은 국가가 교역을 하고, 아이스크림을 수출하고, 전신을 이용해 통화하고, 시속 30마일로 달리는 것을 꼭 필요한 일로 여긴다. 하지만 인간이 정말 원숭이처럼 살고 있는지 인간처럼 살고 있는지는 다소 불확실하다."

혁신과 새로움에 대한 강박을 꼬집은 그의 말은 오늘날의 문화를 위한 말이다. 소로가 벤저민 프랭클린의 자수성가와 고된 노동의 영웅적 양식을 무시한 것도 놀라운 일은 아니다. 사회적 지위는 중요하지 않으며 인간의 번영은 풍요로운 자연이 이루는 것과 비교하면 너무나도 미약하다. 소로는 20대에 많은 일을 하지 않았다. 그에게 노동은 그저 읽고 쓰고 자연을 즐길 시간을 얻기 위해서만 필요했다.

그렇다고 모든 인간이 숲속 오두막에서 콩을 기르며 살아야 한다는 뜻은 아니다. 소로의 숲은 인간이 스스로 진실한 행동을 하기로 결심했을 때 일반적으로 자연이 베푸는 모든 풍요로움을 상징한다. 마음의 '우물'에 갇힌 채 옆 사람이 우리에 대해 뭐라고 말할지 두려워하며 산다면 결핍과 편협, 한정된 시야로 인한 결과만 보게 될 뿐이다. 나만의 특별함을 유지하는 것에 대한 그의 말 중에 자주 인용되는 구절이 있다.

"어떤 사람이 자신의 옆 사람과 보조를 맞추지 않는다면 그것은 그가 또 다른 북소리를 들었기 때문이다. 그가 들은 북소리에 맞춰 걷도록 내버려둬라. 북소리의 장단이 어떻든 얼마나 멀리서 들리든 상관하지 마라."

간추린 평
《월든》은 고전과 동양종교, 아메리카 원주민의 전승지식, 자연에 대한 심오한 지식을 지닌 자유로운 한 인간의 고찰을 집대성한 책이며, 자연의 아름다움과 평온을 바탕으로 기술되었다. 독자의 마음에 이보다 더 큰 휴식을 주는 책이 어디 있을까? 이 책은 소로의 동반자가 되어 그처럼 숲과 월든 호수를 즐기고 인간과 사회에 대한 그의 의견을 듣고 싶은 사람들에게 적격이다.

《월든》의 마지막 부분에 낡은 식탁에서 나온 딱정벌레에 관한 이야기가 나온다. 그 벌레는 식탁 위에 놓인 커피포트의 열기 덕분에 60년 만에 동면을 깨고 나온 것이다. 이 이야기는 소로의 철학을 요약한다. 소로는 모든 인간도 딱정벌레처럼 사회의 '길들여진 무덤'에서 벗어나 삶의 여름을 즐길 수 있는 가능성을 지녔다고 믿었다.

📖 함께 읽으면 좋은 책
《자기신뢰》《영혼의 돌봄》

BOOK 39

여성이여, 잠자는 야성을 깨워라

《늘대와 함께 달리는 여인들》

Women Who Run with the Wolves

> "야생의 본질을 되찾는 것은 무모한 방종이 아니라
> 정신과 신체 건강에 매우 중요한 과정이다."

클라리사 P. 에스테스 Clarissa P. Estés

미시간주 5대호 근처에서 헝가리 이민자의 딸로 태어났으며, 자연의 한복판에서 옛이야기를 들으며 자랐다. 왜냐하면 그녀의 조상들은 멕시코계와 스페인계의 혈통을 지녔기 때문이다. 에스테스는 부족과 단체를 연구하는 임상적 민족심리학 ethno-clinical psychology을 전공하여 학위를 받았으며, 융 계열의 정신분석학자이자 유명한 시인이 되었다. 그녀는 북아메리카 전역에서 수집한 옛이야기들을 토대로 1971년《늘대와 함께 달리는 여인들》을 집필하기 시작했다. 그 밖의 저서로 《이야기 선물The Gift of Story》과 자신의 어린 시절 경험을 바탕으로 한《충실한 정원사》가 있다.

"야생동물과 야성을 지닌 여성, 둘 다 멸종될 위기에 처했다. 시간이 흐를수록 여성의 본능적 본성은 약탈되고 쫓겨나고 매장되었다. 야생동물, 황무지와 마찬가지로 오랫동안 푸대접을 받았기 때문이다."

"건강한 여성은 늑대와 상당히 비슷하다. 강건하고 내실 있고 강한 생명력과 활기를 지녔고 자기 영역을 알고 독창적이고 당당하며 활동적이다. 그러나 다소 난폭한 본질과의 이별은 연약하고 빈약하며 희미하고 유령 같은 여성적 특징을 만들어낸다. (중략) 여성의 삶이 정체되고 권태로울 때, 여성의 '야성'을 불러내어 내면에 생기가 흘러넘치도록 해야 한다."

현대 심리학은 여성의 심오한 면을 돌보지 않는다. 여성의 열망을 진지하게 설명하지 않고, 여성의 미스터리를 밝히지 않으며, 여성의 시간을 허락하지 않는다. 그러나 클라리사 P. 에스테스는 많은 전통문화의 옛이야기들이 여성에게 그들의 영혼과 그들의 보다 넓은 본성을 되돌려줄 수 있다는 믿음을 평생 가졌다.

에스테스는 늑대를 연구하면서 늑대의 활기찬 기운과 직관적이고 본능적인 특성, 해산의 고통에서 인간인 여성과 많은 공통점이 있다는 사실을 발견했다. 늑대의 경우와 마찬가지로 여성이 드러내는 야성은 상당히 안 좋은 것으로 여겨왔다. 그러나 야생의 늑대가 다시 늘어나듯 여성들도 그들의 야생구역으로 다시금 다가서야할 때가 되었다.

《늑대와 함께 달리는 여인들》은 전반적으로 읽을거리가 많으며 여러 가지 구속을 떨쳐낸 책이다. 또한 《무쇠 한스 이야기》가 남성들에게 한 것처럼 이 책도 많은 여성에게 삶의 혁명을 일으켰다. 그러나 삶의 여러 가지 가능성들을 보여주는 신화와 옛이야기가 많이 실려 있다는 것만으로 이 책이 풍부하다고 말하는 것은 미흡하다.

책의 내용을 전반적으로 훑어볼 수도 있으나, 여기서는 이 책의 진가를 엿볼 수 있게끔 두 가지 이야기만 집중해서 소개하겠다.

물개여인 이야기

한 어부가 어느 황량한 바다로 가죽배 카약을 타고 나섰으나 어둠이 내릴 때까지 아무것도 잡지 못했다. 그때 어슴푸레한 바위 위에서 우아한 몸짓으로 누군가가 춤을 추고 있는 모습이 보였다. 다가가 보니 너무나도 아름다운 여인들이었다. 사랑에 목말라 외로운 어부는 바위 한편에 놓인 물개가죽 하나를 얼른 숨겼다. 한참 뒤 다른 여인들은 모두 가죽옷을 입고 바닷속으로 들어갔으나 가죽옷이 없어진 한 여인은 돌아가지 못했다.

어부는 그 여인에게 다가가 "내 아내가 되어주시오. 난 정말 외롭소"라고 말했다. 그러나 그 여인은 "그럴 수 없어요. 난 물 밑에서 살아야 해요"라고 말했다. 어부는 재차 "내 아내가 되어주시오. 그럼 7년 후 여름에 당신의 가죽을 돌려주고 당신이 원하는 대로 해주겠소"라고 말했다. 망설이던 물개여인은 결국 어부의 청을 받아들였다. 그 후 두 사람은 우룩이라는 잘생긴 아들을 낳았으며, 여인은 아들에게 자신이 살던 바다 이야기를 들려주었다. 하지만 여인은 점차 살갗이 마르고 창백해지며 시력도 나빠졌다. 약속한 날이 되자여인은 남편에게 가죽옷을 돌려달라고 했다. 하지만 남편은 거절했다. 그녀는 정말로 남편과 아이를 두고 떠나고 싶었던 걸까?

그날 밤, 아들 우룩은 바람결에 커다란 물개의 울음소리를 들었다. 그는 그 소리를 따라 바다로 나갔다. 그리고 바위틈에 숨겨진 물개가죽을 발견했다. 냄새만으로도 그것이 엄마의 것이라는 걸 알았다. 우룩이 엄마에게 그 가죽을 가져다주자, 엄마는 몹시 기뻐하며 아들을 데리고 바닷속으로 들어가 다른 물개들에게 아들을 소개했다.

그녀는 그곳에서 혈색과 건강을 되찾았다. 고향으로 돌아왔기 때문이다. 바다로 돌아온 그녀는 죽음의 문턱에서 살아온 성스러운 존재로 추앙되었다. 얼마 후 그녀는 아들을 육지로 돌려보내야만 했다. 아들이 다 자란 후, 그가 바다로 나가 물개와 이야기를 나누는 장면이 사람들에게 종종 목격되었다.

에스테스는 물개가 야성적인 영혼의 오래되고 아름다운 상징이라고 말한다. 물개는 대체로 인간에게 적대적이지 않다. 그러나 어린아이나 경험이 부족한 여성과 마찬가지로 상대로부터 입을 수 있는 해를 예측하거나 상대의 의도를 잘 파악하지 못한다. 인간 역시 어느 시점이 되면 '자신의 물개가죽을 잃어버리고', 순수함을 도둑맞으며, 정체성이 흔들리는 경험을 한다. 그것은 틀림없이 끔찍하고 힘겨운 시기이지만 시간이 흐른 후 다른 사람들로부터 그때가 가장 유익했다는 말을 들을 것이다. 자신의 정체성과 삶의 의미가 분명해지는 시기이기 때문이다. 그것은 인간을 심오한 그 무엇과 대면토록 한다.

위의 이야기는 가족과 일 등의 '물 밖 세상'과 개인적인 생각, 감정, 소망의 '바닷속 세계'의 이원성을 일깨운다. 영혼의 집을 지나치게 오랫동안 비워두어선 안 된다. 그러면 물개여인처럼 우리의 특성이 메마르고 육체적 에너지가 고갈된다. 그러나 다른 사람들에게 지나치게 많은 것을 베풀거나 완벽한 존재가 되려고 하거나 끊임없이 자신에게 만족하지 못하거나 무언가를 하려는 의지가 부족함으로 인해 많은 여성이 자신의 '영혼의 가죽'을 잃는다.

누구나 어느 정도 현대적인 여성이 되길 바란다. 그러나 "싫다"라고 분명히 말하고 자신의 물개가죽을 돌려달라고 당당히 요구해야 할 때가 있다. 숲으로 주말여행을 떠나거나 친구들과 저녁을 보내거나 하루에 한 시간씩 누구로부터 방해받지 않는 시간을 갖는 등 어떤 형태라도 좋다. 다른 사람한테 이해받지 못하더라도 이것은 장기적인 측면에서 자신은 물론이고 타인에게도 이로운 일이다. 이 과정을 통해 여성은 정신적, 육체적으로 새롭게 충전되어 돌아올 것이다.

해골여인 이야기

옛날에 북극에서 외롭게 사는 어부가 있었다. 어느 날 그는 한동안 사냥을 하지 않아도 될 만큼 묵직한 물고기를 잡았다. 그러나 그물을 끌어올린 어부는 큰 충격을 받았다. 그물에 걸린 것은 물고기가 아닌 여인의 시체였다.

그 여인은 아버지한테 절벽에서 떠밀려 바다에 떨어져 죽어 뼈만 남은 해골이 된 것이다. 자신의 '포획물'에 놀란 어부는 그녀를 떼어버리려고 했으나 해골여인은 어부의 이글루까지 계속 쫓아왔다.

왠지 해골여인이 불쌍한 기분이 든 어부는 해골을 깨끗이 씻기고 쉴 곳을 마련해주었다. 그리고 자신도 잠이 들었다. 한밤중에 해골여인은 어부의 눈에서 흐르는 눈물을 보았다. 몹시 목이 말랐던 해골여인은 어부의 눈물을 마셨다. 이어서 어부의 심장을 꺼낸 그녀는 그것을 다시 살과 피를 가진 존재로 살아나는 데 사용했다. 다시 인간이 된 여인은 남자가 잠든 이불 속으로 살며시 들어갔다. 그 후 두 사람은 여인이 바다 밑에 있을 때 알고 지냈던 바다생명체들의 도움으로 항상 배불리 먹으며 잘살았다.

에스테스는 이 이야기를 인간관계에 관한 것으로 이해한다. 아직 제짝을 만나지 못한 사람은 이야기 속 어부가 그랬듯이 '한동안 사냥을 하지 않아도 될 만큼' 충분히 사랑스럽고 부유한 사람을 만나길 바란다. 인생의 즐겁고 기쁜 무언가를 좇는 것이다.

하지만 그물을 끌어올려 유심히 살핀 다음에는(연애 초기에 서로를 추켜세우는 시기가 지나면) 어부처럼 '상대를 내던져버리려' 한다.

원하지 않은 걸 가졌다는 생각이 점점 강해진다. 상대는 더 이상 우리에게 좋은 시간을 가져다주는 존재가 아니다. 그저 해골여인과 같은 것이다. 정착에 대한 두려움, 피할 수 없는 운명, 장기적인 헌신, 감정의 고저, 나이, 현재 생활의 종말과 같은 것들이 해골여인을 연상케 한다. 그러나 운이 좋다면 '해골여인'은 자신을 떼어내려는 우리의 뒤를 따라 집(개인의 한계와 불안)까지 올 것이다. 그 순간 우리는 해골여인이 많은 것을 해줄 만한 두렵지만 매력적인 존재라는 걸 깨닫는다. 말하자면 어떤 이유에서든 그에게 무언가를 해주고 싶어지는 것이다. 그 대가로 상대는 우리에게 풍요로움을 베푼다. 우리가 전혀 몰랐던 미지의 원천으로부터 풍요로운 무언가를 가져다주는 것이다.

해골여인의 이야기는 에스테스가 '삶-죽음-삶'의 주기로 일컫는 것과 연관된다. 현대인들은 갖가지 종류의 죽음을 겁낸다. 그러나 과거 문화 속 사람들은 죽음이 새로운 삶을 동반한다고 믿었다. 우리가 진지한 관계로부터 꽁무니를 뺄 때 우리가 정작 대면하지 못하는 것은 눈앞의 상대가 아니라, 시간을 따르는 인생의 주기이다. 이러한 관계에서는 결코 성장하지 못하며, 우리는 다른 사람, 또 다른 사람을 찾으며 계속해서 좋은 경험만 추구한다. 그러나 이것은 인간의 정신을 위축시킬 뿐이다. 모든 관계에는 시작과 끝이 존재하며 우리가 종말로 여기며 두려워하는 것도 알고 보면 새로운 관계를 위한 필수적 변화인 경우가 많다.

자신의 야성적 본질과 접촉을 시도한다면 여성은 물론이고 남성도 '삶-죽음-삶'이란 주기를 깨닫고 기꺼이 수용할 것이다.

간추린 평

이 책의 두께가 부담스럽더라도(원서로 500여 쪽) 하나하나 귀를 기울여 들어야 하는 가족의 목소리처럼 읽어나가라. 조금씩 심취하다 보면 이 책이 여성을 비롯한 많은 사람에게 왜 그렇게 많은 영감을 주었는지 이해할 것이다.

끝으로 덧붙이자면 이런 생각도 들 수 있다. "내 안의 야성적 본질을 끄집어내면 내 세상과 가족이 혼란을 겪는 건 아닐까" 에스테스는 그렇지 않다고 힘주어 말한다. 오히려 그것이 우리의 개인적 삶과 자신이라는 존재에 더욱 충실하도록 만들 것이다. 우리는 더 이상 위선의 탈을 쓸 필요가 없으며, 바른 것을 좇고 직관을 믿으며 여성의 진정한 힘을 깨닫고 조화를 이루는 여성이자 연인이자 창조자가 되는 걸 겁내지 않을 것이다. 이 모든 것은 우리의 생득적 권리이며 결코 두려운 것이 아니다.

📖 함께 읽으면 좋은 책

《길을 헤매다 만난 나의 북극성》《무쇠 한스 이야기》《신화의 힘》
《나는 무엇을 원하는가》《내 안엔 6개의 얼굴이 숨어 있다》

BOOK 40

현대 남성의 위기와 방향을 말하다

《무쇠 한스 이야기》

Iron John

"옛이야기를 통해 고래古來의
심원한 남성성의 힘을 되찾을 것이다."

로버트 블라이 Robert Bly

1926년 미네소타주 매디슨의 한 농가에서 노르웨이 이민자의 아들로 태어났다. 그는 1944년 미 해군으로 2년간 복무하고 미네소타 성올라프대학교를 다니다가 하버드대학교로 옮겨 공부했으며, 아이오와대학교에서 석사학위를 받았다. 현존하는 가장 위대한 미국 시인으로 수많은 작품집을 엮고, 젊은 시인들을 가르치며, 비영어권 시를 번역하여 광범위한 독자들에게 소개해왔다. 1990년 처음 출간된 《무쇠 한스 이야기》는 곧바로 엄청난 반향을 불러일으켜 전국적으로 블라이 스타일의 독서토론회가 불길처럼 타올랐다. 전세계 16개국에서 번역출판되어 '현대 남성의 위기'를 일깨운 이 책은 여성학 운동과 함께 '진정한 남성성' 회복을 위한 남성학의 고전으로 자리매김하고 있다.

"지난 20년간 남성은 더욱 사려 깊고 너그러워졌다. 그러나 이 과정에서 남성은 더욱 자유로워지지 못했다. 남성은 이제 어머니뿐만 아니라 같이 살고 있는 젊은 여성까지 기쁘게 해줘야 하는 착한 소년이 되었다."

"무쇠 한스 이야기는 1~2만 년 전, 북유럽에서 있었던 남자 성인식을 뜻한다. 성인식에서 성인은 어린 소년에게 성인으로서의 남자가 얼마나 풍요롭고 다양하고 다재다능한 면을 지니고 있는지 가르친다. 소년의 몸은 오래 전 죽은 조상들로부터 발달된 신체적 능력을 물려받고, 소년의 정신은 수세기 동안 발전된 정신적, 영혼적 힘을 이어받는다."

로버트 블라이는 미국의 존경받는 시인이다. 그가 어떻게 자기계발 분야의 베스트셀러 작가가 되었을까? 블라이는 한때 부업으로 신학 강의를 한 적이 있었는데, 그때 그림형제의 '무쇠 한스' 이야기가 남성의 아킬레스건을 자극한다는 사실을 발견했다. 결국 그는 그 옛이야기에 대한 책을 썼고 그의 책과 세미나는 남성운동의 시작을 도왔다.

초기 세미나에서 블라이는 참석한 남성들에게 호메로스의《오디세이》의 한 장면을 연기하도록 했다. 오디세우스가 여성 지도자의 힘을 상징하는 키르케에게 다가가며 칼을 치켜드는 장면이었다. 키르케는 마술로 오디세우스의 부하들을 돼지로 둔갑시킨 마녀였기 때문에 그것은 오디세우스가 꼭 해야 하는 행동이었다. 그러나 평화적이고 누구도 해쳐서는 안 된다고 배운 남성들은 선뜻 칼을 들지 못했다. 그들은 베트남전쟁 세대의 후손으로 살아 있음을 느끼기 위해 적을 필요로 하는 남성성은 원치 않았다. 외곬적인 1950년대의 남성들과는 달리 그들은 다양한 시각과 의제에 포용성을 지녔다.

세상은 이처럼 '부드러운 남성'들이 살기 좋은 곳이 되었다. 블라이 역시 그들을 사랑스러운 인류로 인정한다. 그러나 포용적인 남성들은 그들의 수동성 때문에 불행한 것도 사실이다. 그는 칼을 치켜드는 것이 반드시 전쟁광을 의미하는 것은 아니며, 자신의 '즐거운 결단a joyful decisiveness'을 보여주는 것일 수 있다는 점을 가르쳐주고자 했다.

《무쇠 한스 이야기》는 신화와 전설을 통해 남성에게 남성성의 원천을 되찾아주고, '감성적인 신세대 남성'과 '힘과 활력 넘치는 전사적 남성' 사이의 중간노선을 발견하도록 깨달음을 주는 책이다.

《무쇠 한스 이야기》는 수천 년간 다양한 형태로 전해져왔다. 이야기를 요약하자면, 왕의 부탁을 받은 한 사냥꾼이 아무도 돌아오지 못한 숲으로 들어간다. 숲에 도착했을 때 갑자기 연못에서 손이 불쑥 튀어나오더니 사냥꾼의 개를 끌고 다시 연못 속으로 사라졌다. 사냥꾼은 양동이로 조금씩 호수의 물을 퍼냈다. 그러자 호수 바닥에서 털북숭이의 야성인wild man이 나타났고 사냥꾼은 그를 성으로 끌고와 철창에 가뒀다.

며칠 후 왕자가 가지고 놀던 황금공이 야성인이 갇혀 있던 철창으로 굴러들어갔다. 왕자는 그 공을 돌려주면 야성인을 풀어주겠다며 거래를 한다. 이것은 아직은 소년인 왕자에게서 남성성이 처음으로 출연한 것을 뜻한다. 부모로부터 기꺼이 자기 자신을 분리시키고 내면의 남성적 에너지를 발견함으로써 '금으로 만든 공'(활기찬 젊음의 느낌)을 되찾은 것이다.

야성인과 야만인을 만드는 것

블라이는 야성인과 야만인savage man을 명확히 구분한다. 야만인은 환경을 파괴하고 여성을 학대하는 유형이며, 자신의 내적 절망을 다른 사람을 무시하거나 증오하는 형태로 세상에 드러낸다. 그러나 야성인은 자신의 상처받은 곳을 살필 준비가 되어 있으며 선승禪僧이나 샤먼shaman과 닮았다. 야성인은 남성성의 가장 차원 높은 표현이며, 야만인은 그와 반대로 가장 낮은 차원을 대표한다.

문명화된 남성은 자신의 야성을 상위자아에 합병시키려 애쓴다. 무쇠 한스 이야기에서 왕자가 모든 것을 각오하고 야성인과 함께 숲으로 들어갔을 때 그의 부모는 자기 아들이 악마에게 붙잡혀 갔다고 생각한다. 이것은 의미심장한 시작이며 자각이다. 블라이는 현대인들이 아이들의 유년 시절을 누에고치로 완벽히 감싸서 힘의 원천을 차단시킨다고 말한다. 여러 중독현상들과 심리적 장애 역시 '어두운 면'을 조절하지 못한 사회적 무능에서 비롯된 것이다.

블라이는 다양한 시각의 포용과 고차원적 의식에 대한 신세대의 믿음이 순진한 남성들에게는 매력적이지만 위험한 요소가 될 수도 있다고 믿는다. 반면 신화는 피와 눈물을 갖춘 온전한 인생으로 빠져들도록 손짓한다. 온전히 자아를 실현하는 방법은 '하나의 소중한 것'(사상, 사람, 탐구, 의문)에 몰입하는 것이며, 어떤 대가를 치르더라도 그것을 따르기로 결심하는 것이야말로 성숙을 알리는 신호이다. 이처럼 분명한 선택을 할 때 우리 내면의 왕은 자각을 시작하고 우리의 힘은 마침내 발산될 것이다.

잠자는 전사를 다시 깨워라

전사戰士의 에너지를 무시하거나 발현할 기회를 주지 않을 경우, 그것은 결국 10대 폭력이나 아내 구타, 아동 성도착증, 수치심 등으로 이어진다. 그러나 올바로 사용될 경우 전사의 에너지는 모든 사람에게 세련된 방식으로 기쁨의 원천이 된다. 블라이는 위엄 있는 중세의 기사나 흰 제복에 배지를 단 남성을 무의식적으로 동경하는 것을 어떻게 설명할지 묻는다. 그러한 이미지는 전사의 에너지가 문명화된 것이다.

또한 블라이는 전사적 정신과 마찬가지로 인간관계에서 이따금 '사나움fierceness'이 필요하다고 말한다. 집안에서 남성은 귀여운 고양이나 마찬가지이다. 사나워진다는 것은 온전한 남성다움을 지키는 걸 뜻하며 여성들도 남성의 참모습을 알고 싶어 한다.

20대와 30대 남성들은 '하늘을 나는 꿈을 꾸며' 살 수 있다. 어떤 것도 그들을 땅으로 끌어내릴 수 없을 것만 같다. 그러나 남성이 온전한 자아실현을 이루기 위해서는 자신을 완전히 열어젖히고 그 안으로 영혼이 들어갈 수 있도록 상처를 내야 한다. 여러 신화에서 야생동물이 청년에게 달려들어 다리를 무는 장면이 나온다. 무쇠 한스 이야기에서도 왕자를 추격한 기사가 왕자의 다리를 찌른다. 그로 인해 왕자가 말에서 떨어졌을 때 그동안 투구에 감춰져 아무도 보지 못했던 왕자의 금발이 드러난다. 이때까지만 해도 왕자의 영혼은 아무런 깊이를 지니지 못했던 것이다. 그러나 고통과 슬픔에 대한 인식이야말로 공중을 향해 높이 치솟도록 만드는 남성의 잠재력을 실현시키는 데 반드시 필요하다고 블라이는 말한다.

남성다움에 대한 뜨거운 갈망

모든 문화권에서 남성의 성인식은 어두운 면을 심오하고 강제적인 방식으로 발전시키는 형태를 띤다. 여성은 남성의 성인식에 관여할 수 없다. 여러 문화권의 소년들이 지금껏 보살핌을 받아왔던 어머니한테서 분리되어 나이 든 남성들과 일정 기간 함께 지낸다. 그러나 현대 사회에서는 이런 성인식 구조를 찾아볼 수 없으며, 오늘날의 10대 소년들은 자유를 누리고 무례하게 굴고 부모(특히 어머니)에게 반항하며 옷이나 음악에 관심을 쏟는다.

수많은 남성들이 강한 여성 에너지의 환경에서 자란다. 이것 자체는 문제가 되지 않는다. 하지만 소년들에게는 남성다움이 필요하다. 남성들은 나이가 들수록 아버지에 대해 더 많은 생각을 하기 시작한다. 여러 신화들도 가벼움과 안락함에서 벗어나 엄한 현실과 마주하기 위해 '아버지의 집으로 들어가는' 중압감에 대해 많은 이야기를 한다. 블라이는 셰익스피어의 햄릿이야말로 어머니 쪽에서 아버지 쪽으로 이동하는 과정을 드러내는 대표적 인물이라고 말한다.

무쇠 한스 이야기에서 기사로 변장한 왕자는 처음에는 붉은 말, 다음에는 흰 말, 그 다음에는 검은 말로 갈아탄다. 이러한 색깔은 남성의 인생과 관련하여 논리적이고 상징적인 발전을 의미한다. '붉은색'은 젊은 시절의 감정과 억제되지 않는 성욕을 뜻한다. '흰색'은 자신의 일과 법규에 따르는 삶을 뜻한다. '검은색'은 성숙을 의미하며 비로소 연민과 인류애가 꽃을 피웠음을 상징한다.

블라이는 임기 말의 에이브러햄 링컨 대통령은 검정색 말을 타고 있었다고 말한다. 링컨은 더 이상 감정(붉은색) 또는 외형적인 원칙이나 법규(흰색)로 나라를 다스리지 않았으며, 남을 탓하지 않았고 뛰어난 철학적인 유머감각을 발휘했다. 검은색으로 이동하기 시작한 남성은 한눈에 알아볼 수 있다. 그런 남성은 진정으로 신뢰할 수 있기 때문이다. 그들에게는 감춰진 구석이 전혀 없다. 자신의 어두운 그림자마저도 온전히 자신의 것으로 통합시키기 때문이다.

간추린 평

블라이가 들려준 옛이야기가 수백만 명의 서양 남성들에게 강한 영향력을 미친 이유는 무엇인가? 무쇠 한스 이야기는 아주 오랫동안 모닥불 주위에서 구전으로 전해져왔다. 그러나 모아놓지 않은 상속재산처럼 많은 남성들은 자신들이 그 이야기에서 어떤 의미를 놓치고 있는지 알지 못했다. 그러나 이 책의 영향력 덕분에 그동안 경시되었던 남성성이 조금씩 되찾아지고 있는 듯하다. 여성들과 사회의 나머지 구성원들도 이런 현상으로 이익을 볼 것이다.

이런 종류의 책을 비웃는 남성들이야말로 이 책이 가장 필요한 사람들이다. 가장 파괴적인 유형의 인간은 자기점검의 힘을 계발하지 않는 사람들이며, 여성들도 강력하면서 비파괴적인 남성성을 되찾으려는 남성들의 모든 노력들에 박수를 보내야 할 것이다. 《무쇠 한스 이야기》는 《늑대와 함께 달리는 여인들》이 여성들에게 이룬 것과 똑같은 성과를 이루었으며, 따라서 강력히 권장할 만한 책이다.

📖 함께 읽으면 좋은 책
《신화의 힘》《늑대와 함께 달리는 여인들》《영혼의 돌봄》

BOOK 41

누구나 자신만의 소울이 있다

《영혼의 돌봄》

*Care of the Soul : A Guide for Cultivating Depth
and Sacredness in Everyday Life*

"공허한 인생을 영적인 충만함으로 채워라.
자신의 특징과 어두운 면을 수용함으로써
자신의 개성이 드러나도록 하라."

토머스 무어 Thomas Moore

가톨릭 수도원에서 가톨릭 수사로서 12년을 보냈으며, 시러큐스대학교에서 종교학 박사, 윈저대학교에서 신학 석사, 미시간대학교에서 음악학 석사, 드폴대학교에서 음악 및 철학 학사 등 네 가지 학위를 취득했다. 세계적인 영성지도자요, 심리치료사인 무어는 원형심리학파archetypal school of psychology 의 선도적인 옹호자였으며 신화를 학문의 영역으로 다시 소개했다. 그는 융 심리학, 원형 심리학, 신화 등의 분야에서 많은 글을 발표해왔다. 무어는 《영혼의 돌봄》외에 다른 책으로 《내 안의 행성들The Planets Within》, 《상상의 의식 Rituals of the Imagination》 등을 집필했고, 제임스 힐먼의 글을 모아 《푸른 불 A Blue Fire》이라는 책을 엮기도 했다.

"영혼의 돌봄은 근본적으로 다른 방식으로 일상생활과 행복을 추구하는 것을 말한다. (중략) 이것은 중심적인 흐름에 '집중'하면서도 일상생활의 주된 결정과 변화는 물론이고 세세한 작은 것들에도 지속적으로 관심을 기울이는 과정이다."

"영혼은 빠른 속도의 삶을 견뎌내지 못한다. 무언가를 인식하고 숙고하고 영향을 받는 일은 시간이 걸리기 때문이다."

《영혼의 돌봄》은 《뉴욕 타임스》 베스트셀러 1위의 자리를 1년간 지키면서 평단의 호평까지 얻어낸 보기 드문 자기계발서이다. 대중적인 자기계발서이긴 하나 우리가 지금껏 읽었던 책들과는 완전히 다르다. 경외감과 심오함이 가득한 토머스 무어의 주제는 현대인의 삶에 '신비'가 부족하다고 말하며, 이 책이 성공한 것은 그만큼 무어의 주제에 동감하는 사람이 많다는 뜻이다.

　이 책을 읽으면서 잊었던 친구로부터 편지가 온 듯한 평온한 느낌을 경험할 것이다. 이 책의 효과는 심리치료사로서의 무어의 경험과 수도사로서 보낸 몇 년의 세월, 그리고 폭넓은 학습의 결과에서 비롯된 것이다. 이 책은 신화, 역사, 예술로부터 영감을 받아 인간적 경험의 풍요로움을 발산한다. 무어는 프로이트, 융, 제임스 힐먼, 그리고 르네상스 시절의 철학자 마르실리오 피치노와 파라켈수스의 영향을 받았다.

영혼의 돌봄이란

영혼의 돌봄care of soul은 '일상의 삶에 시학詩學을 적용시켜서' 그것이 결여된 우리 삶의 영역에 상상력을 되돌리고 우리가 익히 알고 있다고 믿는 것들을 다시 상상하는 일이다. 소중한 관계와 만족스러운 일, 개인적인 힘, 마음의 평화 등 이 모든 것은 영혼이 주는 선물이다. 그러나 인간은 이런 선물을 받기가 너무나도 힘들다. 대부분의 인간이 영혼에 대한 사상을 갖고 있지 않기 때문에 그것이 신체적 증상이나 불만, 고뇌, 공허, 일반적인 불안과 같은 다른 형태로 드러내도록 방치한다.

영혼이 지배하는 일상soulwork은 놀랍도록 간단하다. 당신은 너무나도 싫었던 직장이나 결혼생활, 장소 등을 있는 그대로 받아들이고 더욱 다가섰을 때 오히려 기분이 나아지는 걸 느꼈을 것이다. 무어는 시인인 월러스 스티븐스의 말을 인용하며 "진리는 호수 주변을 산책할 때 생겨난다"고 말한다. 나쁜 감정이나 경험을 내 마음에서 완전히 몰아내려고 애쓰는 대신, '나쁜 것'을 정면으로 바라보고 그것이 내게 무엇을 말하고 있는지 보는 게 훨씬 인간적이고 정직하다. 그러지 않고 눈앞에서 치워버리면 우리는 영혼의 메시지를 받을 수 없다. 고통받는 사람이든 도와주려는 사람이든 무언가를 치유하려 드는 것은 실제로 일어나고 있는 문제를 흐릿한 시선으로 바라보는 것이나 마찬가지이다.

전통적인 자기계발 및 정신치료는 문제를 해결하려고 한다. 그러나 무어가 말한 영혼은 '문제를 알아차리고 주변을 서성이는 것'이다. 영혼은 운명의 전환과 관계를 맺으며 그것은 종종 예측과 반대되고 자아와 의지의 소망과 배치된다. 이는 두려운 일이지만 이것이 덜 두려워지는 유일한 길은 영혼의 움직임을 위한 공간을 마련하고 영혼의 힘을 존중하는 것이다.

인간의 심오함과 복잡함을 맘껏 즐겨라

무어는 연못에 비친 자신의 모습과 사랑에 빠진 아름다운 청년 나르시스의 신화를 새롭게 해석한다. 영혼과 사랑이 결핍된 나르시스의 자기도취는 비극적인 결과를 낳았지만 그 강렬함은 그에게 결국 자신의 심오한 자아와 본성을 깨닫고 사랑하는 새로운 삶으로 빠뜨렸다. 무어는 "나르시스적인 사람은 단순히 자신의 본성이 얼마나 심오하고 흥미로운지 모르는 사람이다"라고 말한다. 나르시스는 상아와 같다. 아름답지만 차갑고 딱딱하기 때문이다. 그는 뿌리를 지니며 아름다운 세상의 일부가 되는 꽃이 될 수도 있었다.

그렇다고 반드시 우리 안의 나르시스를 없애야 하는 건 아니다. 정반대 편인 거짓된 겸손으로 움직이는 대신, 우리의 고귀한 이상과 꿈을 유지하고 그것들을 표현하는 것보다 효과적인 방법을 찾는 것이 가장 좋다.

신화에 대한 분석을 통해 무어는 일부 자기계발서의 단순하고 획일적인 시각을 멀리하라고 조언한다. 자아에는 다양한 면이 존재하며 서로 반대되는 시각, 가령 고독한 삶과 사회적인 삶을 수용하면 인생은 풍요롭게 확장된다. 어떤 때는 자아를 마음껏 즐길 수 있고, 다른 때는 세상에 초연한 현자가 될 수도 있다. 둘 다 타당한 모습이며 매번 이치에 맞는 삶인지 늘 확인할 필요는 없다.

우리는 모두 다른 영혼을 가지고 있다

"인간의 독특함은 합리적이고 평범한 만큼이나 미치고 왜곡된 모습으로 이뤄져 있다"라고 무어는 말한다. 이것은 존경받는 모든 인물의 전기를 통해 입증된다. 에이브러햄 링컨 대통령마저도 수정주의자revisionist 취급을 받는다. 하물며 우리는 뭐가 그리 다르겠는가? 《영혼의 돌봄》은 '보기 싫은 혹을 떼버리려는' 노력이 그저 다른 사람을 따라 하고 자신의 모습을 슬프게도 잃어버리는 것이 될 수 있다며 특별한 주의를 요한다.

이 책은 총 4부, 13장으로 구성되며 인간조건의 모든 영역을 다룬다. 전반부의 몇 가지 주제를 살펴보자.

사랑

지금까지 생각했던 것처럼 사랑을 '좋은 인간관계를 맺는 일'로 보아서는 안 된다. 사랑은 '영혼의 사건'이며 놀랍게도 누구와 사랑을 나누는지는 그다지 중요하지 않다. 사랑은 세속으로부터의 휴식이고, 현대인의 삶의 깨끗한 본성이며 신비로 향하는 문이다. 인간이 사랑을 그토록 강하게 붙드는 것도 바로 이런 이유 때문이다.

질투

무어는 여자친구의 바람기를 의심하며 몹시 화를 낸 어떤 남성을 만났다. 그러나 그 남성은 사랑하는 사람끼리 서로를 구속하는 것이 현대적이지도, 있을 수도 없는 일이라고 믿는 사람이었다. 이러한 순수한 이상은 진실한 구속의 가능성을 없애버렸고, 그 결과 질투라는 추악한 외면으로 드러났다. 그렇지만 질투가 무조건 나쁜 것은 아니다. 질투는 한계와 정착을 만들어내며 영혼을 보살핀다. '공동의존co-dependency'이라는 현대 사상에 정면으로 반박하는 무어는 질투가 다른 사람과의 관계에서 자신의 정체성을 발견하는 데 좋은 역할을 한다고 말한다.

힘

영혼의 힘은 자아의 힘과 매우 다르다. 자아를 지닌 인간은 계획하고 지시하고 목표를 향해 일한다. 영혼의 힘은 물의 흐름과 비슷하다. 우리가 흐름의 원천을 이해하지 못하더라도 그 흐름에 적응하고 우리라는 존재를 인도하도록 허용해야 하는 것이다. 영혼을 지닌 우리는 원인과 결과, 시간의 능률적 사용과 같은 '소비자적 논리consumer logic'를 포기해야만 한다.

폭력

영혼은 힘을 사랑한다. 그러나 폭력은 어두운 상상이 출구를 찾지 못할 때 터져나온다. 공동체나 전체 문화에 영혼성이 결여될 때 인간의 정신은 이른바 총과 같은 대상을 맹목적으로 숭배한다.

우울

자기 자신을 삶의 비극적인 측면으로부터 보호하려고 노력하는 문화는 우울증을 자신의 적으로 만든다. 그러나 '빛light에 집착하는' 사회는 우울증을 부자연스럽게 덮어씌우며, 그것을 보상하려는 우울증은 비정상적으로 강해진다고 무어는 말한다. 그는 우울증을 일종의 선물로 표현한다. 이것은 인간의 순수하고 소박한 가치와 목적을 분명히 하며 영혼을 일깨울 기회를 준다.

간추린 평

무어는 12년간 틀어박혀 있었던 수도원을 떠나 어느 공장에서 노동자로 일하던 어느 여름, 동료로부터 "자네는 사제가 되었으면 좋았을 뻔했어"라는 말을 듣고 깜짝 놀랐다고 한다. 《영혼의 돌봄》의 성공은 자기계발 문학이 전통적인 영혼의 보호자이자 인간이 한때 자동적으로 의지했던 의식적, 종교적 가르침의 자리를 대신하는 완벽한 예를 보여주었다.

당대의 자기계발을 '구원 환상salvation fantasy'으로 특징 지은 무어는 인간의 그늘과 복잡함을 모두 아우를 수 있는 자기인식의 문제로 되돌아가야 한다고 주장했다. 그의 책은 삶의 고난을 철학적으로 위로하는 중세와 르네상스의 덜 야욕적인 자기계발서들을 모델로 삼는다. 오늘날 자기계발서 중에서 상당히 튀어 보이는《영혼의 돌봄》은 사실은 오래되고 존귀한 전통을 따른 것이다.

르네상스 시절의 의사들은 모든 인간의 영혼이 밤하늘의 별에서 생겨났다고 믿었다. 현대인들은 "자기가 되고 싶은 방향으로 자신을 만들어낸다"고 믿는다. 우리는 이 시대의 자기창조의 자유를 소중히 여겨야 한다. 그러나 무어의 작품은 우리에게 완전히 다른 뭔가를 말한다. 우리 안의 영원한 무엇을 탐구하고 그 주위를 배회하라는 것이다.

📖 함께 읽으면 좋은 책
《무쇠 한스 이야기》《신화의 힘》《늑대와 함께 달리는 여인들》
《나는 무엇을 원하는가》《월든》

BOOK 42

영혼이 부르는 삶을 살라

《나는 무엇을 원하는가》

The Soul's Code
: In Search of Character and Calling

> "역사적 인물과 수녀에게만 '사명'이 있는 것은 아니다.
> 모든 인간의 마음속에는 되고자 하는 사람과
> 살고 싶은 인생에 대한 이미지가 들어 있다."

제임스 힐먼 James Hillman

1926년 뉴저지주 애틀랜틱시티의 어느 호텔방에서 태어났다. 그는 1944년 부터 1946년까지 미 해군에서 위생병으로 복무했으며 독일 주재 미군방송 에서 기자로 일했다. 종전 후 파리의 소르본대학교와 더블린의 트리니티대학 교에 다녔으며 애널리스트로서 활동했다. 1959년 그는 취리히대학교에서 박사 학위를 받고 그 후 10년간 취리히 융연구소에서 일하면서 정신생태학(훗날 원형심리학) 개념을 개발 했으며, 신화, 예술, 사상이란 광범위한 범주에서 개인을 살폈다. 힐먼은 예일대학교, 하버대학교, 시러 큐스대학교, 시카고대학교, 프린스턴대학교, 댈러스대학교 등에서 강사와 교수직을 맡았다. 2011년, 삶이란 어떤 것이 되어가는 과정이 아니라 이미 존재하는 이미지를 현실로 구현하는 것이라는 자신 의 말을 그대로 실천하며 살았던 그는 코네티컷에 있는 자택에서 생을 마감했다.

"우리는 유전학과 환경의 상호작용이 인간의 삶을 형성한다는 오늘날의 주된 패러다임이 인간 개인의 특수성이라는 본질적인 개념을 빠뜨리고 있음을 분명히 할 필요가 있다. 인간이 유전과 사회적 힘의 미묘한 절충으로 형성된다는 사상을 받아들이는 순간, 인간은 하나의 결과물로 전락하고 만다."

"민주주의의 평등이 개인적 사명의 특이성에 논리적 근거를 두었듯이 자유는 소명의 온전한 자립에 기초한다. 독립선언문 창시자들이 모든 인간은 평등하다고 말했을 때, 그들의 선언은 필연적인 단짝 사상을 일으켰다. 모든 인간은 자유롭다는 것이다. 인간을 평등하게 만드는 것은 현실적 사명이며, 자유롭고자 하는 인간의 요구는 행위적 사명이다."

인간에게는 영혼의 코드, 운명의 DNA가 있는가? 이런 의문을 가진 제임스 힐먼은 여배우 주디 갈런드와 과학자 찰스 다윈 등 여러 인물들의 삶을 모아 그들을 그렇게 살게 만든 '뭔가'를 찾기로 했다. 힐먼은 거대하고 장엄한 전나무가 과거에는 작은 도토리 안에 담겨 있었듯이 인간도 자신의 내면에 진리의 핵심 또는 그렇게 살도록 이끄는 이미지를 품고 있다고 전제했다. 이는 새로운 게 아니다. 그리스어에서 인간의 삶을 이끄는 보이지 않는 힘을 '다이몬daimon'이라고 하는데 로마어로는 '지니어스genuis'라 한다.

인간은 결과가 아닌 스토리이다

영혼의 이미지 사상은 대부분의 문화에서 오랜 역사를 가지지만 현대 심리학과 정신의학은 그것을 완전히 부정한다. 이미지, 개성, 운명, 천부적 능력, 소명, 다이몬, 영혼, 숙명과 같은 말들은 모두 중요하며 이제는 사용을 꺼리지만 그 말의 현실성은 결코 줄어들지 않았다고 힐먼은 주장한다.

심리학은 개인의 수수께끼를 성격과 유형, 콤플렉스라는 특성만으로 분석한다. 힐먼은 잭슨 폴록의 심리적 전기를 쓴 작가가 폴록의 그림에 나타난 리드미컬한 선과 원이 와이오밍 농장에서 형과 흙바닥에 오줌을 싸서 누가 더 멋진 그림을 그리는지 내기했던 '창의적인 오줌 싸기' 내기에서 비롯되었다고 해석한 것을 언급한다. 그와 같은 해석은 인간정신을 말살하며 환경보다 내적인 비전이 인간을 이끈다는 사상을 부정한다.

인간이 자신의 삶을 바라보는 방식 역시 내적인 비전을 무디게 만든다고 힐먼은 말한다. 우리는 로맨스와 소설을 사랑하면서도 로맨틱한 이상이나 이야기들을 우리 자신에게 충분히 적용시키지 않는다. 우리는 창조자가 되길 멈추며 오히려 결과물이 되려고 한다. 그러한 삶은 유전과 환경의 상호작용의 결과물로 전락하고 만다.

인간이 스스로의 가치를 제한하는 또 다른 방식은 원인과 결과를 바라보는 방식이다. "이 일이 일어났기 때문에 이럴 수밖에 없다" 혹은 "… 때문에 난 이렇다"라고 생각하는 것이다. 그의 책은 방

금 태어났든 중년이든 노인이든 상관없이 모든 인간에게 시간을
초월한 진리를 보여준다.

누가 우리의 부모인가

'부모의 잘못된 믿음'에 대한 힐먼의 설명은 매우 훌륭하다. 그것은
부모가 어떻게 하는지에 따라 자식의 삶의 방식이 정해진다는 믿
음이다.《나는 무엇을 원하는가》에서 힐먼은 인간의 어린 시절을
환경과 접촉하며 자신의 모습을 찾아가는 과정으로 가장 잘 이해
했다. 아이의 짜증과 이상한 집념은 이러한 상황에서 인식해야 하
며 그것을 치유적 측면에서 '고치려고' 애써서는 안 된다.

실제로 어릴 때부터 신동이라 불린 바이올린 연주자이자 지휘자
인 예후디 메뉴인은 네 번째 생일선물로 받은 장난감 바이올린을
그 즉시 땅바닥에 내던졌다. 아직 어린아이였지만 장차 위대한 바
이올리니스트가 될 그에게는 장난감 악기가 모욕적으로 느껴졌던
것이다. 우리는 아이들의 진면목을 보지 못한 채 그들을 빈 칠판처
럼 다룬다. 즉 그들이 천부적 능력에 따라 인도될 나름의 삶의 의제
를 가지고 있을 거란 가능성을 완전히 부정한다.

그러나 '다이몬'의 인식은 인간의 필요성에서 비롯된 결과이다.
다이몬은 난자와 정자뿐 아니라 그것을 전달해줄 존재, 즉 '부모'까
지도 선택한다. 이는 분명히 파격적인 개념이다. 그러나 힐먼은 그
것이야말로 너무나도 많은 부모들의 불가능해 보였던 결혼과 빠른

임신, 갑작스러운 버려짐 등의 이야기들을 설명해준다고 주장한다.

그는 더 나아가 우리를 세상과 연결시키고 우리를 가르치는 자연의 모든 것이 어머니가 되고 아버지가 될 수 있는 현실에서 우리의 생모와 생부만을 말 그대로 엄마, 아빠로 보는 빈곤한 시선을 지적한다. 그는 '종교는 세상에 대한 충성'이라고 말한 영국의 철학자 앨프리드 화이트헤드의 말을 인용하며 인간에게 한없이 베풀고 세상의 미스터리를 아낌없이 드러내 보이는 세상의 능력을 믿어야만 한다고 말한다.

"반드시 당신이어야만 해"

《나는 무엇을 원하는가》는 사랑의 관계에서 진화생물학evolutionary biology의 논리를 무시하며 낭만적인 고통의 집착과 고뇌를 일으키며 자신의 모습을 드러내는 '다이몬'을 설명한다. 태어나자마자 헤어진 일란성 쌍생아는 훗날 똑같은 애프터쉐이브 로션을 바르거나 같은 브랜드의 담배를 피운다는 사실을 알게 되지만, 배우자를 선택하는 것 같은 대부분의 중요한 선택에서는 상당한 차이를 나타내기도 한다.

미켈란젤로는 신이나 인물에 대한 초상화를 조각할 때 '마음속 영상'이라고 불렸던 마음속 이미지를 떠올리려 애썼다. 그가 제작한 조각품들은 대상의 내적 영혼을 드러내는 것을 목적으로 했다고 한다. 힐먼은 모든 사람의 내면에 이와 같은 마음속 이미지가 존재한다고 말한다. 사랑에 빠진 사람들이 자신에 대해 엄청나게 중요한 느낌을 갖는 것도 자신의 영혼이 지닌 천부적 자질을 엿보며 자신의 진정한 모습을 드러낼 수 있기 때문이다. 연인의 만남은 결국 이미지의 만남이며 상상의 교환이다. 우리가 사랑에 빠진 것은 우리의 상상이 점화되었기 때문이다. 자유롭게 풀린 상상 덕분에 일란성 쌍생아마저도 그들의 동일성에서 해방되는 것이다.

나쁜 씨

《나는 무엇을 원하는가》는 사랑의 반대인 '나쁜 씨bad seed'에 대한 설명에서 그 빛을 발한다. 힐먼은 많은 지면을 할애하며 히틀러 현상을 설명한다. 믿을 만한 보고에 따르면 히틀러의 습성은 '나쁜' 다이몬에 따른 것이라고 한다. 히틀러가 남다른 인생을 살게 된 이유에 대해 도토리와 개인적 특성의 결합으로 설명한다. 히틀러의 도토리가 나쁜 씨였을 뿐만 아니라 히틀러 본인이 그것에 대한 어떤 의심이나 저항하는 마음을 품지 않는 특성을 지녔다는 것이다. 하나의 씨를 통해 우리는 한 남자의 매혹적인 힘이 어떻게 수백만 명의 사람들을 집단적으로 신들린 상태로 이끄는지 볼 수 있다. 또한 이와 같은 개념을 미국의 연쇄살인범 제프리 다머 등의 현대판 사이코패스psychopath들에게 적용시켜 그들이 희생자들을 어떻게 홀리는지 이해할 수 있다.

　나쁜 씨가 끔찍한 행동들을 정당화하는 건 결코 아니지만 '다이

몬/도토리'의 측면에서 범죄심리를 인식하는 것은 악에 대한 전통
사상(반드시 박멸하거나 '사랑으로 치유해야 하는 것')을 개선하여 좀더
잘 이해하도록 해준다. 씨가 악마성을 띠도록 만드는 것은 외곬적
인 집착이지만 그것의 궁극적인 목표는 명예와 영광이다. 사회적
으로 우리는 이러한 동기를 인식하고 그것을 덜 파괴적인 결과로
돌릴 수 있는 방법들을 찾아내야 한다.

유명인의 삶이 가득한 이 책은 평범함에 대해 의문을 던진다. 평
범한 '다이몬'은 있을 수 없는가? 그의 대답은 "없다"이며, 이것은
인간의 말에서도 반영된다. 아름다운 영혼, 상처 입은 영혼, 심오한
영혼, 아이 같은 영혼을 가졌다고 말하는 사람은 있어도, '중간 정
도의 영혼'이나 '보통의, 평균적인 영혼'을 가졌다고 말하는 사람은
아무도 없지 않은가.

영혼은 비물질적인 영역에서 비롯된 것이지만 지극히 물질적인
세계의 경험을 갈구한다. 힐먼은 빔 벤더스 감독의 영화〈베를린 천
사의 시Wings of Desire〉에서 천사가 보통 사람들의 평범한 삶과 그들
이 겪는 곤란을 사랑하는 것을 떠올린다. 천사와 신의 눈으로 봤을
때 '똑같은 오늘'이나 인간의 평범한 삶은 존재하지 않는 것이다.

간추린 평

입체파 화가 피카소는 "나는 발전하지 않는다. 나는 나이다"라고 말
했다. 삶은 어떤 것이 되어가는 과정이 아니라 이미 존재하는 이미

지를 현실로 구현하는 것이다. 인간은 개인적 성장에 집착하며 상상 속 천국을 향해 나아가려고 한다. 그러나 인간의 존재를 초월하기보다는, 세상으로 '내려와' 그 안에서 자신의 자리를 찾는 것이 일리가 있다. 힐먼은 '스타'로 불리는 사람들이 자신의 삶을 힘들고 고통스럽게 여기는 것을 당연하다고 생각한다. 대중이 그들에게 심어준 자아이미지는 환상이라서, 그것은 반드시 그들을 바닥을 향한 비극적인 추락으로 이끌기 때문이다.

우리가 살면서 겪는 모든 역경은 유명인의 것처럼 극단적이진 않겠지만 그것들은 상당히 훌륭한 효과를 낼 것이다. 힐먼은 인격character에 대해 "진군계획이 장군의 텐트에서 수립되어 전쟁이 결정된 전날, 병사가 집에 보내는 답장"과 같다고 말한다. 인간의 소명calling은 성공보다는 정직함에 관한 것이 되어야 하고, 성취보다는 보살핌과 사랑에 관한 것이 되어야 한다. 이렇게 정의하면 삶은 그 자체만으로도 위대하다. 인간을 평등하게 만드는 것은 현실적 사명이며, 자유롭고자 하는 인간의 요구는 행위적 사명이다.

📖 함께 읽으면 좋은 책
《길을 헤매다 만난 나의 북극성》《신화의 힘》
《늑대와 함께 달리는 여인들》《영혼의 돌봄》

BOOK 43

모든 존재가 내 안에서 움직인다

《바가바드 기타》

The Bhagavad-Gita

"우리는 자연의 세계에서 태어난다.
그리고 정신의 세계에서 또다시 태어난다."

《바가바드 기타》는 산스크리트어로 '거룩한 분의 노래'라는 뜻이다. 이 책은 시대와 종파를 초월해 사랑받고 있으며, 인류의 살아 있는 성전으로 일컬어진다. 흔들리는 존재의 위기에 처한 아르주나가 크리슈나에게 괴로움을 호소하면서 이야기는 시작되며 이들이 나누는 철학적이고 영적인 대화를 통해 독자들은 자신의 본성을 인식하게 된다. 《바가바드 기타》는 여러 시대를 거쳐 다양한 지식인들에게 번역되면서 현대까지 그 정신이 그대로 이어지고 있다.

"마음을 섬기는 강한 체력을 지니고, 가치 있는 일을 위해 자신의 권력을 포기하며, 이득을 좇지 않는 자, 아르주나여! 그런 자는 존경받을 만하다. 그대에게 맡겨진 일을 하라!"

"타인에 의해 평화가 깨지지 않고, 오히려 그 앞에서 다른 이가 평화를 찾으며, 흥분과 분노, 두려움을 뛰어넘는 자야말로 내가 소중히 여기는 자이다."

"싸우길 두려워하는 이기심 때문에 인생의 전투에 나서지 않으려 해봤자 소용없다. 세상만물이 그대를 가만두지 않을 것이다."

《바가바드 기타》는 한 청년과 신(크리슈나로 화신함) 사이의 대화를 적은 것이다. 왕족 판다바 가문의 '아르주나'라는 젊은 전사는 전쟁하러 가는 날 아침 공황상태에 빠졌다. 그가 싸워야 할 '적'들이 잘 알고 지내는 사촌들이었기 때문이다.

절망적인 상태에서 아르주나는 자신의 이륜전차를 모는 크리슈나에게 조언을 구한다. 그는 자신이 듣고자 했던 대답은 못 들었지만, 크리슈나로부터 우주의 이치와 삶에 대한 최선의 접근방식 등 인간에게 들려주는 신의 말씀을 듣는다.

《바가바드 기타》자체는 짧지만, 서로 사촌지간인 카우라바와 판다바 집안의 교전을 기록한 대서사시《마하바라타》중에서 가장 사랑받는 일부이다.《바가바드 기타》는 '천상곡Celestial Song' 또는 '신의 노래Song of the Lord'라는 뜻이며,《바가바드 기타》의 영문판 역자 후안 마스카로는 인도인의 영적 극치를 대표하는 '교향곡'으로 묘사했다.

아름다운 문구의《바가바드 기타》는 시, 경전, 철학, 자기계발 등 다양한 영역에서 활용되었는데, 여기서는 마지막 영역에 초점을 맞출 것이다.

아르주나가 처한 곤경의 의미

아르주나는 전쟁에 나가길 원치 않았다. 누구라도 자신의 친척과 전쟁을 벌이는 것을 미친 짓으로 여길 것이다. 그러나 이 책의 이야기는 다분히 우의적이다. 내용의 참뜻은 행위와 비행위에 관한 것이며, 카르마와 다르마의 개념을 소개한 것이다.

아르주나는 너무나도 잔인한 세상에서 선한 일을 하기 위해 왜 그렇게 고통을 받아야 하는지에 대해 당연한 의문을 갖는다. 조지프 캠벨은《신화의 힘》에서 인간이 성숙해지기 위해서는 혐오스럽기나 악한 것에 대해 '괜찮다'고 말하거나 자신의 세계에 그런 것들이 존재하는 것을 인정해야 한다고 말한다. 캠벨이 말한 '모든 것의 인정'은 자신의 상황에 저항할 수 없음을 뜻하는 것이 아니라, 어떤 것이 존재하면 안 된다고 말할 권리가 인간에게는 없다는 뜻이다. 존재하는 모든 것은 나름대로의 이유가 있기 때문에 존재한다. 비록 그 이유 때문에 당신이 그것과 맞서 싸워야 하더라도 말이다. 삶을 회피하거나 모든 것을 정복할 수 있다면 좋겠지만, 인간은 그렇게 할 수 없다. 살아 있는 인간은 이 모든 것들의 행위와 영향으로부터 벗어날 수 없다. 이것이 '카르마'이다.

삶을 살아야만 한다면 무엇을 삶의 인도자로 삼을 것인가? 인간의 행위는 욕구에 의한 행위와 목적의식에 의한 행위로 나뉜다. 욕구에 의한 행위는 훨씬 쉽지만 스스로에게 아무런 질문도 던지지 않으며 자기성찰도 없다. 이것은 인간의 삶에서 정신을 이끌어내는 우주의 법칙과 기질에도 위배된다. 목적에 의한 행위는 훨씬 복잡하고 분명하지 않지만 가장 자연스러운 행위이며 인간존재의 구원과 기쁨의 원천이다. 이를 일컫는 말이 '다르마'이다.

이성을 발견하다

욕구에 의한 자동적인 삶을 넘어 목적방식을 택하는 이성적 정신을 구체화한 《바가바드 기타》는 실로 위대한 책이다. 만약 아르주나가 단순히 싸우고 싶지 않다는 욕구를 따랐다면 아무것도 배우지 못했을 것이다. 크리슈나는 그에게 "선의의 전쟁을 벌이라"고 조언한다. 이것이 아르주나의 의무이자 목적인 다르마이다.

우유부단에서 벗어난 아르주나는 그의 적들이 어쨌든 '죽음을 맞을 운명'이라는 말을 듣는다. 아르주나는 그저 신의 카르마를 위한 도구인 셈이다.

독자들은 왜 신이 전쟁을 권하는지를 심각하게 고민할 필요는 없다. 이 책의 핵심은 자신의 행동과 존재에 의문을 품은 젊은 전사가 결국 자신의 '이성'을 돌출해낸다는 것이다. 오늘날에는 이성과 지성을 동일시하는 경향이 있으나 이는 나태한 생각이다. 그것은 '일처리' 능력을 지닌 마우스나 컴퓨터를 인간과 같은 수준에 있다고 말하는 것과 같다.

이성은 넓은 견지에서 인간의 위치를 발견하는 과정이며, 특히 우리의 존재가 정당성을 얻고 실현되는 작업이자 행위이다. 이성은 우리를 진정한 인간으로 만든다.

《바가바드 기타》는 결코 신비로운 글이 아니다. 이것은 이성으로 향하는 길을 보여주며 인간의 가장 고귀한 능력과 위대한 장점을 드러낸다.

일에 대한 태도

《바가바드 기타》는 세 가지 '자연의 속성', 타마스Tamas(어둠), 라자스Rajas(불), 사트바Sattva(빛)에 관심을 쏟는다.

라자스 유형의 삶은 정력적으로 활동하고, 끊임없이 일을 하며, 지나치게 많은 일에 손을 대고, 더 많은 것을 갈구하며, 쉬지 않고 일과 사람에 초점을 맞춘다. 그들의 삶은 무언가를 얻기 위한 것이며

'내 것과 아직은 내 것이 아닌 것'에 몰두한다. 우리의 삶과 비슷한가? 이것은 '성취'에 의해 움직이는 삶이며, 무활동, 둔함, 무관심, 무지로 특징지어진 타마스보다는 높을지 모르나 여전히 차원이 낮다.

빛의 삶인 사트바는 어떤가? 삶의 의도가 숭고하고 평화로운 행위가 지속되는 순간, 우리는 사트바의 삶을 사는 것이다. 우리의 일은 성스러워지며 아무런 보상이 없더라도 우리는 그 일을 계속할 것이다.

'일'에 관해 이 책에서 가장 강조하는 점은 정말로 좋아하지 않는 일을 하는 것은 영혼을 어둡게 만든다는 사실이다. 좋아하는 일을 하는 것이 불가능하다면, 지금 하고 있는 일을 좋아하고 즐기도록 노력하라. 그러면 '결과'에 대한 두려움이나 염려는 사라질 것이다. 현명한 사람들은 마음속으로 결과나 성과를 그리지만, 실제 일을 하는 데서는 그것들과 철저히 분리됨으로써 한층 효율성을 발휘한다.

《바가바드 기타》는 명상으로 얻어지는 평화보다 행위의 결과로부터 자유로워질 때 얻어지는 평화가 훨씬 고귀하다고 말한다. 그럴 경우 인간은 예상되는 결과의 경직성에서 벗어나고 생각지도 못했던 놀라운 결과가 일어나도록 만들 것이다.

명상을 통해 흔들리지 않는 자아를 발견하라

거실 소파에 앉아 아카데미 시상식의 휘황찬란한 오스카상과 비공개 파티에 관한 TV 뉴스를 들으며 '나도 저기 있었으면!' 하는 생각을 할지도 모른다. 피상적인 즐거움을 전하는 기사를 들으며 불현 듯 열등감이 느껴질 수도 있다.

"겉만 번지르르하면 어때? 나도 저곳에 가봤으면! 저런 파티의 참석자 명단에도 오르지 못하는 신세라니! 이러다 월요일 아침이면 출근을 해야겠지! 아이고, 내 팔자야!"

심리학에서는 이런 생각을 '대상조회object referral'(자기조회Self-referral의 반대개념으로 참자아가 아닌 외부대상의 영향을 받는 것을 의미함)라고 부른다. 이렇게 대상조회 상태에 빠져 있으면 늘 다른 사람에게 초점을 맞추고 그들로부터 인정받으려고 하게 된다. 할리우드는 외면적 가치평가를 극히 중시하며, 그곳에서 일하는 사람들은 다음번 오디션이나 연기, 거래에 대해 다른 사람들이 어떻게 생각할 것인가를 늘 염려한다. 그들은 근본적으로 두려운 삶을 살아가며 자신이 바라는 것과 다른 결과가 나타났을 때 절망에 빠진다. 《바가바드 기타》는 외부로부터 어떠한 칭찬이나 인정을 구하지 않고도 스스로 올바른 삶을 살고 있다는 느낌을 갖는 법을 가르쳐준다. 스스로 자신의 진정한 가치를 터득하는 것이다.

이러한 수준에 오르기 위해 필요한 주된 과정 중의 하나가 명상이다. 명상은 두려움과 탐욕으로부터 벗어나게 한다. 명상을 통해 더 이상 흔들리지 않는 자아를 발견하며, 디팩 초프라의 말대로 '비난으로부터 자유롭고, 어떠한 도전도 두렵지 않으며, 누구보다도 열등하지 않다고 느끼는' 존재가 된다. 행위의 세계에서 얻어지는 것과 비교할 때 이는 분명하고 진정한 힘을 지닌다.

기본적으로 의식적 차원에서 볼 때 모든 인간은 다들 비슷하다. 그러나 명상 상태에서는 자신만의 독특함을 얻을 수 있다. 명상이 뒷받침된 모든 행위는 일반적으로 부정적인 카르마를 발생시키지 않는다. 순수함과 완벽한 지식으로부터 완벽한 행위가 발생되기 때문이다. "완벽한 행위는 완벽한 명상으로부터 나온다"고 《바가바드 기타》는 말한다.

《바가바드 기타》는 반복적으로 깨달음을 얻은 인간은 성공이나 실패, 사건이나 감정의 바람에 결코 흔들리지 않는다고 말한다. 이 책은 우리를 부동不動으로 이끌며, 아이러니하게도 이러한 부동은 삶의 덧없는 특성과 변화무쌍한 시간을 인식하는 데서 비롯된다. 우주가 끊임없이 몸부림치더라도 그 안에서 우리는 훌륭한 고정점을 벗어나지 않도록 마음을 단련할 수 있다. 이 책은 현대의 가장 자신감 넘치는 사람마저도 나락에 떨어뜨리는 열등감 및 무의미한 느낌에 대한 확실한 해독제이다.

간추린 평

종교서적에 대해 '알쏭달쏭하고 재미없는 책'이라는 편견을 가진 사람에게도 《바가바드 기타》는 마음의 주권을 이야기하는 뛰어난 작품으로 이해되는 놀라운 힘을 지닌다.

신은 아르주나에게 다음과 같이 말한다.

"나는 감춰진 미스터리보다 훨씬 비밀스러운 시각과 지혜의 말을 그대에게 하노라. 이 말을 영혼의 침묵 중에 곰곰이 생각하라. 그리고 네 의지대로 자유롭게 행하라."

신은 전능하나 인간에게는 자유의지가 있다. 《바가바드 기타》가 세기를 뛰어넘어 이와 같은 강한 메시지를 전할 수 있는 것은 이 책이 역설적이지만 '시적인' 마음의 언어로 쓰였기 때문일 것이다.

학문적이거나 복잡하지 않으며, 21세기의 빠르고 중압적인 삶에서 무엇보다 필요한 마음의 부동과 일의 즐거움을 얻는 길을 알려주는 이 책은 완벽한 자기계발서로서 가장 의미 있는 지혜를 전하고 있다.

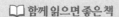 함께 읽으면 좋은 책
《풍요로운 삶을 위한 일곱 가지 지혜》《법구경》

BOOK 44

인류의 진보를 이끈 단 한 권의 책
《성서》

The Bible

"사랑, 믿음, 소망, 하느님의 영광,
인간의 완전할 수 있는 가능성."

《성서》는 한 권의 문서가 아니라 기원전 1000년 경으로부터 기원후 2세기에 이르는 동안에 기록된, 저자와 내용과 형식과 부피가 다른 66권의 책들의 묶음이다. 구약舊約은 유대교의 경전으로서 서기 90년 경에 현재의 39권으로 확정되었고 신약新約은 서기 397년에 현재의 27권이 확정되었다. 성경은 계시에 의해 기록된 하나님의 말씀으로서 절대적이고 유일한 권위를 가진다고 믿어진다. 인류 역사상 가장 많이 팔린 책이며, 전세계에 널리 퍼진 그리스도교 문화권의 상당 부분이 성경에 기반한 기독교적 관습에서 비롯되었다.

"자네가 일을 결정하면 이루어지고 자네의 길에 광명이 비칠 것이네." (〈욥기〉22 : 28)

"주님은 나의 목자, 나는 아쉬울 것 없어라. 풀밭에 나를 쉬게 하시고 잔잔한 물가로 나를 이끄시어 내 영혼에 생기를 돋우어주시고 바른 길로 나를 끌어주시니 당신의 이름 때문이어라." (〈시편〉23 : 1~3)

"끝으로, 형제 여러분, 참된 것과 고귀한 것과 의로운 것과 정결한 것과 사랑스러운 것과 영예로운 것은 무엇이든지, 또 덕이 되는 것과 칭송받는 것은 무엇이든지 다 마음에 간직하십시오." (〈필리피서〉4:8)

"그러므로 내가 너희에게 말한다. 너희가 기도하며 청하는 것이 무엇이든 그것을 이미 받은 줄로 믿어라. 그러면 너희에게 그대로 이루어질 것이다." (〈마르코복음〉11:24)

사람들은 《성서》를 성스러운 종교경전과 방대한 역사기록서, 위대한 이야기 모음집 중 하나로 인식한다. 그러나 《성서》는 사실 진정한 인간의 모습에 대한 개념 형성을 돕는 사상의 집합체이다.
《신약성서》와 《구약성서》가 우리가 살고 있는 현 세계에 얼마나 큰 공헌을 했는지 잊기 쉽다. 그러나 토마스 카힐은 자신의 책 《미래는 내가 선택한디》에서 이렇게 말힌다.
"만약 《성서》가 없었다면 노예폐지운동, 교도소개혁운동, 반전운동, 노동운동, 민권운동, 원주민인권운동, 남아공 인종차별정책폐

지운동, 폴란드 자유노조운동, 한국, 필리핀, 중국 등지에서의 언론 자유 및 민주주의운동은 결코 일어나지 못했을 것이다. 현대사의 이러한 운동들은 모두《성서》의 말씀에 따른 것이다."

아마도 인간의 가장 큰 사고방식의 변화는 '진보'에 대한 생각일 것이다. 먼 옛날에는 시간을 늘 주기적인 것으로 여겼다. 위대한 창조설화는 미래에는 별 관심이 없던 인간 초기의 문화에서는 상당히 중요한 위치를 차지했다. 당시에는 내일이 오늘보다 나을 수 있다는 생각은 별로 없었다. 많은 신이 있었으나 비인격적이고 변덕스러우며 어떤 신도 인류에게 특별한 미래상을 심어주지 못했다.

이러한 생각은 시나이산에서 모세가 직접 계율을 계시받으면서 변화되었다. 그들이 새롭게 경배한 유일신은 인간의 이익을 최우선으로 하고 당신의 백성을 위한 장기적 비전을 소유했다. 그들의 신은 이집트에서 노예로 지내던 유대인들을 약속의 땅으로 인도했으며, 당신의 목적(인간의 진보)을 이루기 위해 오랜 세월을 거쳐 왔다.

지금은 당연한 것으로 여기지만 이와 같은 발전적인 진보적 세계관은 서양 문화를 정의하며, 거의 모든 비서구권 문화에도 적용된다.

카힐이 위에서 말했듯이 모든 위대한 해방운동을 이끈 이면의 힘은 "이 길로 가서는 안 된다"라는 사상을 드러낸〈탈출기〉의 말씀을 따른 경우가 많다. 또한 이 사상은 대부분의 자기계발서를 이끄는 횃불이기도 하다.

사랑의 힘

《구약성서》가 천 년간 집단을 감화시켰다면《신약성서》는 개인적 구원을 상징한다.《구약성서》가 인간 개인을 최초로 강조한 면에서 혁명적이었다면,《신약성서》는 개인이 세상을 바꿀 수 있기 때문이 아니라 그럴 의무가 있기 때문에 세상을 바꿔야 한다고 말하면서 논리적 영역으로 들어섰다. 신의 이미지 안에서 세상을 변화시켜야 한다고 말하는《신약성서》는 예수를 예로 들면서 적극적인 사랑으로 안내한다. 진보와 마찬가지로 사랑도 오늘날에는 매우 당연시 된다. 그러나 앤드루 웰번은《기독교의 시초》에서 "힘과 지혜의 질서가 고대의 자의식 이전의 인류에게 보낸 신의 계시였다면, 사랑은 개인화되고 자의식을 지닌 인간에게 보내는 신의 계시이다"라고 말한다.

사랑의 힘을 말하는《성서》의 주제는 인류의 새로운 시대를 열었다.《성서》에서 사울(훗날의 사도 바오로)은 그리스도인을 박해하러 다마스쿠스로 가던 중에 하느님의 빛에 의해 눈이 멀었다. 이와 같은 놀라운 개인적 변화에 대한 이야기는 권력이나 지위보다 사랑이 훨씬 강력한 힘을 지닌다는 새롭고 낯선 사상을 전했다.

신앙에 대해

유대인의 유일신 이전의 신에 대한 기록들은 대부분 인간의 소망을 반영한 것이었다. 인간이 원하는 것을 얻지 못한다면 그것은 신이 인간에게 화가 나 있기 때문이었다. 그러나 모세의 신은 훨씬 복잡하며 신의 목적을 이루고 신의 전능함을 증명하기 위해 숭배자들에게 신앙을 요구한다. 유대인과 기독교의 신은 단지 창조와 파괴의 신이 아닌 공동창조를 위한 신인 것이다.

아브라함의 이야기를 보자. 희생물을 바치라는 신의 말씀에 따라 산으로 간 아브라함은 자신의 외아들이 희생물이 되어야 한다는 걸 깨닫는다. 그러나 놀랍게도 그는 기꺼이 자신의 아들을 제물로 바친다. 하지만 마지막 순간 신은 아브라함에게 아들 대신 근처 풀숲에서 잡은 숫양을 바치도록 한다. 믿음의 시험을 통과한 그는 대대로 풍족한 삶을 보상받는다.

그러나 이것은 단순히 신에 대한 복종을 시험한 것도 아브라함을 시험한 것도 아니다. 인류 전체를 시험한 것이다. 인류는 더 이상 두려움에 떨며 육신에 얽매인 동물이 되지 않기로 선택했다. 그 보상으로 인간은 평온한 신앙을 지닌 존재가 되어 신의 모습을 반영할 수 있었다.

《성서》와 개인의 삶

다른 종교와 철학은 세상을 인간이 역할을 맡는 연극 또는 환상으로 본다. 그러나 개인을 하나의 단위로 인식하며 개인을 통해 세상이 진보하고 세상의 잠재력이 실현된다고 보는 기독교는 천국을 지상에 펼치려는 인류 노력의 이야기들로 역사를 가득 채웠다.

무엇보다 기독교에서 인간은 더 이상 타인이나 변덕스러운 신, '운명'이나 '별'들의 포로가 아니었다. 이것은 인간이 인종이나 신분, 경제력 같은 요소로 정의될 수 없다는, 혁신적이고 평등한 사상을 낳았다. 특히《신약성서》의 이러한 혁신적인 사상은 '모두가 소유한, 존재로서의 형언할 수 없는 독자성'에 대한 인식과 이해에서 비롯된다고 삐에르 떼이야르 드 샤르댕은 말한다.《성서》의 광범위한 미래상이 인류공동체의 창조라면 그 안에서 모든 개인의 독자성이 충분히 표현될 수 있는 기회가 주어져야만 한다.

간추린 평

우리는《성서》를 새로운 시각에서 봐야 한다. 더 이상《성서》를 원죄와 희생에 관한 책, 강력한 교회계급과 성전聖戰을 일으킨 책으로 보지 말아야 한다. 그 대신 연민과 자기실현, 자아정제에 대한 단순화된 메시지, 타인에 대한 강압을 용납하지 않는《성서》의 윤리를 기억해야 한다.《성서》는 위대한 이야기들이 실린 역사서로도 매력적이지만, 그보다는 개인적인 변화를 이야기한 최초의 안내서였다는 점도 상기하며 공정하고 올바른 평가를 내려야 한다.

📖 함께 읽으면 좋은책
《바가바드 기타》《법구경》

BOOK 45

마음의 가면을 벗어던져라

《마음가면》

Daring Greatly

"취약성은 약점이 아니라 힘의 원천이 될 수 있다."

브레네 브라운 Brené Brown

1965년 샌안토니오에서 태어났으며 아버지의 발령으로 인해 뉴올리언스에서 어린 시절 일부를 보냈다. 20대에는 여러 가지 직업을 시도하다가 30세가 거의 다 되어서 오스틴의 텍사스대학교에서 사회복지 학위를 받고 휴스턴대학교에서 석사학위를 받았다. 2002년 박사학위를 받고 현재 휴스턴 사회복지대학원 연구교수로 일하고 있다. 브라운의 책으로는 《라이징 스트롱》,《불완전함의 선물》,《나는 왜 내 편이 아닌가》,《불완전함 Inadequacy》 등이 있다. 또한 수치심 회복력 이론에 관한 많은 연구 논문을 발표했다. '취약성의 힘'이라는 제목의 테드 강연은 조회 수 2,900만 건을 기록했다.

"이 분야를 연구한 지난 12년 동안 두려움이 가족, 조직, 공동체를 덮치는 모습을 지켜보며, 우리는 누구나 두려운 감정을 지겨워한다는 사실을 깨달았다."

"취약성이란 약점이 아니며, 우리는 선택의 여지없이 매일 불확실함, 위험, 감정적 노출을 경험한다. 우리가 유일하게 선택할 수 있는 것은 그것에 직면하느냐 마느냐이다."

"자신의 진정한 모습을 추구하는 과정에서 스스로를 사랑하고 다른 사람을 지지하는 행동은 대담하게 맞서는 가장 위대한 행동일 것이다."

시어도어 루스벨트가 1910년에 파리 소르본대학교에서 발표한 '경기장의 투사'는 지금까지도 명연설로 꼽힌다. 이 연설은 비판만 하는 사람과는 달리 직접 행동하며 자신이 믿는 바를 추구하기 위해 손해를 감수하는 사람들의 주제가가 되었다. '경기장'이란 새로운 인간관계나 직장일 수도 있고 혹은 중요한 대화나 창조의 과정일 수도 있다. 핵심은 모든 것이 완벽해질 때까지 그곳에 입장하지 않은 채로 기다릴 수는 없으며, 지금 모습 그대로 걸어 들어가야만 한다는 점이다. 무엇인가를 하지 않기로 결심하는 데는 손실이 따른다.

안전만을 추구하면 우리는 진정한 자신에 다가갈 수 없게 된다.

사회과학자인 브레네 브라운은 이 연설에 감명을 받은 일을 계기로 10년 넘게 취약성, 수치심, 공감에 관해 연구했다. 초기 연구에서 만난 참가자들에게는 '진정한 교감을 할 만한 상대가 되지 못할 것이라는 두려움'이 있었다. 그들은 다양한 상심과 배반을 겪으면서 실패를 뼈저리게 체험했고, 결점을 깨달았으며, 자신의 가치를 발견하기가 힘들었다. 그러나 그녀는 이와 반대로 직장, 관계, 사회에서 취약해질 각오가 되어있는 사람들, 즉 심리학자인 카렌 호나이의 말을 빌리자면 '진심을 다하는 사람들the Wholehearted'도 함께 조사했다.

그녀는 《마음가면》에서 아주 많은 사람이 충분히 성공적이거나 날씬하거나, 강하거나 똑똑하거나, 특별하거나 자신감이 있지 않다는 등 스스로 충분하지 않다고 느끼게 만드는 문화를 '두려움의 문화'라고 했다. 그들은 사회적, 감정적, 직업적인 위험을 감수하기를 어려워한다. 그러나 '대담하게 맞서기' 혹은 그 대상이 무엇이든지 맞서는 행동만이 우리의 진정한 모습을 찾을 수 있는 유일한 방법이다.

취약성을 포용하기

취약성vulnerability의 사전적 정의는 '공격과 손해를 입을 여지가 있는 상태' 혹은 '상처받을 수 있는 상태'이다. 취약성이 약점을 암시하기도 하지만 브라운은 진짜 약점은 우리의 연약한 부분을 전혀 깨닫지 못하거나 받아들일 수 없는 데서 나온다고 주장한다. 그런 약점은 우리를 더 고집 부리게 하고, 공감능력이 떨어지게 만들어서 다른 사람을 거부하도록 하며, 미래의 관계에 더 심각하고 예상치 못한 피해를 입히게 된다. '상처 입지 않는 상태'란 치명적인 환상에 가깝다.

취약성은 환영받지 못할 말을 할 때, 자신의 주장을 펼칠 때, 도움을 요청할 때, 거절할 때, 자기 사업을 시작할 때, 파트너와 처음 성관계를 할 때, 암에 걸린 배우자가 유언장을 쓰도록 도울 때, 최근 자녀를 잃은 친구에게 전화를 걸 때, 세 번의 유산 후 다시 임신을 시도할 때, 자랑스럽지 않은 몸매로 공공장소에서 운동할 때, 승진을 했지만 무슨 일을 해야 할지 모를 때와 같은 상황에서 드러날 수 있다.

이런 경우는 약점이 아니라 용기를 발휘해야 하는 상황이다. 위에 언급한 예시와 유사한 상황에 처한다면 심장박동이 빨라지고 손에 땀이 나며, 배가 꾸르륵거리고 통제력을 잃을 것 같거나 벌거벗은 느낌이 들 것이다. 하지만 이때 "만약 실패하더라도 해야 할 이유는 무엇일까"라는 질문을 던져봐야 한다.

브라운은 캘리포니아 롱비치에서 테드TED 강연을 한 후, 청중이 강연 내용을 받아들이지 않았거나 심지어 완전히 실패한 강연이었다고 해도 할 만한 가치가 있었다는 생각이 들었다고 한다. 사람들이 자신을 어떻게 생각하느냐와 상관없이 그는 수치심과 취약성에 대해 대중에게 보여주고자 하는 연구결과가 있었고, 그것을 전달하는 것이 목표였다. 그는 "대담하게 맞서기의 결과는 승리 행진이라기보다는 약간의 전투피로를 동반한 차분한 해방감이다"라고 말한다.

어린 시절에 우리는 더 이상 작은 존재가 아닌 순간이 오기를 기다리며, 어른이 돼서는 모든 위험과 불확실성을 극복하여 더 이상 취약하지 않기를 바란다. 이 상태를 곧 성공이라고 여긴다. 하지만 '취약성에서 완전히 벗어나게 해주는 마법'은 없다. 사람은 얼마나 부유하고 유명하고 성공했는지에 상관없이 인생의 모든 영역에서 앞으로 나아가기 위해 위험을 감수해야 하는 상황을 지속적으로 마주한다.

"취약해지는 순간은 없다"라고 말하는 사람은 이를 상쇄하는 행동을 하며, 심리적으로 무장하여 감정에 노출되거나 불확실성을 껴안고 사는 것보다 훨씬 심각한 피해를 입게 된다. 감정을 내보이지 않고 저돌적인 태도로 승패가 갈리는 상황에서 일하는 변호사나 군인과 같은 직업인들은 감정적인 대가를 많이 치른다. 상처받지 않는 상태는 법정이나 전쟁터에서는 그들을 지켜줄 수 있지만 일상생활에서는 끔찍한 결과를 낳는다.

수치심은 보편적이다

사이코패스가 아니라면 누구나 수치심을 느낀다. 인간은 공동체적인 존재이기 때문에 수치심은 우리가 특정 행동으로 인해 존경, 사랑, 수용을 받을 가치가 없게 되어 공동체와 단절될 수 있다는 두려움이 들게 만든다.

우리는 외모, 재산 수준, 양육의 질, 중독, 신체 건강과 정신 건강, 나이, 종교, 과거의 트라우마에 수치심을 느낀다. 브라운은 연구 참가자들에게 언제 수치심을 느꼈는지 물었다. 참가자들은 임신하지 않았는데 예정일이 언제냐는 질문을 들었을 때, 중독 치료 중이라는 사실을 숨겼을 때, 해고를 당했을 때, 그리고 그 사실을 임신한 아내에게 알려야 했을 때, 약혼자에게 아버지가 프랑스에 있는 감옥에서 수감 중이라는 사실을 말할 때, 자녀들에게 이성을 잃고 화를 냈을 때, 파산했을 때, 배우자를 찾지 못했을 때, 불임이라는 사실을 알았을 때, 인터넷 포르노를 볼 때, 낙제했을 때, 부모님이 싸우실 때라고 대답했다. 우리는 신체적인 고통은 훨씬 더 개방적으로 표현하는 반면, 특정한 정신적 고통은 어떠한 대가를 치르고서라도 숨기려고 하는 경향이 있다.

죄책감이 '내가 나쁜 짓을 저질렀어'라는 느낌이라면, 수치심은 '나는 나쁜 사람이야'라는 쪽이다. 죄책감은 자신의 가치와 맞지 않는 행동을 했을 때 드는 감정으로서 우리의 행동방식을 변화시키기 때문에 건설적인 반면, 수치심은 변화시킬 수 없는 고정된 나쁜 자아를 전제로 하기 때문에 파괴적이다. 수치심은 중독, 폭력, 공격성, 괴롭힘, 섭식 장애, 우울증을 유발한다. 수치심을 느끼는 사람은 자신을 무감각하게 하거나 자기 파괴적인 행동에 빠지기 쉬우며 다른 이에게 상처를 주거나 비난하고 싶어 한다. 또한 수치심과 굴욕 사이에도 차이가 있다. 사람들은 수치심은 자기가 마땅히 느낄 감정이라고 생각하는 반면, 굴욕감은 정반대로 느낀다. "어떻게 감히 나에게!"라는 말이 자동적으로 나온다.

브라운은 수치심을 그 해독제인 공감으로 바꾸는 '수치심 회복력'을 기를 수 있다고 말한다. 나와 비슷한 경험을 겪었거나, 내 행동을 스스로 웃어넘기게 해주거나, 공감하는 태도로 들어주는 이와 소통할 때 수치심은 사라진다. 핵심은 우리가 혼자가 아니며 유일하게 '나쁜' 사람이 아니라는 사실을 깨닫는 것이다. 우리가 스스로에게 공감한다면 수치심은 살아남을 수 없다.

여자, 남자, 그리고 수치심

브라운은 남녀 모두 수치심을 경험하지만 그 대상이 다르다는 점을 발견했다. 여자는 '완벽한' 모습으로 보이지 않을 때, 좋은 엄마가 아닌 것 같을 때, 아이를 갖지 않거나 결혼하지 않았을 때, 아이를 한 명만 낳았을 때, 직장에 다니는 어머니가 아닐 때 혹은 전업주부일 때 더 수치심을 느끼는 경향이 있다.

첫 번째 테드 강연이 온라인에서 화제가 되자 스스로 내향적이라 고백하던 브라운은 겁에 질렸다. 테드의 서버를 해킹해서 그 동영상을 삭제하고 싶었다. 왜였을까? 그녀는 자기가 항상 일의 규모를 작게 유지하고 싶어 했다는 것을 깨달았다. 아는 사람이 적을수록 비판받을 가능성이 낮기 때문이었다.

연구가 온라인 세상에 알려지자 수많은 비판이 쏟아졌으며 욕설까지 난무했다. 실제로 그녀는 몸무게, 외모, 정신 안정 여부, 엄마로서의 자질에 관한 악성댓글에 시달렸다. "연구는 조금만 하고 보톡스 좀 맞아야겠다"라는 댓글은 약한 수준이었다. 사람들은 연구 내용을 이해하려고 하지 않고 여성의 약점이라고 알려진 부분을 공격했다. 그녀는 여전히 여성들이 '작고 조용하고 예뻐야 한다'라는 무언의 기대에 속아 넘어가고 있으며, 이 정신적인 덫에서 탈출하려면 여성이 느끼는 수치심의 전통적 근원에 저항해야 함을 깨달았다. 그곳에서 탈출하기 위해서는 여자의 모든 행동이 어떤 결과를 가져온다는 것을 인정해야 한다. 절대로 모두를 만족시킬 수는 없으니 망설이지 말고 행동하라.

브라운은 초기 몇 년 동안은 여성만을 대상으로 인터뷰했다. 이후 자신의 안전지대에서 벗어나 남성의 수치심과 취약성을 연구하기 시작했다. 남성이 가장 보편적으로 수치심을 느끼는 상황은 직장, 재정, 결혼생활에서 실패했을 때이다. 성공한 사람이 되지 못했을 때, 틀리다고 판명됐을 때, 비웃음을 당했을 때, 여리거나 약하거나 두려운 기색을 내비쳤을 때 수치심을 느낀다.

어떤 남자는 어렸을 때 자기가 얼마나 그림 그리기를 좋아했는지 이야기했다. 그러나 할아버지가 아버지에게 "이게 뭐냐, 애를 예술가 나부랭이로 키우는 게냐"라는 말을 한 후 그가 미술 수업을 받는 것은 물론 연필을 잡는 것도 금지됐다. 많은 남자가 자기가 실직하거나 감정을 이야기하기 시작하면 아내와 딸들이 받아주지 않을 것이라고 생각했다. 아내가 남자의 모습에 강한 고정관념을 갖고 있는 경우 그 기준에 도달할 수 없는 남자는 수치심을 느꼈다.

관계에서 남자와 여자는 수치심을 다르게 느낀다. 여자는 자신의 의견이 존중받지 못하거나 감정을 인정받지 못했을 때 수치심을 느끼지만, 남자는 상대가 자신이 돈을 충분히 벌지 못하거나 역할을 충분히 해내지 못하는 등 무능하다고 생각할 때 수치심을 느낀다. 이런 식으로 비난받는 느낌이 들 때 남자는 화를 내거나 말을 하지 않고, 그 결과 여자는 불평하며 남자를 더 채근하고 닦달한다.

브라운은 많은 사람이 중년에 일탈하거나 위기를 겪기도 하고 바람을 피우는 이유가 어떤 기대치로 인해 수치심을 느끼고 본래 자기의 모습을 찾지 못하는 상황에 질려버리기 때문이라고 말한다. 자기 자신이 아닌 엄마나 가장으로 전락한 그들은 스스로의 진정한 가치를 느끼고 싶어 한다. 때때로 가족이 아닌 사람만이 그 가치를 느끼게 해주는 것처럼 보인다.

약점을 방어하는 세 가지 심리적 방패

브라운은 취약성과 수치심에 맞서는 심리적 방패를 세 가지로 설명한다.

첫 번째 방패인 '불길한 기쁨Foreboding joy'이란 미래에 일어날 일에 대해 걱정을 너무 많이 한 나머지 현재 기쁨의 질이 감소되는 것을 말한다. 우리 대부분은 선조들보다 물질적으로 훨씬 풍요로운 환경에 살고 있지만, 한편으로는 상황이 좋기 때문에 혹시 모를 테러 공격, 자연 재해, 학교 총기 사건, 슈퍼 박테리아와 같은 질병 등에 끔찍한 두려움을 느낀다.

브라운은 연구 참여자들이 가장 취약하다고 느낄 때가 바로 기쁨의 순간이라는 점에 충격을 받았다. 그들은 남편, 자녀, 부모를 얼마나 사랑하는지 느끼는 직후에 이 상황이 지속되지 않거나, 무엇인가 잘못되거나 그들이 죽을 것이라는 생각을 했다. 그녀가 인터뷰한 부모 중 80퍼센트가 이 사실을 인정했다. 자녀를 보며 "숨막힐 정도로 사랑한다"라고 생각하는 바로 그 순간 자녀에게 나쁜 일이 일어나는 이미지가 머릿속에 떠오른다고 했다. 그녀 자신도 끔찍한 교통사고나 경찰에서 충격적인 전화가 걸려오는 일을 상상하는 버릇이 있었기 때문에 참가자들에게 그 사실을 고백하기 전까지는 '끊임없이 재앙을 계획해보는 습관이 작은 비밀이었다'고 한다.

우리는 왜 이런 생각을 하는가? 답은 간단하다. 브라운은 "우리는 고통에 기습공격을 당하지 않기를 바란다. 무방비 상태에서 당하기를 원치 않아서 충격받는 연습을 하는 것이다"라는 것이다. 비극적인 이미지는 과도한 기쁨에 대한 무의식적인 해독제와 같은 역할을 하며, 우리는 이를 위해 뉴스와 범죄 드라마에서 본 온갖 폭력적인 영상의 도움을 받는다.

브라운은 두려움의 순간을 감사로 바꿀 것을 제안한다. 기쁜 순간에 마음속 깊이 감사하는 마음을 가지면, 그 순간을 완전히 즐길 수 있고 동시에 삶의 불확실성에도 열린 태도를 유지할 수 있다. 즐거움이 느껴지면 그것을 받아들이고 "이 순간 나는 모든 것을 가졌다"라고 말하면 효과가 있다. 자녀가 현장학습을 가거나 남편이 자녀들과 주말여행을 떠나서 걱정이 된다면, 자신의 취약성을 인정하고 더 나아가 배우자에게 실제로 이야기하라. 그렇게 하지 않고 자녀가 여행을 가지 말아야 하는 이유를 꾸며낸다면 상황의 실제적인 위험성을 판단하기보다 그 상황을 통제하려는 비이성적인 욕구를 더 크게 발휘하는 셈이다.

두 번째 방패는 모든 일을 완벽하게 해낸다면 삶에서 수치심이 찾아올 가능성이 없을 것이라는 '완벽주의Perfectionism'이다. 완벽주의란 탁월함이나 자기발전을 추구하는 태도가 아니라 자기 자신이 근본적으로 무가치하다는 생각에서 출발하여 다른 사람의 인정을 받으려는 태도로서, 수치심을 막기 위한 방어 도구이다. 완벽주의는 우리가 실패를 경험할 때, 그 이유가 자기가 충분히 완벽하지 않아서라고 생각하기 때문에 악순환으로 이어진다. 완벽주의의 해독제는 자기애인데, 완벽주의자에게 자기 공감은 한 번으로 끝나는 일이 아니고, 꾸준히 연습해 습관을 길러서 '충분히 잘한 일' 또는 '아무것도 하지 않은 것보다 나은 일'을 아주 많이 할 수 있어야 한다.

세 번째 방패인 '마비Numbing'는 삶의 요구에 대처하는 능력에 대한 수치심, 고통, 불안을 줄여주는 것은 무엇이든 수용하는 행동이다. 미친 듯이 바쁜 생활을 하는 것도 삶을 면밀하게 살펴보거나 우리가 어떤 감정을 느끼는지 솔직하게 인식하지 않기 위한 방어 도구이다. 와인 몇 잔으로 감정을 무디게 하여 마비시키는 행위도 이와 마찬가지이다. 이러한 행동은 불확실성이나 부정적인 감정을 무디게 하는 한편 사랑, 기쁨, 소속감, 창조성을 느끼지 못하게 만들기도 한다. 브라운은 "감정을 선택해서 마비시킬 수는 없다. 어두운 면을 마비시키면 밝은 면도 그렇게 된다"라고 썼다.

브라운은 착한 여자아이, 정향 담배를 피우는 시인, 과격한 사회 운동가, 커리어우먼, 파티광 등 인생에서 자신이 택했던 다양한 겉모습을 나열한다. 그녀는 모든 모습이 자신이 너무 몰두해서 상처받기 쉬운 상태에 처하지 않도록 보호해주는 '갑옷'과 같았음을 깨달았다. '쿨'한 척하는 태도는 취약성에 대한 반응이며, 다른 사람을 묘사할 때 '재미없다', '멍청하다', '실패자'라는 단어를 쓰는 사람은 정작 자신은 위험을 감수하는 데 따르는 두려움과 어떤 것에 마음을 주어서 약해 보이는 것에 대한 두려움을 외면하는 것이다.

타인의 심리적 갑옷은 포착하기가 쉽고 그들과 우리 사이에 있는 장애물처럼 느껴지지만, 자신이 오랫동안 입고 살아온 심리적 갑옷을 발견하기는 어렵다. 그것은 마치 피부처럼 변하기 때문에 진짜 '나'가 가려진 지 너무 오래 됐다면 원래 모습이 어땠는지 잊어버릴 수도 있다.

방패, 갑옷, 가면을 벗어버리는 방법은 무엇인가? 가장 중요한 점은 지금의 모습 그대로 충분하다고 말할 용기를 내는 것이다. 상황을 회피하는 대신 직면하여 위험을 감수하고 모습을 드러내야 한다. 재난의 광경을 관망하는 대신 감정적인 의존성을 완전히 받아들여야 한다. 이러한 작은 위험을 감수하기가 처음에는 불편할 수도 있지만 브라운의 연구에 참가한 많은 사람은 변화했다. 모든 것이 완벽한 순간을 기다리기보다 스스로 뛰어드는 것이 훨씬 중요하다. 완벽한 순간은 절대 오지 않기 때문이다.

간추린 평

착각을 버려라. 경기장에 걸어 들어가서 대담하게 맞서라. 브라운은 '얻어맞을 수도 있다'라는 사실을 인정한다. 그러나 우리가 만들어낸 창조물이나 획득한 자리에 대해 누군가가 비열하고 위선적이거나 냉소적인 태도를 보인다면 그는 취약성이 약점이라고 생각하는 사람임을 기억해야 한다. 대담함은 그들의 두려움과 고집을 반사하기 때문에 불확실성을 껴안으려는 의지와 용기가 박약한 자신의 상태를 점검하기보다는 상대방을 괴롭히는 행동으로 반응한다. 그녀는 정당한 비판은 도움이 되지만 잔인함이 드러난다면 "취약성이 그 동기일 가능성이 크다"라고 말한다.

　이름 뒤에 '박사, 사회복지 전문가'라는 직함을 붙이는 사람은 자신의 신뢰도에 신경을 쓴다고 볼 수 있다. 실제로 브라운은 자신의 주장에 학문적인 근거가 있다는 점을 증명하기 위해 상당한 분량을 할애한다. 이 사실은 저자가 이 책에서 인정하는 것처럼 취약성을 연구하는 학자 자신도 취약성을 드러내기가 어려움을 알게 해준다. 그녀의 책과 동영상이 대단한 인기를 끄는 현상은 타인의 인정을 갈구하는 문화가 우리가 진정으로 바라는 것이 아님을 보여준다. 더 큰 용기를 갈망하는 마음은 누구나 같다.

📖 함께 읽으면 좋은 책

《인간의 품격》《치유: 있는 그대로의 나를 사랑하라》
《도전하라 한 번도 실패하지 않은 것처럼》

BOOK 46

원하는 삶을 살기 위한 가장 실천적인 지침서

《당신의 인생을 어떻게 평가할 것인가》

How Will You Measure Your Life

"우리는 언제나 남들보다 앞서고 잘하기를 원하지만,
진정한 성공은 가치를 지지하고 헌신하며
장기적인 시각으로 생각하는 데서 온다."

클레이튼 M. 크리스텐슨 Clayton M. Christensen

1952년 유타주 솔트레이크에서 태어나 8남매의 일원으로 자랐다. 브리검 영대학교에서 수학한 후, 옥스퍼드대학교 로즈 장학생 Rhodes Scholar이 되어 개발도상국을 집중적으로 연구해 경제통계학과 경제학 박사 학위를 받았다. 1979년부터 1984년까지 보스턴 컨설팅 그룹 Boston Consulting Croup에서 생산 전략을 담당하는 경영 컨설턴트로 일했다. 1984년에 세라믹 기술 회사인 CPS 설립에 참여했지만 주식을 상장한 직후인 1987년에 주식시장 붕괴가 찾아왔다. 대표자격을 상실한 후, 하버드대학교에 박사로 입학했다. 이때 쓴 그의 논문은 《성공기업의 딜레마》라는 책으로 출판됐다. 1992년에 하버드대학교 경영대학원 교수진에 합류했고, 이후 경영학과 종신교수직을 얻었다.

"많은 사람이 인생을 평가하는 기준으로 장례식에 참석한 사람의 수, 수상 경력, 은행에 저축한 돈과 같은 통계 수치를 당연하게 여기지만 내 인생에서 정말로 중요한 기준은 오로지 한 명 한 명이 더 나은 존재가 될 수 있도록 내가 도움을 줬던 사람들뿐이다. (중략)인생에서 어떤 성취를 했는가와 상관없이 내가 선을 행하는 사람이었는지 평가받을 것이다. 이것들이 내 인생을 평가하는 데 중요한 기준이 된다."

"많은 이가 '이번 한 번 뿐이다'라는 말로 개인적인 규칙을 어겨도 된다고 자기를 설득한다. 우리는 마음속에서 이렇게 사소한 선택을 정당화할 수 있으며 그 한계비용은 언제나 미미하다. 그러나 그렇게 내린 결정이 하나씩 불어나 훨씬 큰 그림이 되면 당신은 결코 바라지 않던 모습을 한 사람이 될 것이다."

하버드대학교 경영대학원 교수인 클레이튼 M. 크리스텐슨은 '파괴적 혁신'에 대한 연구로 유명하다. 경제경영지《이코노미스트》는 《성공기업의 딜레마》를 '역사상 가장 영향력 있는 경영 서적 6선'에 꼽았다.

　《당신의 인생을 어떻게 평가할 것인가》에서 크리스텐슨은 연구에 적용한 것과 동일한 명료성, 독창성을 발휘하여 인생 자체에 대한 예리한 질문을 제기하고자 했다. 이 책은 그가 하버드대학교 졸업식에서 어떻게 인생을 계획하고 큰 실수를 피할 수 있는지에 관해 연설한 일을 계기로 탄생했다. 당시 크리스텐슨이 암 투병 중이었기 때문에 그 연설은 특별한 의미가 있었다. 《하버드 비즈니스 리뷰》의 기자였던 캐런 딜론Karen Dillon은 그 연설을 책으로 출판해야 한다고 그를 설득했고, 그녀와 하버드 학생인 제임스 올워스James Allworth가 공동 집필에 참여했다.

이 책을 읽기 전에 독자는 경영 이론을 개인의 인생에 적용하는 것이 설득력이 부족하며 깊이 없는 얄팍한 이론이라고 생각할 수 있다. 경영 전략과 같이 기본적인 개념에 비해 우리의 인생은 대단히 유동적이고 불확실하며, 의도적으로 설정한 목표를 지침으로 삼기에는 우연의 영향을 너무 많이 받는다. 그러나 크리스텐슨은 장기적으로 보았을 때 좋든 나쁘든 필연적으로 특정한 결과를 낳는 요인들이 있다는 주장을 설득력 있게 펼친다. 이 책의 원서 부제는 '전세계의 위대한 경영 사례에서 얻은 교훈으로 인생의 성취를 발견하기'이다. 그는 그 내용에 대해 다음과 같이 설명한다.

"경영 재난의 근본 원인을 파헤쳐보면, 장기적인 성공을 위해 노력하기보다 즉각적인 만족을 얻으려는 시도에 편중된 경향을 지속적으로 발견하게 된다."

경영에서 참인 것은 인생에서도 참이다. 사람이 어떤 목적에 헌신하면 자연스럽게 장기적인 관점으로 생각하며, 그 관점이 현재의 행동과 결정에 영향을 미친다. 자신이 미래에 되고 싶은 모습을 나타낸 그림을 머릿속에 갖고 있는 사람은 "그 그림이 옳다는 것을 증명하려면 지금 무엇을 해야 하는가"라는 중대한 질문에 직면하게 된다.

감옥에 가지 않기 위하여

크리스텐슨은 책의 시작부에서 하버드대학교 경영대학원 동창회에서 만난 동창들 중 한때는 인생에 대해 드높은 희망을 품은 좋은 사람이었으나 도중에 선로를 이탈한 경우가 아주 많다는 사실에 놀랐던 일을 회상한다. 단순히 상처뿐인 이혼, 불행한 결혼생활, 자녀 가출 문제를 겪는 사람이 아니라, 불명예스러운 에너지 기업인 엔론Enron의 수장이었던 제프리 스킬링Jeffrey Skilling과 같은 동창을 말하는 것이다.

하버드 동창뿐 아니라 로즈 장학생 자격으로 옥스퍼드대학교에서 공부하면서 만난 동기들에게서도 같은 패턴을 관찰할 수 있었다. 그는 이들 중 누구도 인생을 망치려는 의도는 없었다고 믿지만 그들이 겪은 인생의 굴곡은 단순히 불운이나 숙명 때문이 아니었다. 그들은 알게 모르게 받아들인 인생 '전략'으로 인해 그러한 결과를 마주했다.

크리스텐슨은 학생들에게 이렇게 물었다. "행복하고 성공적인 커리어를 갖고, 가족과 친구 관계에서 끝없는 행복을 얻으며, 진실한 삶을 살게 될 것을 어떻게 확신할 수 있을까."

그는 이것이 매우 간단하지만 "나의 동창들이 절대 스스로 묻지 않았거나, 물었다고 해도 그 답을 잊고 말았던 질문"이라고 썼다. 인생 전략을 좀더 주의 깊게 다룸으로써 우리는 쓸모 있고 영향력 있는 인생을 살며 적어도 감옥에 가지는 않으리라고 확신할 수 있다.

지금까지 어떤 생각으로 살아왔는가

성공적인 인생을 사는 법에 대해 조언하는 자기계발서는 수천 권에 달한다. 그러나 크리스텐슨이 원했던 조언을 얻을 만한 책은 없었다. 대신 그는 '질문자의 딜레마'를 이용해 무엇이 좋은 답이 될지 이론적으로 테스트했다.

옛날 사람들은 새에게 깃털이 있는 모습을 보고 자기도 몸에 충분한 크기의 깃털을 달면 날 수 있을 것이라고 생각했다. 그러나 깃털 자체만 있어서는 날 수가 없었고, 다니엘 베르누이Daniel Bernoulli의 비행이론이 발표되고 나서야 인류는 새나 비행기와 같은 사물을 공중에 뜨게 하는 요인이 무엇인지 설명할 수 있었다. 그의 요점은 성공과 행복에 관한 우리의 이론이 틀릴 때가 많기 때문에 시간을 들여 실질적인 요인을 탐색해볼 가치가 있다는 것이다.

예를 들어 자신에게 동기를 부여하는 요인이 무엇인지 이해하는 일은 인생과 직업 만족도에 중대한 영향을 끼친다. 크리스텐슨은 직장에서의 행복을 결정하는 '위생요인'과 '동기요인'을 구분하여 설명한 프레드릭 허즈버그Frederick Herzberg의 동기부여 이론을 인용한다.

'위생요인'에는 지위, 보수, 직업 안정성, 사무실 및 회사 환경, 상사-부하직원 관계 등이 있다. 사람들은 이로 인해 직장에 만족하거나 만족하지 못하지만, 이것이 일을 하는 진정한 동기가 되지는 않는다. 아무리 높은 보수도 절대로 우리가 일을 사랑하도록 만들 수는 없다.

일을 사랑하게 되는 이유는 도전적이고 흥미로운 업무, 개인의 성장, 인정, 책임과 같은 '동기요인' 때문이다. 일 자체를 사랑한다면 위생요인이 만족스럽지 않아도 계속 그 일을 하려고 할 것이다. 예를 들면 자선단체나 군대에서 일하는 사람들은 많은 돈을 벌지 못하더라도 돈 이외의 이유 때문에 계속 그 일을 한다.

어떤 사람들이 자기가 싫어하는 직업을 가지는가? 크리스텐슨은 그 직업의 동기요인이 아닌 보수, 사회적 지위와 같은 위생요인에 끌리는 사람이라고 추측한다. 그들은 그 직업이 보장하는 특정한 생활수준에 익숙해졌지만 일 자체에서 동기를 얻지는 못한다. 학교를 갓 졸업해 갚아야 할 빚이 많은 사람이 보수가 높은 직장을 선택하는 행위는 타당해보이며, 많은 젊은이가 잠시 몇 년 동안만 그 직장에 다니고 나중에 정말 좋아하는 일을 할 것이라고 믿는다. 그러나 그 바람은 잘 이루어지지 않으며 대부분 하고 있는 일에 정착하게 된다.

이 사태를 막기 위해 그는 일의 보수를 묻는 대신 스스로 "이 일을 통해 내가 성장하고, 스스로를 계발하고 인정받을 것인가? 나는 이 일에 충분히 흥미를 느끼며 새로운 지식을 배우게 되는가? 내게 책임이 부여되는가"라고 질문하라고 조언한다. 크리스텐슨은 애플의 스티브 잡스의 말을 인용한다.

"진정한 만족을 얻는 유일한 방법은 당신이 멋지다고 믿는 일을 하는 것이다. 멋진 일을 하는 유일한 방법은 좋아하는 일을 하는 것이다."

우연한 성공

구체적인 인생 계획을 설계할 필요성과 맞닥뜨리는 기회를 탐색하고 포착하고 싶은 욕구 사이에서 망설인 적이 있는가? 이는 계획적 전략과 즉흥적 전략의 차이이다. 크리스텐슨은 인생에서 "계산calculation과 뜻밖의 기쁨serendipity 사이의 균형을 맞추는 일이 중요하다"고 말한다.

만약 보수와 조건이 충분히 괜찮은 직장이 있고 동기부여도 된다면, 그 일을 지속하면서 성장하고 성공할 기회를 찾으며 장기적인 진로를 설계해야 한다. 그러나 자기가 만족하거나 좋아하는 일을 찾지 못했다면 모든 기회를 열어놓는 편이 타당하다. 계획적 전략은 우리가 긴장을 풀 수 없게 만들며 미래에 성장할 계기가 될 수 있는 기회를 보지 못하게 한다. 그는 월마트를 창업한 샘 월튼Sam Walton을 예로 든다. 샘 월튼은 저비용 모델을 통해 소매사업 구조를 바꾸겠다는 계획적 전략이 있었지만, 실제 그의 성공에는 계획과 달리 우연의 역할이 컸다. 월튼은 첫 매장을 작은 마을에 지었지만 두 번째 매장은 큰 도시에 만들고 싶었다. 사업을 확대하고 성장시키려면 명백하게 이 방법으로 나아가야 했다. 그러나 그의 아내가 이사하기를 원치 않았기 때문에 두 번째 매장도 작은 마을에 짓게 됐다. 이 '문제' 혹은 제약이 월마트의 성공의 씨앗이었다. 도시가 아니라 서비스가 부족한 작은 마을에 전력을 집중하자 다른 소매업자와 경쟁하지 않고 경이로운 성장세를 누릴 수 있었던 것이다.

크리스텐슨은 "현실에서 전략은 언제나 계획된 기회와 예상치 못한 기회의 조합에서 나온다"라고 말한다. 두 개념의 차이를 인식하면 계획에 머물러야 할 때와 새로운 방향이나 기회를 포착해야 할 때를 적절하게 판단할 수 있는 가능성이 높아진다. 그 자신도 어쩌다가 컨설턴트, 경영자 겸 관리자, 대학 교수라는 세 가지 직업을 갖게 되었지만, 이 중 계획한 것은 하나도 없었다. 대학교를 졸업할 당시에 세웠던 계획적 전략은《월스트리트 저널》의 기자가 되는 것이었는데, 그는 아직도 제안이 오기를 기다리고 있다.

린 스타트업을 하라

그렇다면 실제로 어떻게 기회를 선택해야 하는가? 한 번에 여러 기회가 온다면 어떻게 해야 하는가?

크리스텐슨은 이언 맥밀런Ian MacMillan과 리타 맥그레이스Rita McGrath가 개발한 '발견 주도 계획discovery-driven planning'이라 불리는 도구를 제안한다. 이 방법을 한마디로 말하자면 의사결정 시점에 스스로에게 다음의 단 한 가지 질문을 던지는 것이다.

"이 방법이 성공하려면 무엇이 사실이어야 하는가."

경영 세계에서 이 질문은 상품이나 서비스에 대한 모든 가정이 지지자가 바라는 대로 실제로 성공할 수 있는지 시험한다는 뜻이다. 보통 사람들은 자기가 하고 싶은 일을 떠올린 다음, 일이 진행되는 과정을 예측해보고 성공적인 결과를 뒷받침하는 숫자를 도출하지만, 실제로 현실에서 그 아이디어를 시험해보지는 않는다. 이렇게 도출된 숫자의 근거는 그 아이디어를 선호하는 사람들이 만들어냈기 때문에 전망이 좋아 보이기 마련이다. 그에 따라 자원이 분배된 뒤에야 계획에 치명적인 약점이 있다는 사실을 발견하지만 때는 이미 너무 늦었다. 사전에 적은 비용으로 그 모델을 테스트해볼 수도 있었을 것이다.

크리스텐슨이 '린 스타트업 lean startup'(빠른 주기로 상품을 만들고 시장에서 테스트하여 적은 비용으로 성공률을 극대화하는 경영 이론 – 옮긴이 주)이라는 용어를 쓰지는 않지만, 그는 추후 낭비를 방지하기 위해 초기에 저비용으로 신속하게 소규모 테스트를 진행하라는 원칙을 제안한다.

그는 디즈니가 파리 외곽에 유로 디즈니랜드를 지을 때 재앙에 가까운 추측을 했던 사례를 예로 든다. 그들은 미국이나 일본처럼 디즈니랜드에 방문객이 2~3일간 머물 것이라고 가정했다. 그러나 보통 45개에 달하던 놀이기구를 고작 15개만 설치했기 때문에 방문객은 평균적으로 하루만 머물렀고, 예상 매출과 실제 매출 사이에 큰 격차가 발생했다. 디즈니가 "예상 매출을 실제로 달성하려면 무엇을 실현해야 하는가"라고 질문했다면 정반대의 조치를 취해 이 사태를 막을 수 있었다. 이 간단한 질문만 했어도 놀이기구를 늘려야 함을 분명히 깨달았을 것이다.

이 질문을 개인적인 직업 선택에도 적용하여 "내가 이 직무/직업/역할을 수행하며 행복해지려면 무엇이 사실이어야 하는가"라고 물어볼 수 있다. 크리스텐슨은 개발도상국에서 일하고자 했던 어떤 학생이 개발도상국 프로젝트를 진행하고 있다고 주장한 회사에 취직한 사례를 언급한다. 그 회사가 이 분야에서 하는 일이 거의 없다는 사실을 알고 나서 그녀는 속은 기분이 들었다. 하지만 위의 질문을 해보았다면 그 회사가 해당 분야에 실제로 어떤 자원을 투자하고 있는지 검토할 수 있었을 것이고, 사실상 전무하다는 상황을 파악했을 것이다.

그녀가 "무엇이 사실이어야 하는가"라고 질문했다면 처음부터 그 자리를 거절하여 이토록 불안해하는 상황을 피할 수 있었다. 인생의 어떤 영역에든지 이 질문을 적용해보라. 그로 인해 절약되는 시간과 자원의 양과, 원하는 결과가 나타나는 모습에 놀라게 될 것이다.

어떤 역할을 하는가

크리스텐슨은 사람들이 물건을 구매하기보다는 "고용해서 일을 시킨다"고 한다. 예를 들어 가구회사 이케아가 하는 일은 많은 사람을 대신해서 순식간에 방이나 집을 가구로 채워주는 역할이다. 그뿐 아니라 고객이 필요한 모든 물건을 한자리에 갖춘 동시에 자녀들을 놀이방에 맡길 수도 있고 카페에서 식사를 할 수도 있다. 한 번에 여러 가지 역할을 하는 셈이다.

V8 채소음료는 그동안 다양한 음료를 대체하는 제품으로 판매됐지만 일일 채소 섭취 권장량을 채우는 간편한 방법이라는 메시

지로 마케팅을 펼친 이후, 단기간에 판매량이 네 배나 증가했다. 그 제조사는 사람들이 채소를 챙겨먹는 일 말고도 해야 하는 중요한 과제가 많다는 점을 발견했고, 고객의 머릿속에 V8 채소음료가 '일을 해결해주는' 완벽한 제품으로 자리 잡기 원했다. 그는 '흥미를 끄는' 제품은 수도 없이 많지만 그 제품이 고객이 달성하기 원하는 일을 수행하지 못한다면 성공하기 힘들다고 지적한다.

이 원칙은 인간관계에도 동일하게 적용된다. 우리가 배우자가 필요하거나 원한다고 생각하는 일은 그들이 실제로 우리가 해주기를 원하는 일과 아주 다를 수도 있다. 크리스텐슨은 직장에서 일을 마친 후 육아에 지친 아내와 어린 자녀들이 있는 집에 돌아오는 아버지를 예로 든다. 집안 풍경을 본 그는 아내가 자신이 청소와 저녁 준비를 도와주기를 원할 것이라고 생각한다. 그러면 도움이 되기야 하겠지만 계속 보채기만 하는 어린 아기와 여덟 시간을 보낸 아내가 정말로 원하는 것은 어른 간의 대화이다.

우리가 무엇을 어림짐작하면 관계가 틀어지기 쉽다. 파트너가 실제로 필요한 정신적, 물리적, 실용적 일을 하는 것만으로는 좋은 감정을 불러일으킬 수 없다. 크리스텐슨은 구식으로 들릴 수도 있지만 누군가를 위한 희생이 헌신을 강화할 수 있다고 주장한다. 사랑하는 사람과의 관계를 유지하려면 "내 파트너가 나를 가장 필요로 하는 일은 무엇인가"라는 질문을 계속 던져야 한다. 그들은 내가 어떤 역할을 하기 원하는가.

가족에 투자하라

크리스텐슨은 동기들 중 몇몇이 성공하지 못했던 이유가 도덕적으로 실패해서라기보다는 자원을 잘못 배분했기 때문이라고 주장했다. 직장에서 그들은 가장 즉각적이고 분명한 보상이라는 이유로 승진 기회나 상여금을 추구했다. 반면 자녀 양육이나 배우자와 시간 보내기 등 장기적인 이익을 가져다주는 요소에는 자원을 부족하게 배분했다.

인생의 어느 시점에서 파트너가 자신을 떠나거나 자녀가 탈선하자 그들은 당황했다. 누구나 그렇듯 그 사람들도 가정을 잘 부양하고 싶었지만 정작 수년간 시간을 사용한 방식은 사랑하는 사람들을 위해 돈은 벌어다주지만 시간은 투자하지 않는 방법이었다. 크리스텐슨은 "당신이 주어진 매 순간에 에너지와 돈을 어떻게 사용할지 결정할 때, 무엇이 자기에게 정말 중요한지 선언하고 있는 셈이다"라고 말한다.

그는 직장에서 훌륭한 성취를 이룰 수 있다는 점을 인정하지만, 오랜 시간 가족과 친구들과의 관계를 가꾸는 데서 오는 깊은 행복에 비할 수는 없다고 본다. 많은 성취주의자가 자녀 양육을 타인에게 맡기거나 자신이 밤늦게까지 일하는 것을 배우자가 괘념치 않을 것이라고 생각하는 실수를 저지른다. 그러나 이러한 관계에 시간을 쏟을 필요가 없다고 생각하는 순간이 사실은 정말 필요한 순간이다. 이를 깨달았을 때는 벌써 늦은 경우가 많다. 주변에 있는 사람을 당연하게 여기지 말라. 그들은 당신의 목표 실현을 위한 도구가 아니다.

수익중심 사고방식의 위험성

비디오 대여 업체인 '블록버스터'는 DVD를 우편으로 배달해주는 넷플릭스 같은 경쟁사를 무시해도 된다고 생각했을 만큼 좋은 성과를 내고 있었다. 넷플릭스의 서비스가 전체 비디오 대여 시장에서 차지하는 비중이 너무 작았기 때문에 블록버스터는 고유의 사업 모델을 변경할 필요가 없다고 여겼다. 그뿐만 아니라 새로운 분야에 뛰어든다면 기존 사업 매출에 지장을 줄 수도 있었다.

우리 모두가 알듯이 블록버스터는 이러한 사고방식 때문에 파산했다. 기존 모델을 보호하는 일에 너무 집중해서 새로운 경쟁자가 산업에 극적인 변화를 일으킬 수 있다는 점은 상상도 하지 못한 것이다. 변두리에서 일어나는 일은 별로 중요해 보이지 않았다. 크리스텐슨은 '수익중심 사고방식'의 위험성을 다음과 같이 묘사한다. "눈앞의 투자비용은 계산할 수 있지만 투자하지 않았을 때의 비용은 정확하게 파악하기 어렵다. 이미 완벽하게 검증된 기존 제품이 있기 때문에 신제품에 투자할 필요성이 크지 않다고 판단하는 경우, 미래에 누군가가 시장에 신제품을 출시하는 상황을 고려하지 않는 것이다."

마찬가지로 '수익중심 사고방식'은 개인의 인생에서도 위험하다. 우리의 진실성에 부합하지 않는 작은 행동을 하는 데 드는 '한계 비용_{marginal cost}'(어떤 상품을 추가로 만드는 데 드는 비용 – 옮긴이 주)
은 아주 적어 보이기 때문에 괜찮다고 생각할 수도 있다. 그러나 닉
리슨_{Nick Leeson}이 처음 저지른 작은 실수로 베어링스 은행을 무너지
게 만들었던 사례나 운동선수가 '딱 한 번' 약물을 사용한 일이 장
기적인 복용으로 이어져서 커리어를 망치는 것처럼 사소한 타협이
순식간에 큰 소용돌이로 이어질 수 있다. C. S. 루이스는 "지옥에 이
르는 가장 확실한 길은 사소하고, 점진적이고 눈에 띄지 않는 선택
이며, 이 길을 따라가면 황무지에 이르게 된다"고 말했다.

키가 2미터에 달하는 크리스텐슨은 옥스퍼드에 있을 때 농구부
의 핵심 선수로 활약하며 다가올 챔피언십 결승전을 준비하고 있
었다. 그러나 문제가 있었다. 경기가 일요일에 예정되어 있었으나
그가 믿는 몰몬교 신념에 따르면 일요일에는 운동경기를 해서는
안 됐다. 그는 이 문제를 놓고 씨름한 결과 종교에 헌신하려면 완전
하게 해야 한다는 결정을 내렸다. 코치에게 이 결정을 말하자 그는
깜짝 놀랐다. 결과적으로 팀은 승리했다. 크리스텐슨은 "원칙을 98
퍼센트 지키는 것보다 100퍼센트 전부 지키는 편이 더 쉽다. (중략)
당신의 신념을 따르라. 한결같이 따르라"라고 말했다.

어떤 결정의 한계비용은 늘 실제보다 작아 보인다. '이번 한 번
만'이라는 생각으로 어떤 행동을 해서 상황을 모면할 수 있다. 그러
나 '98퍼센트에 속한 사람'은 "그렇게 내린 결정이 하나씩 불어나
훨씬 큰 그림이 되면 당신은 결코 바라지 않던 모습을 한 사람이 된
다"라는 치명적인 위험에 처하게 된다.

당신의 목적은 무엇인가

크리스텐슨은 "나는 학생들이 시간을 들여서 인생의 목적을 찾는 다면 훗날 그것이 인생에서 찾은 가장 중요한 발견이었다고 회상 하게 될 것을 약속한다"라고 말한다.

목적이란 자유의지로 선택한 후 헌신하는 것이다. 기업이나 사람은 목적을 이루기 위해 다음의 세 가지가 필요하다. 첫째는 자신이 되고 싶은 모습을 뜻하는 '유사성likeness'이고, 둘째는 그 모습을 이루기 위한 '헌신commitment'이며, 마지막은 일의 진척을 평가할 수 있는 '측정기준metric'이다.

개인의 측정기준이 커리어 목표 달성이나 재산 축적이라고 생각 할 수도 있지만, 크리스텐슨은 인생의 궁극적인 목표는 정신적인 것이라고 주장한다. 그는 "인생에서 정말로 중요한 기준은 오로지 한 명 한 명이 더 나은 존재가 될 수 있도록 내가 도움을 줬던 사람들뿐이다"라고 한다. 그는 누군가의 자존감을 북돋아주거나 위로 해주거나 같은 신념을 가진 사람을 격려하는 것이 궁극적으로 가장 중요한 일이며, 사람이 평가받을 기준이라고 여긴다.

릭 워렌Rick Warren이 《목적이 이끄는 삶》의 도입부에서 "이것은 당신에 관한 것이 아니다"라고 했던 말처럼, 무엇이 나에게 이로운지에 머물지 않고 눈앞에 있는 한 사람을 도울 최선의 방법은 무엇인지 고민하는 사고방식으로의 전환은 인생에 혁신적인 변화를 가져다준다. 피상적인 '성공'을 얻는 수준을 넘어서 주변 사람들의 삶에 진실로 긍정적인 영향력을 끼칠 수 있다. 우리가 찾게 될 목적의 본질은 다른 이들과 다를 수 있지만, 그것을 탐색한다는 사실 자체가 진정으로 영향력 있는 삶이라는 길로 우리를 인도할 것이다.

간추린 평

크리스텐슨은 경험이 좋은 선생님일 수는 있지만 꼭 겪으면서 배울 필요가 없는 교훈도 있다고 말한다. 예를 들어 "좋은 배우자가 되기 위해 여러 번 결혼하거나, 좋은 부모가 되기 위해 막내가 다 자랄 때까지 기다릴 필요는 없다"라는 것이다. 이 책은 인생이 이미 다 지나가기 전에 현명해질 수 있는 결정적인 기회를 제공한다. 인생을 바꾸고 자기만족적인 관점을 뒤흔들며 삶의 기준을 높이게 만들 수 있는 책이다.

📖 **함께 읽으면 좋은 책**
《인간의 품격》《성공하는 사람들의 7가지 습관》

BOOK 47

인간 본성에 대한 새로운 담론을 제시하다
《동기와 성격》

Motivation and Personality

"건강한 정신은 그저 신경증이 없는 것을 말하는 게 아니라
잠재능력을 실현하는 것을 뜻한다."

에이브러햄 매슬로 Abraham Maslow

1908년 브루클린에서 러시아계 유대인 가족의 일곱 자식 중 장남으로 태어났다. 그는 수줍음이 많고 예민하고 내성적이었으나, 호기심이 왕성하고 IQ가 195일 정도로 머리가 좋아서 학교 성적은 뛰어났다. 대학에 진학한 초반에 에이브러햄 매슬로는 훌륭한 영장류 연구가인 해리 할로와 행동주의자인 에드워드 손다이크로부터 영향을 받았다. 그러나 브루클린대학교에서 14년간 교수로 있을 때는 알프레드 아들러, 카렌 호나이, 에리히 프롬, 마거릿 미드로부터 영향을 받았다. 1951년 에이브러햄 매슬로는 브랜다이스대학교로 자리를 옮겨 사망하기 바로 전해까지 머물면서《동기와 성격》을 집필했다. 그의 대표작인《최상의 인간본성The Farther Reaches of Human Nature》은 그가 사망한 이듬해인 1970년에 출간되었다.

"인간이라는 종으로 태어난다는 것은 인간적 존재가 된다는 측면에서의 정의도 갖춰야 한다. 아기는 잠재적인 인간일 뿐, 인간성을 지닌 인간적 존재로 성장해야 한다."

"나는 실험심리학과 정신분석의 유용한 자료들을 받아들였다. 또한 경험 및 실험적 이론과 그와 반대되는 쪽의 폭로적이고 심오한 이론도 받아들였다. 그러나 그들이 만들어낸 인간의 이미지는 거부한다. 이 책은 인간의 본질에 대한 또 다른 철학을 논하며 인간의 새로운 이미지를 설명한다."

1962년 여름, 에이브러햄 매슬로는 캘리포니아주 빅서의 위태로운 해안고속도로에서 짙은 안개를 뚫고 운전 중이었다. 그러다 흥미로운 표지판을 발견하고는 차를 길 옆에 세웠다. 그가 우연히 발견한 장소는 세계 최초의 개인발전연구소personal growth center인 에살렌연구소였다. 마침 그 연구소의 직원들은 매슬로의 신작《존재의 심리학》을 풀어헤치고 있었다.

아마도 매슬로가 1960년대 인간잠재력운동의 최고권위자가 된 것은 운명적이었던 것 같다.《동기와 성격》은 '자아실현자'라는 핵심적 사상으로 인간 본성의 새로운 이미지를 제시한 책이다. 그는 롤로 메이, 칼 로저스와 함께 '제3세력'으로 불리는 심리학의 인본적 지류를 탄생시켰으며, 그것이 확장된 초개인심리학transperson psychology은 인간의 일반적인 개인적 욕구와 관심에서 벗어나 영적 우주적인 영역을 탐구했다.

매슬로는 확실한 혁명가는 아니었다. 그는 학문적 심리학자였고, 그의 작품은 인간을 기계적인 것으로 간주한 행동주의에 대한 반발에서 비롯되었다. 그는 인간을 감춰진 욕구의 통제를 받는 존재로 본 프로이트의 심리학에도 반대했다. 그가 과학적 연구를 바탕으로 《동기와 성격》을 저술한 것은 행동주의 방식과 비슷하지만, 예술가와 시인들이 늘 인간을 상상했던 방식처럼 인간에 대한 전인적 시각을 놓치지 않으려고 애썼다. 그는 인간을 욕구와 충동의 단순한 복합체가 아니라 성장을 위한 무한한 공간을 지닌 전체적인 존재로 보았다. 이것은 인간의 가능성과 인간이 만들 수 있는 조직과 문화에 대한 분명한 믿음을 반영한 것이며, 그의 작품에 영향력을 가져다준 원동력이었다.

매슬로의 욕구단계론

에이브러햄 매슬로의 '욕구단계론hierarchy of needs'은 심리학에서 유명한 개념이다. 그는 인간의 욕구를 세 개의 차원으로 분리했다. 물질적인 것(공기, 음식, 물)과 심리적인 것(안전, 사랑, 자존감), 마지막으로 자아실현으로 분리했다. 그는 고차원적 욕구가 본능적이고 동물적인 저차원적 욕구만큼이나 인간의 본성에서 많은 부분을 차지한다고 보았다. 그러나 대부분의 문명은 고차원적 욕구와 저차원적 욕구를 서로 이질적인 것으로 오해하며, 동물적인 기본 욕구가 진실과 사랑, 아름다움을 열망하는 순수한 욕구와 마찰을 빚는다고 여겼다. 그러나 그는 인간의 욕구를 연속체로 보고, 저차원적 욕구가 충족되어야 고차원적인 정신적, 도덕적 발달이 이뤄진다고 했다. 기본적인 육체적 욕구가 채워진 후에야 인간은 사랑과 존중을 느낄 수 있는 상태에 도달할 수 있으며, 철학적이거나 종교적인 즐거움을 누린 후에야 자아실현을 추구할 수 있다.

자아실현을 이룬 사람들은 자신의 소질과 능력, 잠재력을 온전히 활용하고 계발한다. 그들은 외적 성공과는 별개로 한 인간으로서 확실히 성공한 사람들이다. 완벽한 인간이라고 말할 순 없지만 그렇다고 뚜렷한 결점도 찾을 수 없다. 감성지능에 관한 대니얼 골먼의 베스트셀러가 나온 직후 사람들은 성공을 위한 핵심을 '발견'한 듯 반겼으나, 자아실현을 이룬 사람들에게 골먼이 말한 유형의 지식은 이미 그들의 몸에 밴 것이다.

자아실현자들의 19가지 특징

매슬로는 역사적 가치가 있는 7명의 현대인과 9명의 과거인, 예컨대 링컨과 토머스 제퍼슨, 알베르트 아인슈타인, 루스벨트 대통령의 영부인이자 자선가인 엘리너 루스벨트, 선구적 사회사업가인 제인 애덤스, 윌리엄 제임스, 알베르트 슈바이처, 올더스 헉슬리, 네덜란드 철학자 스피노자 등을 연구했으며 다음과 같은 자아실현자들의 특성을 정의했다.

- 현실에 대한 분명한 인식 잘못을 간파하고 인격을 갖춘 훌륭한 재판관이 될 능력을 지닌다.
- 수용 자신을 비롯한 모든 것을 있는 그대로 받아들인다.
- 자연스러움 세상을 끊임없이 새롭게 바라보고 현실의 아름다움을 인식하는 어린아이 같은 자연스러움을 지녔으며 풍요롭고 인습에 사로잡히지 않는 내면의 삶을 산다.
- 문제집중 외부의 물음이나 과제에 초점을 맞추며 사명감과 목표의식이 강하다.
- 고독추구 외로움 자체를 즐기며, 그것을 통해 마음의 평온을 얻고 불행과 위기로부터 자유로워지며 독립적인 사고와 판단이 가능하다.
- 자율성 다른 사람의 칭찬에 초연하고 지위나 보상보다는 내적인 만족을 추구한다.
- 절정 또는 신비 체험 시간이 멈춰버린 듯한 체험을 한다.
- 인간관계 다른 사람을 진심으로 사랑하고 돕는다.
- 겸손과 존중 모든 인간, 심지어 대죄를 지은 사람한테도 배울 점이 있다고 믿는다.

- 윤리 옳은 것과 나쁜 것에 대한 비관습적이고 확고한 개념을 갖는다.
- 유머감각 남에게 상처를 주거나 열등감을 조장하지 않고, 일반적인 인간의 우매함을 지적하는 유머를 구사한다.
- 창조성 모차르트와 같은 천부적인 천재성이 아니라 다른 사람들처럼 말하거나 행동하는 데서 창조성을 나타낸다.
- 문화화에 저항 문화적 한계와 시대를 초월하여 인식하는 능력이 있다.
- 불완전함 보통 사람들처럼 죄책감과 두려움, 자기책망, 질투 등을 경험하지만 결코 신경증적인 특징을 나타내지 않는다.
- 가치 세상에 대한 긍정적인 시각에 근거하여, 우주가 정글은 아니지만 본질적으로 풍요로운 곳이며 인간에게 필요한 모든 것을 제공한다고 믿는다.

이 밖에도 미묘한 차이점들이 그들을 다른 사람과 분리시킨다. 대부분의 사람들은 인생을 이런저런 것을 얻기 위한 투쟁으로 여긴다. 그것이 물질적인 것이든, 가족을 얻기 위한 것이든, 더 나은 직업적 성과를 거두기 위한 것이든 말이다.

심리학에서는 이를 일컬어 '결핍적 동기deficiency motivation'라고 부른다. 반대로 자아실현자들은 발전을 위해 투쟁하지 않는다. 다만 스스로를 보다 온전하고 완벽하게 표현하길 꿈꾸며 자신이 할 수 있는 일에 기뻐한다.

그들을 다르게 만드는 핵심적인 또 다른 특징은 뿌리 깊은 마음 속의 자유로움이다. 그들은 어떠한 상황에서도 본질적인 인간의 특성인 자유의지를 잃지 않는다. 그들은 자극과 반응 사이에 거리를 유지하며 어떤 반응에도 자동적으로 이끌려져서는 안 된다는 스티븐 코비의 개념을 온전히 실천한다.

그들과 달리 그저 신경증에 걸리지 않고 '잘 적응해 사는' 사람들은 자신의 모습을 온전히 알지 못하며 인생의 뚜렷한 목표도 없다. 문화사회학자인 시어도어 로작은 《인간과 지구》라는 책에서 이렇게 썼다.

"매슬로는 자아실현을 적절한 치료적 수단으로 만들며 다음과 같은 핵심적인 질문을 던진다. 우리는 정신적 건강의 기준을 왜 그토록 낮춰 잡는가? 우리는 착실한 소비자, 사회에 순응하며 돈 잘 버는 사람보다 나은 모델을 상상할 수는 없는가? 성인, 현자, 명인은 좀처럼 될 수 없는가? 인간의 가장 고귀하고 정제된 모든 특징을 갖출 수는 없는가?"

매슬로는 위와 같은 공통적 특징을 갖춘 자아실현자들을 하나의 동질집단으로 정의할 수 있을 것 같지만, 실제로는 다른 어떤 집단보다도 완벽하게 개별적인 특징을 지닌다는 흥미로운 사실을 발견했다. 이것이 자아실현자들의 역설적 특징이다. 자아실현자의 특징을 많이 가질수록 독특하고 개성 있는 존재가 되는 것이다.

간추린 평

매슬로의 위대함은 인간이 어떤 존재가 될 수 있는지를 다시금 상상한 것이다. 그는 단지 '신경증이 없는 것'을 정신적으로 건강한 상태로 보았던 사상에서 벗어나, 모든 인간이 자아실현자의 특징을 갖춰야 한다고 주장했다. 이 같은 근본적인 심리학적 개조는 인간의 모든 활동 영역에 영향을 미쳤다.

이 책을 집필할 당시 매슬로는 자아실현자들은 소수이지만 그들이 문화 전체를 변화시킨다고 믿었다. 실제로 1960년대의 반문화counter-culturalists 개념에 영향을 받은 세대가 당시 세상의 이미지를 변화시킨 걸 보면 매슬로의 믿음이 틀리지는 않았던 것 같다.

매슬로의 욕구단계론은 일터에서의 동기를 이해하는 데 중요한 역할을 하며, 비즈니스 세계에서 직원들의 자아실현은 중요한 관심사가 되었다. 매슬로는 개인적 성장과 자극이 돈을 대신하여 직장생활의 가장 큰 동기로 작용될 것을 미리 예측한 인물이었다.

그러나 그의 원칙은 개인과 사회에 대한 너무나도 높은 기준을 마련했으며, 매슬로를 비판하는 사람들은 그가 존재하지도 않는 이상적인 인간의 본성을 만들어내는 이상주의자라고 말한다. 일부 사람들의 지적대로 그는 인간의 악에 대해서 생전에 언급한 적이 없었다. 자아실현의 소망은 민주주의의 보급과 인권의 인정 등 인간적 성장에 밝은 빛을 제공했을지 모른다. 그러나 르완다와 코소보의 대량학살과 같은 참사는 그 누가 빛을 밝혀줄 것인가?

만약 자아실현이 인간본성의 한 단면이라면 그것이 결여된 사회는 억압과 빈곤, 국수주의와 같은 것들로 채워질 빈 공간을 만들어내며, 세상은 악을 받아들일 채비를 마친다. 따라서 자아의 실현은 결코 사치스러운 것이 아니며 인류의 발전이 달려 있는 문제이다.

📖 함께 읽으면 좋은 책
《인간현상》

BOOK 48

자신의 재능을 믿으며 계속 나아가라

《자기신뢰》

Self-Reliance

"어떤 압력이 있더라도 자신만의 모습을 잃지 마라."

랄프 왈도 에머슨 Ralph Waldo Emerson

1803년 8남매의 둘째로 보스턴에서 태어났다. 14세에 하버드대학교에 진학하여 4년 후 졸업하고, 또다시 동대학의 신학대학교에 진학하여 유니테리언 신교의 목사가 되었다. 열정을 다해 목사 생활을 했지만 그는 신도들과의 교리에 대한 이견으로 목사직을 그만둔 후 유럽 여행을 떠났고 그곳에서 밀, 워즈워드 등을 만났다. 1835년 미국으로 돌아온 후 콩코드에 정착하고 1836년 《자연 Nature》을 출간하며 '초절주의자'의 원칙을 정리했다. 그와 같은 초절주의자로 헨리 데이비드 소로와 마거릿 풀러, 존스 베리 등이 있다. 그 후 2년간 그는 하버드대학교에서 논쟁을 일으킬 만한 강연을 했는데, 첫째 유럽으로부터 미국의 지식을 분리해야 한다는 주장과, 둘째 모든 교리와 교회로부터 신앙을 독립시켜야 한다는 주장으로 종교계의 분노를 샀다. 1841년과 1844년에 2권의 수필집을 냈으며 그 안에 〈자기신뢰〉와 〈영적인 법칙 Spiritual Laws〉 등이 수록되었다. 이 밖에도 50년대부터 60년대까지 〈대표적 인간들 Representative Men〉, 〈영국인의 특성 English Traits〉 등을 집필했으며 모든 집필과 강연활동을 멈춘 지 10년이 지난 1882년 콩코드에서 폐렴으로 숨을 거뒀다.

"자기 자신을 드러내라. 모방하지 마라. 당신은 평생에 걸쳐 축적된 힘을 가지고 매 순간 당신만의 재능을 드러낼 수 있다. 하지만 다른 사람을 보고 모방한 재능은 임시로, 그것도 절반밖에 드러내지 못한다. 모든 인간은 최고의 기량을 발휘할 수 있으며, 인간을 가르칠 수 있는 존재는 그를 창조한 조물주밖에 없다."

"인간은 무한한 지식의 무릎에 누워 있다. 그것은 인간을 지식의 진리를 받아들이는 자로 만들며 지식의 활동기관으로 만든다. 인간이 정의와 진리를 인식할 때 스스로 아무 일도 하지 않더라도 인간의 앞길은 지식의 빛으로 환히 비춰질 것이다."

단 30쪽에 불과한 《자기신뢰》는 여기 소개된 책 중에 가장 짧지만 응축된 가치를 지니며 엄청난 영향력을 발휘한다. 《자기신뢰》는 미국의 개인주의 윤리 형성에 핵심적인 역할을 맡았으며 오늘날 자기계발서 작가들이 지적 토대로 삼는 책이다.

서양의 위대한 철학적 현자인 랄프 왈도 에머슨은 여전히 중요한 위치를 차지하며, 오히려 지금 시대에 더 잘 맞는 인물이다. 잠재력 실현에 대한 열망은 변함없는 인간의 본성이었으나, 현재는 그것을 꿈같은 소망이 아닌 인간의 당연한 권리로 인식하는 경향이 짙다. 에머슨은 자신의 철학을 관념론으로 칭했으나 그의 철학은 결코 낭만적이거나 비현실적이거나 요란스럽지 않다. 오히려 대표적인 에머슨 연구자인 예시바대학교 철학교수 리처드 겔다드가 《에머슨의 시각》에서 설명하듯이 "에머슨의 철학에는 화강암의 단단함이 내재한다."

에머슨이 말하는 자신감self-reliance이나 혹은 자립은 변방에서 삶을 개척해나가는 가족의 이미지를 초월한다. 그 스스로 자립적 인생태도를 존중했으며, 진정한 자유와 기회로 가득한 그의 변방은 평범함과 순응으로부터 자유로운 정신적 지대였다.

나만이 할 수 있는 일

에머슨의 친구이자 피후견인인 소로와 마찬가지로, 그 역시 아무리 명분이 좋더라도 세상을 개혁하고 살기 좋은 곳으로 만들겠다며 무작정 세상으로 뛰어들기 전에 우선 세상에서 자신의 위치를 찾는 일이 선행되어야 한다고 믿었다. 그는 다음과 같은 유명한 말을 남겼다.

"모든 인간은 자신이 사회를 개선시켰다고 자랑한다. 그러나 인간은 정작 개선되지 않았다."

자신을 점검하고 자신의 소명을 알아차리지 못하는 사람은 아무런 쓸모가 없다. 그들은 개인의 아름다움과 자유를 신경 쓰지 않는 사회가 형성해놓은 틀에 재빨리 끼워 맞춰진다.

이것은 대부분의 인간이 걷는 길이며, 사회적 지위와 합당한 물질적 배경을 대가로 인간은 사회가 만들어낸 프로그램에 기꺼이 순응한다. 모두들 제약으로부터 자유로워질 거라고 장담하지만 현실에서는 순응이 훨씬 편하다.

그렇다면 왜 귀찮게 제약을 뚫고나가야만 하는 걸까? 불안의 위험을 감수해야 하는 까닭은 무엇인가? 개미가 인간의 삶을 인식할 수 없듯이 인간도 좁은 시야를 벗어나지 못하면 우리가 지금 무엇을 잃고 있는지조차 깨닫지 못한다. 인간은 살아 있는 느낌을 위해 섹스나 외면적 성공, 음식, 쇼핑 등에 의존하는 경향이 있다. 그러나 외면의 장막을 꿰뚫어본 에머슨은 진정한 부와 평화, 힘은 내면에서 비롯된다는 사실을 깨달았다. 무감각한 순응에 맞서는 유일하고 적절한 방어는 나만의 특별한 길을 찾아나서는 것이다. 그리고 《자기신뢰》에는 그것을 위한 여러 가지 방법들이 적혀 있다.

"인간은 자신의 절반만을 보여주며 각자의 신성함을 드러내길 부끄러워한다."

자신의 신성한 이념을 겉으로 표현함으로써 그동안 강력하고 꼭 필요해 보였던 사회 및 타인과의 연결고리는 사라진다. 우리는 더 이상 사회나 타인의 승인 없이도 제 기능을 다할 수 있다. 에머슨은 마틴 루터의 말을 빌려 다음과 같이 말한다. "나는 여기에 서 있다. 나에게는 나만이 할 수 있는 일이 있다." 그것이 바로 나인 셈이다.

인간의 가장 큰 의무는 가족이나 직장, 국가에 대한 의무가 아니라 우리가 해야 할 일, 우리가 되어야 하는 모습의 소명을 다하는 것이다. 종종 '의무'는 부족한 책임감을 감춘다. 인간은 한동안 자신의 소명을 제쳐둔 채 확실한 돈의 원천이나 만족, 안락한 처지를 택할 수도 있다. 그러나 결국에는 자신의 소명을 되돌아볼 수밖에 없을 것이다.

에머슨에게 뛰어난 재능은 위대한 예술가나 과학자의 전유물이 아니었다. 남들이 뭐라고 생각할지에 관심을 두지 않고 행하는 각자의 모든 훌륭한 일은 뛰어난 재능의 단편을 보여주며, 그 일은 반드시 날마다 다른 영역으로 확장되어야 한다. 이러한 정수를 발견하고 표현할 때, 비로소 그 사람의 진정한 본질이 드러난다. 반면 "무감각한 순응은 그 사람에 대해서 아무것도 말해주지 못한다."

명쾌함과 지식

에머슨은 고대동양의 종교서적《우파니샤드》,《베다》,《바가바드기타》로부터 막대한 영향을 받았다. 그들의 철학은 모든 피조물의 단일성을 폭로한다. 인생은 환상과 거짓된 인연으로 가득하며 영원하고 변함없는 것과 인간이 재결합되는 걸 막는다. 그러나 사고의 과정을 인식함으로써 인간은 자기기만과 환상의 안개, 예컨대 요즘 표현으로 사회가 쓴 우리 인생의 '각본'을 깨끗하게 걷어치울 수 있다. 자립적인 인간은 매사에 남의 의견을 구할 필요가 없다. 에머슨은 그들이 다녔던 하버드대학교가 많은 학문을 가르치지만 정작 어떤 학문의 뿌리도 가르치지 못한다는 소로의 말에 반대하지 않았다.

에머슨은 전통적 교육이 외면의 장막을 걷어올리는 데는 게으르면서 단순히 지식을 분류하는 일에만 급급하다고 말한다. 인간은 명상을 통해 진정한 깨달음을 얻을 수 있으며, 지식은 칸막이로 나눠야 할 것이 아니라 총괄적이고 불변하는 지혜를 얻기 위해 늘 열려 있어야 한다는 것이 그의 주장이다. 이 같은 참된 지식을 에머슨은 '직관'이라 불렀으며 그가 학교에서 받은 가르침은 그저 수업에 불과했다.

그는 독자들에게 오로지 각자의 강력한 의지에 의존할 것을 진지하게 당부한다. 우주의 힘과 법칙과 조화를 이루도록 만드는 명상적 사고는 인간을 천부적으로 옳고 '성공적인' 존재와 행동으로 이끌 것이다.

모든 행복은 자생적이다

당대의 사람들은 에머슨을 현자나 선각자로 여겼으며, 누구보다도 본질적으로 인간적 결점을 지니지 않은 완벽한 인물로 보았다. 그러나 그 역시 다른 사람과 마찬가지로 삶을 구성하고 있는 것처럼 보이는 희망과 기쁨, 좌절을 경험했다. 그럼에도 그를 돋보이게 한 것은 좋거나 나쁜 사건에 대해 시소와 같은 감정적 반응을 보일 필요가 없다는 삶의 믿음 덕분이었다. 다음은 《자기신뢰》의 마지막 구절이다.

"정치적 승리, 이윤상승, 병세회복이나 헤어진 친구와의 만남과 같은 좋은 일들은 인간의 마음을 들뜨게 만든다. 앞으로도 좋은 일만 계속될 것 같은 느낌도 든다. 하지만 그것들을 믿지 말라. 당신 외에는 그 누구도 당신에게 평화를 가져다줄 수 없다. 원칙의 승리가 아니고서는 그 무엇도 당신에게 평화를 가져다주지 못한다."

이것은 인간의 조건과 인간이 따르는 운에 대한 사상의 핵심이다. 에머슨은 결과적으로 모든 행복은 자생적이라고 믿었다. 언제까지고 사건의 포로가 되는 것은 인간의 본성이 아니다. 인간은 충분히 사건에 초연한 존재가 될 수 있다.

간추린 평

에머슨만큼 자립의 자유를 훌륭히 이야기하는 작가도 없다.《자기신뢰》가 단순히 역사적으로 유명한 책이기 때문에 읽기 시작한 독자들도 에머슨의 순수한 책임과 자기인식의 궤도에 끌려들어 어떠한 변명도 없이 오직 기회로만 가득한 세상을 경험할 것이다.

성공에 대한 욕구는 세상에 맞서는 냉철한 의지로는 이룰 수 없다는 것이 에머슨의 메시지이다. 그보다는 자연과 시간, 공간의 흐름과 패턴을 온전히 인식하고 우주의 본질과 조화를 이룸으로써 인간은 무한한 힘의 일부가 될 것이다. 에머슨의 원칙들은 세상에 대해 한정적이지 않고, 창조적이며 의식적인 반응에 관한 것이다.

말하자면 인간의 삶은 왜곡된 특성과 문화적 틀에 맞춰진 것이 아니라 완벽한 우주를 반영하는 것이어야 한다. 자립적인 인간은 세상의 또 하나의 산물이 아닌, 세상 안에서 살며 세상을 개선하는 사람이어야 한다.

📖 함께 읽으면 좋은 책
《바가바드 기타》《자조론》《월든》

BOOK 49

탁월함은 근면함으로 완성된다

《새무얼 스마일즈의 자조론》

Self-Help

> "역사는 순수한 의지와 인내로
> 놀라운 일들을 이루어낸 사람들로 가득하다."

새무얼 스마일즈 Samuel Smiles

1812년 스코틀랜드 해딩턴에서 제지업자의 11명의 자식 중 장남으로 태어났고, 1829년 에든버러대학교에 들어가 의학을 공부했다. 그는 의료 봉사 활동, 개혁운동 등을 하다 공리주의자 제러미 벤담과 제임스 밀의 영향을 받아 자유무역, 참정권 확대, 공장근로자의 복지향상 등을 외치며 노동자와 중산층 개혁자를 연합하기 위해 노력했다. 그러나 정치개혁에 환멸을 느낀 그는 점차 개인발전에 관심을 기울여 철도관리자로 일을 시작한 해부터 훗날 《새무얼 스마일즈의 자조론》의 기틀을 형성할 강연을 펼쳤다. 근면, 절약, 자기계발을 논하는 그의 책 《새무얼 스마일즈의 자조론》은 1859년 출간돼 전 세계 여러 언어로 번역되었다. 이 책 외에 '새무얼 스마일즈의 4대 복음'으로 일컬어지는 후속작 《인격론》, 《검약론》, 《의무론》 등을 집필했다. 그의 자서전은 1904년 그가 눈을 감은 후에 출간되었다.

"한 사람의 호기롭고 포부 있는 삶은 능력과 자극처럼 다른 사람의 마음에도 불꽃을 일으킨다. 또한 훌륭한 재능만큼이나 정력적인 노력을 기울이며 성공이 늘 그의 뒤를 따른다. 모범적인 사례들은 끊임없는 연관성을 지니며 세월을 거쳐 전해진다. 감탄은 모방을 낳고 뛰어난 능력을 가진 진정한 인간들은 계속된다."

"게으름뱅이를 부지런하게, 낭비하는 자를 검소하게, 술고래를 술 마시지 않게 만들 수 있는 법은 없다. 이러한 변화는 개인적 행위와 절약, 극기를 통해서만 가능하다. 강력한 권리보다 개선된 습관을 통해서만 가능하기 때문이다."

《새무얼 스마일즈의 자조론》은 찰스 다윈의 《종의 기원》, 존 스튜어트 밀의 《자유론》과 같은 해에 출간되었다. 다윈이 환경에 대한 적응이 어떻게 삶을 정제하는지에 대한 그림을 그리고, 밀이 자유에 기초한 사회를 기술했다면, 새무얼 스마일즈는 순수한 의지에 따라 삶을 형성해나가는 개인들의 모습에 관해 여전히 영감을 불러일으키는 작품을 세상에 가져다주었다. 이 책은 다른 두 책에 비해 학술적이거나 철학적인 깊이는 부족하지만 자기계발 장르와 이 장르의 개인책임 윤리를 발생시키는 데 크게 기여했다.

빅토리아 시대의 많은 가정에서 이 책은《성서》다음 가는 위치를 차지했으며, 지금은 이 책이 당시의 가치(근면, 절약, 진보 등)를 드러내는 책으로 인식되지만, 그것만으로 이 책을 평가해선 안 된다. 이 책은 온갖 역경에도 불구하고 진보하는 인간의 모습을 그린 벤저민 프랭클린의《프랭클린 자서전》과 미국 아동문학가 허레이쇼 앨저의 소설《골든 보이 딕 헌터의 모험》을 비롯하여 광범위한 문학적 전통을 계승한 작품이다. 자조의 윤리는 훌륭한 인물의 전기를 통해 생생하게 살아난다. 이 점을 알고 있는 스마일즈는 위대한 사람들의 이야기로 자신의 책을 가득 채웠으며 지금은 잊힌 인물도 다수 있다. 그중 몇 명을 소개하겠다.

- **윌리엄 허셜 경**(1738~1822년) 순회 오케스트라의 오보에 연주자로 일하다 천문학에 관심을 가졌다. 직접 반사망원경을 제작하여 천왕성을 비롯해 여러 행성들을 발견했으며 영국의 왕실천문학자가 되었다.
- **베르나르 팔리시**(1510~1589년) 가난한 도예가였던 그는 자신만의 독특한 질그릇을 만들기 위해 가재도구며 울타리의 말뚝까지 땔감으로 가마에 던져넣었으며, 그의 끈기는 결국 그를 프랑스의 왕실도예가로 이끌었다.
- **그랜빌 샤프**(1735~1813년) 영국의 서기였던 그는 근무 외 시간을 이용해서 반노예운동을 펼쳤으며 결국 영국의 모든 노예에게 자유를 보장하는 법률개정을 이끌어냈다.

그들의 삶은 그저 우리가 경탄할 수 있도록 우리 앞을 지나쳐가는 것이 아니라, 가능성 있는 삶의 모델에 대한 광범위한 사고를 가져다준다. 스마일즈는 끈기, 근면, 인내 등의 위대한 특성들을 두드러지게 보여준 인물들을 중점적으로 소개했으며, 그들의 이야기는 상당히 많은 지면을 차지한다.

천재란 곧 인내하는 사람이다

스마일즈는 《새무얼 스마일즈의 자조론》이 인간 본성에 관한 것이기 때문에 타당한 설득력을 지녔다고 믿었다. 그러나 인내를 갖고 쉬지 않고 일하는 것이 여전히 성공의 주 요인이라고 말하는 이 책을 오늘을 살아가는 우리가 어떻게 받아들여야 할까?

우리는 폭발하는 창의력으로 단숨에 대작을 만들어내는 광란의 천재로 예술가들을 오해하기 쉽다. 그러나 스마일즈는 '예술가들의 삶'에서 나타나는 공통분모는 그들의 예술가적 기질만큼이나 뛰어난 근면성과 일에 대한 몰두라고 말한다. 스마일즈는 유명예술가들이 개척한 여러 방식들이 실제로는 다년간의 시행착오에서 비롯된 결과라는 것을 보여주면서 그들이 '재능'만 특출하다는 편견을 부순다. 사실 재능은 오래 가지 않는다. 중요한 것은 예술가적 비전을 실현시키기 위해 열심히 노력하려는 의지이다. 미켈란젤로가 몇 개월간 판자에 등을 대고 눕겠다는 의지가 없었다면 시스티나 성당의 천장벽화는 탄생하지 못했을 것이다. 티티안은 샤를 5세를 위한 〈최후의 만찬Last Supper〉을 7년에 걸쳐 그렸으나, 그 그림을 본 사람들은 한순간의 '천재성의 폭발'로 그림이 그려졌을 거라고 오해한다.

스마일즈는 화가 조슈아 레이놀즈와 조각가 데이비드 윌키의 좌우명이 "일하자! 일하자! 일하자!"였다고 전한다. 음악가 요한 세바스찬 바흐는 "나는 부지런했다. 나처럼 부지런한 사람이라면 누구나 성공할 것이다"라고 말했다고 한다. 인간의 역사는 확고한 헌신과 고된 노력을 천재성과 같은 근사한 어휘로 포장하려고 한다. 그러나 천재라는 말을 듣는 사람들은 자신이 그렇지 않다는 것을 잘 안다. 스마일즈는 그들에 대해 이렇게 말한다.

"어떤 일에서든 성공을 위해 필요한 것은 뛰어난 재능이 아니라 열정적이고 꾸준하게 일하려는 의지이다. 따라서 의지의 에너지는 한 인간 안의 인격이라는 매우 중심적인 힘으로 정의될 수 있다. 한마디로 말하면 '인간' 자체가 의지의 에너지인 것이다."

스마일즈는 조르주루이 르클레르 뷔퐁(1707~1788년)도 소개한다. 그는 유명한 44권 분량의 《박물지》를 쓴 저자로, 당대의 자연사를 총망라한 이 책은 진화이론의 전조를 마련했다. 이 같은 엄청난 프로젝트를 완성시키기 위해 엄청난 극기를 필요로 했던 뷔퐁은 "천재란 곧 인내하는 사람이다"라는 결론에 도달했다. 스마일즈는 프랑스의 정치가이자 작가인 드 메스트르의 말을 인용하여 "기다릴 줄 아는 것은 성공의 가장 큰 비결이다"라고 말한다. 또한 천재를 만드는 것이 무엇인지에 대한 아이작 뉴턴의 생각도 소개하며,

그것은 바로 문제의 해결책을 끊임없이 생각하는 것이라고 했다.

인내, 정돈된 마음, 맡겨진 일에 대한 몰두는 스마일즈가 인간의 위대한 진보자들로부터 뽑아낸 핵심적 특징들이다.

날마다의 작은 결심과 성공

요즘 '인격수양'이란 말은 찬물로 샤워를 하거나 히말라야로 10일 간 길고 고된 여정을 떠나는 사람에게나 하는 우스갯소리로 쓰인다. 그러나 스마일즈가 이미 1850년대에 경고했듯이 교육이나 부, 귀족 가문 등 그 무엇도 인격을 대신하지 못한다. 오늘날 우리는 창의적인 정보와 자료 창출을 최상의 가치로 여기는 이른바 지식사회에 살고 있다. 그러나 스마일즈는 "인격의 힘은 지식의 힘보다 강하다"라고 말한다.

《새무얼 스마일즈의 자조론》은 과거에는 단순한 책이었는지 모르나, 마음의 자유를 가져다주는 개인적 특성을 연마해야 할 필요성을 반복해서 강조하는 이 책의 내용은 오히려 이 시대에 더 큰 진리의 빛을 발한다. 인격은 본능과 문화적 조건화라는 큰 세력과는 별개로 형성된다.

스마일즈는 영국의 화학자 험프리 데이비 경이 "내 모습이 나를 만든다. 나는 자만하지 않고 순수하고 단순한 마음에서 말한다"라고 했다고 말한다. 험프리 데이비 경은 용기를 필사적인 용기를 부리는 흥미로운 이야기의 일부가 아니라 자립을 재확인하는 날마다의 작은 결심으로 이야기했다. 이것은 스티븐 코비가 말하는 '성공하는 사람'의 주요 요소이기도 하다.

그러나 어떻게 인격을 얻을 것인가? 인격이 내 삶을 어떻게 만들 것인가? 19세기의 비즈니스는 지금처럼 총명하고 창의적인 사람들의 영역이 아니었다. 그러나 스마일즈는 지금의 모습을 미리 예측했다. 언행의 일치가 비즈니스의 핵심요소라는 사실을 깨달았기 때문이다. 신뢰는 자유로운 사회를 묶는 접착제와 같기 때문에 믿을 수 있는 사람만이 지속적인 성공을 거둘 것은 당연했다. 이와 같은 태도는 너무나도 중요했기 때문에 독일의 사회과학자 막스 베버의 말대로 초기의 기독교계 상인들은 신뢰할 수 있는 언행으로 재산을 삽으로 퍼 담았던 것이다.

약물과 술처럼 인간의 마음을 무디게 만들고 인격을 파괴하는 것은 없으며, 스마일즈는 무엇보다 존중할 만한 특성인 절제에 대한 칭찬을 놓치지 않는다. 옛 영화에 나오는 설교사들이 '파멸로 가는 길'을 맹렬히 비난하는 모습을 보며 어떻게 웃기만 하겠는가. 인간은 '분별력'을 지녔으므로 즐겁게 마시는 술은 괜찮다는 것은 사람을 흥분시키는 술의 공포이다. 이것이 평생에 걸쳐 지속되었을 때 서서히 일어날 결과를 누가 책임지겠는가. 전날 밤 마신 술 때문에 오늘 할 일을 못한다거나 그저 '사회생활'을 위해 마시는 술은 당신을 평범한 사람으로밖에 만들지 못한다. 스마일즈는 스코틀랜드의 대표적 문호 월터 스콧 경의 말을 전한다. "모든 사악함 중에서 술은 위대함과 결코 양립될 수 없다."

간추린 평

스마일즈가 살아 있을 때 영국제국은 지구 전체의 4분의 1을 차지했다. 여느 제국과 마찬가지로 모든 일이 지속되도록 강요받는 사람들 사이에서 어느 정도의 불행은 당연한 것으로 여겨졌다. 그래서 사회개혁과 일부 계몽된 정치원리, 순수한 에너지, 창의성 등 좋은 가치들은 '발전'에 대한 더 큰 믿음에 의해 억눌렸다.

밀의 《자유론》은 상대적으로 인간이 이 같은 좋은 가치를 보도록 하는 효과를 일으켰다. 정치적 억압에 반대하는 책으로 부각되면서 의도하지 않았지만 사회주의의 길을 열었으며, 개인이 스스로의 장벽을 깨뜨려야 한다는 믿음으로부터 개인을 보호하는 차원의 공동체적 이상을 발전시켰다. 그러나 스마일즈는 다음과 같은 밀의 말을 우리에게 상기시킨다. "먼 안목에서 볼 때 국가의 가치는 그것을 구성하는 개인의 가치와 일치한다."

발전에 대한 이상이 21세기에 다시 출현한다면, 그것은 나라의 번영이 아닌 개인적 신앙이 될 가능성이 높다. 밀이 정치적 자유의 원칙이 개인발전을 위한 기본조건을 이룬다면, 《새무얼 스마일즈의 자조론》의 윤리는 인간이 실제로 자유롭게 무언가를 할 수 있도록 만든다. 흥미롭게도 스마일즈는 젊었을 적에는 열정적인 정치개혁가였으나 보다 절박한 개혁의 대상이 '개인'이라는 사실을 깨닫고는 정치계를 떠났다.

《새무얼 스마일즈의 자조론》은 기념비적인 성차별적 저서이기도 하다. 여성 인물의 전기는 하나도 소개되지 않았기 때문이다. 이에 대해 약간 편을 들자면 이 책은 사회적 활동가들의 이야기로 채워졌으며, 아마 그 당시에는 그럴 만한 활력 있는 여성 모델은 없었을 것이다. 여성의 이야기가 보충되었더라면 더 많은 독자에게 환영받았겠지만, 시대적 상황의 문제로 용서할 수 있는 너그러운 독자라면 그의 책을 통해 상당한 보상을 얻을 것이다. 자기계발 문학의 걸작인《새무얼 스마일즈의 자조론》은 다시금 주목받을 가치가 충분하다.

📖 함께 읽으면 좋은 책

《성공하는 사람들의 7가지 습관》《프랭클린 자서전》

BOOK 50

당신이 바로 진화의 증거다

《인간현상》

The Phenomenon of Man

"나만의 독특함을 인식하고 표현함으로써
세상의 진화를 일으킨다."

삐에르 떼이야르 드 샤르댕 Pierre Teihard de Chardin

1881년 프랑스 오베르뉴 지방에서 태어나 18세에 예수회에 입단하여 6년간 수련했다. 그는 24세에 카이로대학교에 파견되어 3년간 물리와 화학을 가르쳤으며 그 후 4년간 영국의 서섹스에서 신학을 공부했다. 이 기간에 그는 유능한 지질학자이자 고생물학자로 부상했으며, 1912년에는 사제서품을 받았다. 소르본대학교에서 박사학위를 마친 1923년, 그는 자연사박물관 관원 자격으로 중국에 1년간 보내졌다. 그 후 1926년부터 20년간 중국에서 머물렀는데, 그동안 샤르댕은 중국의 고생물학과 지질학 연구에 엄청난 공헌을 했다. 전쟁이 끝난 후 파리로의 귀향이 허락되었으며 1947년 심장발작을 일으킨 후로는 지적활동에 많은 제약을 받았다. 결국 샤르댕의 수북한 원고는 친구에게 맡겨졌고, 그가 눈을 감은 후에야 출간되었다.

"현대인이 그들의 잠재력으로 앞으로 더 무슨 일을 할 수 있는지 알 수 없다. (중략) 인간은 때로 자신의 행동이 자연에 반하여 얼마나 끔찍할지를 생각하길 멈추고 그저 돌출되는 대로 문제를 바라보던 시절로 되돌아가고 싶은 충동에 시달린다."

"이런 견지에서 볼 때 인간은 오랫동안 믿어왔던 세상의 고정된 중심이 아니라, 진화를 이끌어나가는 선도축이다."

삐에르 떼이야르 드 샤르댕의 《인간현상》은 1938년에 탈고되었으나 그가 죽은 후 17년이 지날 때까지 세상에 발표되지 않았다. 유명한 고생물학자이자 예수회 수사였던 샤르댕의 철학적 글들이 신앙적 전통성에서 벗어났다고 믿은 교회가 그의 책 출간을 계속 허락하지 않았기 때문이다. 아마도 다른 사람 같았으면, 벌써 수도복을 벗었거나 적어도 격렬히 항의했겠지만 샤르댕은 그렇게 하지 않았다. 자유로운 정신의 소유자치고는 이상하게도 그는 교회에 대한 순종서원을 계속해서 지켰다.

그는 과학적 연구라는 명목으로 중국으로 '유배'되어 지적, 신체적으로 고립된 후에 놀랄 만큼 폭넓고 급진적인 사고의 발효를 경험했다. 그의 사상 가운데 일부는 지금에서야 이해되기 시작할 정도이다. 몽상가들의 가치는 세월이 흐른 후에야 증명되긴 하지만, 21세기 들어 샤르댕만큼 인류에 대한 주목할 만한 비전을 보여주는 인물도 흔치 않다.

《인간현상》은 전통적 견지에서 볼 때 자기계발서로 볼 수 없으며, 지나치게 '기독교적'인 내용 때문에 반감을 갖는 독자도 있을 것이다. 그러나 인간의 잠재력과 자기계발 분야의 작가들에게 이 책이 미친 영향은 엄청나다. 다소 추상적인 이 책의 정신적, 영적 진화에 대한 사상은 지금 전성기를 누리는 중이다. 이 책이 인간 자신에 대해, 그리고 인간이 보다 큰 도식의 만물과 어떻게 조화를 이룰 수 있는지에 대해 많은 사람이 묻기 시작한 바로 그 질문들과 완벽하게 연결되기 때문이다.

인류의 기원

샤르댕의 진화이론은 물질적인 세계는 물론이고 정신적인 세계도 다뤘다. 그는 인간이 유인원에서 진화되었다는 연구만으로는 부족하며 '왜' 진화되었는지도 밝혀야 한다고 믿었다. 오늘날 진화생물학자들은 인간의 뇌가 수천 년간 변하지 않았다는 확실한 증거를 가지고 있다. 그러나 뇌구조가 똑같다고 해서 인간이 전혀 달라지지 않았다는 걸 뜻하지는 않는다. 샤르댕은 인류가 반성적인 삶을 살기 시작한 순간 진보는 불가피한 것이었다고 믿었다. 인간은 '그저 살아남는survival 것이 아니라 수퍼 라이프super-life'를 즐기기 시작한 것이다.

샤르댕은 진화과학을 인간의 운명이라는 보다 큰 의문에 적용시키기에 적합한 인물이었다. 일반 과학자들은 깊은 사색을 두려워했고, 성직자 중에는 과학적 배경과 뛰어난 지식을 지닌 사람이 드물었기 때문이다. 고생물학자이자 인류학자인 샤르댕은 인류의 기원을 밝히고자 했으나 인간의 과거를 많이 알면 알수록 미래 역시 더 많이 보인다는 사실을 깨달았다.

인류는 진화의 화살촉이다

샤르댕은 《인간현상》을 과학서로 집필했으나 지나치게 전문적인 내용은 피했으며, 신체적인 면을 초월하여 인간을 바라볼 때 비로소 과학이 성장할 수 있다는 역설적인 입장을 취했다.

"진정한 물리학은 하나의 응집된 세계의 그림 속에 전체성을 띤 인간을 포함시킬 때 이루어진다."

샤르댕은 인간은 아직 과학적으로나 인문학적으로 적절히 설명되지 않은 하나의 현상으로 보았으며, 인간의 역사적 탐구와 성취, 사건들은 모두 하나의 전체적인 흐름에서 살펴야 한다고 믿었다. 이제는 '인류'라는 단어가 너무나 익숙한 나머지 하나의 사상으로 보이지 않는 듯하지만 그것은 온갖 전쟁과 영토분쟁, 문화적 차이에도 불구하고 통합이라는 인식에 기초한 아직은 어린 개념이다.

샤르댕에게 인류는 세상의 중심이 아닌, '진화의 화살촉'이었다. 말하자면 인간이 자연을 능가하는 존재로 스스로를 끌어올리는 것이 아니라, 인간의 지적, 정신적 탐구가 극적으로 자연의 복잡성과 지식을 증가시키는 것이다. 인간이 더욱 복잡하고 지적인 존재가 될수록 물리적 우주가 인간에게 미치는 지배력은 줄어든다. 우주 공간과 별, 은하수가 점점 더 확장되듯이 우주는 그저 단순한 것에서 점차 복잡한 것으로 '거듭제곱'을 진행하며 인간 역시 이러한 원칙에 의해 발전된다. 샤르댕의 '인간화Hominization' 과정은 인류가 더욱 인간적인 모습이 되거나 인간의 잠재력을 실현하는 과정을 뜻한다.

개성이 진화를 이끈다

샤르댕은 우주와 지구 지하의 물리학에 깊이 빠져들었다가도 늘 인간의 특성으로 되돌아왔다. 1947년, 새로운 인권선언의 가능성을 논한 유네스코의 연설에서 그는 개인의 자율성이 아닌, '모든 개인적 존재로서의 공유할 수 없는 특이성'을 위한 조항을 촉구했다. 이는 매우 어려운 이야기처럼 들리지만, 개인주의나 개인주의를 초월하려는 사람들을 통해서는 인류가 결코 발전하지 못하며, 인류의 발전을 위해서는 모든 사람이 자신의 개성을 충분히 발현할 수 있는 공간을 마련해줘야 한다는 뜻이다.

인류가 기술적인 발전을 거듭할수록 정신적 영역의 관심도 높아진다. 샤르댕은 이것을 '내면화'라고 했다. 그러나 진화는 비개인적으로 일어나지 않으며 다들 똑같은 속도로 일어나지도 않는다. 이것은 갑자기 도약하다가도 늘 '누군가'에게 되돌아온다.

새로운 인류의 탄생을 예언하다

1925년, 샤르댕은 '인지권人智圈, noosphere'이라는 용어를 만들어냈다. 생물권biosphere이 지구라는 행성에 펼쳐진 생태계를 뜻한다면, 인지권은 그것의 정신적 대응물로 지구에 퍼진 눈에 보이지 않는 사고의 층을 뜻하며, 인류의 정신적, 영적 상태와 모든 문화, 사랑, 지식을 합한 것이다.

샤르댕은 각 개인이 결국에는 물질적, 심리적으로 자신을 성장시키기 위해 지구 전체의 자원을 필요로 할 것이라고 예견했다. 또한 반대로도 마찬가지 작용을 할 것이고 한때 물리적 영역으로 영향력이 제한되었던 시간과 공간에 대해서도 각 개인은 그것들을 무시하는 영향력을 발휘할 것이라고 보았다. 인간은 그렇게 줄어든 세상을 사상과 관계로 완전히 감쌀 것이라고 생각했다.

인지권 개념은 오늘날의 네크워크 사회에서 더욱 분명하게 나타난다. 이것은 컴퓨터와 인터넷 이론가들에게 막대한 영향을 미쳤으며, 그들은 샤르댕이 50년 전에 이미 인터넷 세상을 예견했다고 믿는다. 샤르댕의 개념은 지구를 살아 있는 유기체로 보는 영국의 화학자이자 대기과학자 제임스 러브록의 '가이아Gaia' 개념도 앞질렀다.

샤르댕은 인류의 자기반성이 커지고 시공 안에서 인류의 위치를 더욱 인식할수록 인류의 진화는 느리게 기어오르는 대신 빠른 도약을 시작할 것이라고 말했다. 물리적, 자연적인 선택을 하는 느린 걸음을 버리고 사상의 대단위 정제가 일어나며, 그것은 결과적으로 인류를 신체중심주의에서 완전히 벗어나도록 할 것이다. 인류는 저항할 수 없는 새로운 유형의 존재로 나아가며 그 지점에서 모든 잠재력은 실현될 것이다. 샤르댕은 이것을 가리켜 '오메가 포인트omega point'라고 불렀다.

간추린 평

《인간현상》은 읽기 쉬운 책은 아니다. 이해할 수 없는 구절도 많다. 그러나 당시의 샤르댕이 자신의 글에 대한 검증과 피드백을 받을 만한 단 한 명의 독자도 갖지 못했다는 사실을 기억하자. 그렇지만 《인간현상》은 샤르댕의 작품 중 가장 뛰어나고 유명하며 날이 갈수록 점점 더 큰 영향력을 발휘하는 책이다.

수퍼 라이프에 대한 샤르댕의 사상은 공중누각처럼 보일 수 있으나, 그는 단 한 사람만이 알아볼 수 있는 진리라도 그것은 엄연한 진리이며 마침내는 모든 사람이 그것을 볼 수 있을 거라고 믿었다.

그의 책은 사후에 베스트셀러가 되었지만, 20세기의 끔찍한 현실은 당연하게도 인류가 조금씩 오메가 포인트의 놀라운 지점을 향해 움직이고 있다는 사상을 훼손했다. 그럼에도 영적 발전과 지적 진보는 악과 동시에 존재했으며, 실제로 샤르댕은 전체주의와 같은 것들을 자연스러운 사회적 진화의 일부로 보았고, 그것들은 더욱 훌륭한 형태의 조직과 공동체로 치환될 것이라고 믿었다.

《인간현상》은 최고 수준의 자기계발서이다. 이 책의 저자는 개인적인 삶에서 시간과 공간을 초월하도록 사상적인 틀을 제공했다. 전체 인류에 대한 큰 사고를 지님으로써 우리는 더욱 명확하고 강력한 개인적 임무를 발견하게 된다.

사람들은 종종 하늘을 올려다보며 "인간이 얼마나 하찮은 존재인지를 깨닫는다"고 말한다. 하지만 샤르댕이 들었다면 결코 동의하지 않았을 것이다. 그는 모든 영혼이 세상의 진화에서 중대한 역할을 맡아야 한다는 철학을 지녔으며, 그의 겸손한 성품으로 봤을 때 그것이 꼭 대단한 인물이 되어야 한다는 뜻은 아니라는 사실을 알 수 있다. 그것은 모든 영혼이 각자의 개성과 능력을 최대한 표현해야 한다는 뜻이다.

📖 함께읽으면좋은책
《동기와 성격》

또 다른 자기계발 명저 50

1. 알프레드 아들러 Alfred Adler
《의미 있는 인생 What Life Should Mean to You》(1931)

완전히 새로운 지파의 심리학인 개인심리학을 연 알프레드 아들러는 이 책으로 자신의 식견을 대중 독자들에게 알렸다. 여기서 그는 사춘기, 우월감과 열등감, 협동, 일, 우정, 사랑, 결혼의 중요성을 이야기한다. 국내에는 《행복해지는 관심》, 《그 사람이 나를 괴롭히는 진짜 이유》, 《그 사람이 나를 도와주는 진짜 이유》 3권으로 분권하여 출간되었다.

2. 허레이쇼 앨저 Horatio Alger
《골든보이 딕 헌터의 모험 Ragged Dick》(1867)

가난한 소년의 감명 깊은 이야기가 펼쳐지는 허레이쇼 앨저의 대표작으로, 많은 사람에게 아메리칸 드림을 불어넣은 책이다. 19세기 미국의 도시를 배경으로 성공을 향한 도덕적인 몸부림을 열정적으로 그린 이 책은 요즘 읽어도 너무나 재미있다.

3. 무함마드 알 가잘리 Muhummad Al-Ghazali
《행복의 연금술 The Alchemy of Happiness》(11세기)

무함마드 알 가잘리는 중세 페르시아의 존경받는 철학자이자 방랑하는 수피 신비주의자였다. 《행복의 연금술》은 이슬람의 자기계발 윤리를 가장 잘 보여주며, 수세기 동안 많은 독자에게 삶의 기쁨을 안겨준 그의 걸작 《종교학의 부활 The Revival of Religious Sciences》의 축약본이다.

4. 로베르토 아사지올리 Roberto Asagioli
《종합심리요법 Psychosynthesis》(1965)

이탈리아의 인본주의 심리학자 human psychologist인 로베르토 아사지올리는 리비도와 콤플렉스, 본능에 초점을 맞춘 프로이트의 이론이 불완전하다고 믿었다. 그는 《종합심리요법》에서 영혼과 상상을 심리학 분야에 통합시켰다. 다소 무거운 책이지만 영향력은 대단하다.

5. 에릭 번 Eric Berne

《심리 게임 Games People Play》(1964)

학술적 목적에서 쓴 이 책은 대중적인 인기를 얻으며 베스트셀러가 되었다. 토머스 A. 해리스의 《아임 오케이 유어 오케이 I'm OK-You're OK》에 막대한 영향을 미친 이 책은 인간의 행동을 결정하는 '인생각본 life script'이 있다는 사상을 전했다. 다만 좋은 소식은 우리가 그 각본을 고칠 수 있다는 것이다.

6. 프랭크 베트거 Frank Bettger

《실패에서 성공으로 How I Raised Myself from Failure to Success in Selling》(1950)

프랭크 베트거는 1920년대와 1930년대에 미국에서 세일즈맨으로 활동했으며 데일 카네기의 친구였다. 누구나 영업기술을 필요로 하는 덕분에 그의 책은 변함없는 인기를 유지한다. 스토리 또한 훌륭하다.

7. 존 브래드쇼 John Bradshaw

《상처받은 내면아이 치유

Homecoming : Reclaiming and Championing Your Inner Child》(1992)

'내면아이 inner child'라는 개념은 피해망상적 문화 victim culture를 나약하게 다룬 표현으로 멸시받아왔다. 그러나 존 브래드쇼의 베스트셀러는 과거에 대한 지식과 포용이 인간을 책임 있는 성인으로 만드는 데 결정적인 역할을 한다는 사실을 보여주는 진지한 작품이다.

8. 너새니얼 브랜든 Nathaniel Branden

《나를 존중하는 삶 The Power of Self-Esteem》(1969)

미국의 심리학자이자 철학 박사인 너새니얼 브랜든은 이 책으로 자존감 운동 self-esteem movement을 일으켰다.

9. 클라우드 M. 브리스톨 Claude M. Bristol

《신념의 마력 The Magic of Believing》(1948)

이 책을 소개하면 독자들이 '너무 오래되었네' 혹은 '또 이 책이야'라는 생각이 들 수도 있다. 이 책에 들어 있는 시각화와 확언에 대한 사상이 오늘날에는 낡고 닳은 모자처럼 보일 수도 있기 때문이다. 그러나 지난 50년간 이 책은 많은 사람의 삶을 변화시키며 그 힘을 증명해왔다.

10. 레오 버스카글리아 Leo Buscaglia
《러브 Love》(1972)
레오 버스카글리아는 인기 있는 자기계발 작가이다. 이 책은 우리가 당연하게 여기는 사랑이라는 주제를 논한 초기작이자 가장 높은 평가를 받은 그의 작품이다.

11. 잭 캔필드 Jack Canfield, 마크 빅터 한센 Mark Victor Hansen
《영혼을 위한 닭고기 수프 Chicken Soup for the Soul》(1993)
자기계발적인 철학은 없지만 마음을 따뜻하게 해주는 영감으로 가득한 이야기들이 종합적으로 담겨 있다. 엄청난 판매량을 기록하며 그 후로 《십대를 위한 닭고기 수프 Chicken Soup for teen soul》, 《애완동물을 사랑하는 닭고기 수프 Chicken Soup for the pet soul》, 《직장인을 위한 닭고기 수프 Chicken Soup for global soul》 등과 같은 '닭고기 수프' 시리즈를 낳았다.

12. 친닝 추 Chin-ning Chu
《후안흑심 Thick Face, Black Heart》(1994)
동양적 암시의 전사적 철학을 활성화한 이 책은 일반적인 자기계발서를 '나약한' 것으로 보며 비즈니스 및 개인계발 영역에서 모두 성공을 거뒀다.

13. 공자 孔子
《논어 論語》(BC 6세기)
2,500여 개의 금언과 일화, 대화가 담긴 이 책은 역사적으로 가장 많은 영향력을 미친 현자 중 한 사람이 쓴 책이다. 저자의 사후 출간된 이 책은 2,000년간 중국의 문명화를 이끌었으며 여전히 독자들에게 깊은 감동을 전해준다.

14. 러셀 H. 콘웰 Russell H. Conwell

《내 인생의 다이아몬드 Acres of Diamonds》(1921)

원래 강연에서 비롯된 이 책은 대학 설립 재원 마련에 큰 역할을 했다. 이 책에 담긴 이야기들과 일화들은 자신의 뒷마당에 현실적으로나 은유적으로나 '다이아몬드가 나는 땅'을 두고도 다른 곳에서 부를 찾고 있는 사람들의 모습을 설명한다.

15. 에밀 쿠에 Emile Coué

《자기암시 Self-Mastery through Conscious Autosuggestion》(1922)

유명한 자기암시 주문인 "나는 날마다 모든 면에서 점점 좋아지고 있다"가 들어 있는 이 책은 개인적인 성공에 대한 확인이 얼마나 큰 위력을 발휘하는지를 최초로 이야기했다. 많은 영향력을 미쳤으나 지금은 그다지 폭넓게 읽히지는 않는다.

16. 에드워드 드 보노 Edward De Bono

《드 보노의 수평적 사고 The Use of Lateral Thinking》(1967)

에드워드 드 보노가 수평적 사고를 발견한 것은 아니지만 그의 책으로 인해 그 용어는 대중적인 어휘가 될 만큼 인기를 얻었다. 전통적으로 경직된 '수직적 사고'의 대안을 제시하며 사고하는 자체를 다시 사고하도록 만들었다.

17. 스테파니 도우릭 Stephanie Dowrick

《친밀과 고독 Intimacy and Solitude》(1996)

남과 친교를 맺는 능력과 행복하게 혼자 지내는 능력이 어떻게 연관되는지 보여준 작품이다. 스테파니 도우릭은 오스트레일리아에 근거지를 둔 심리치료사로 그의 또 다른 작품인 《용서 Forgiveness》도 큰 인기를 얻었다.

18. 앨버트 엘리스 Albert Ellis

《마음을 변화시키는 긍정의 심리학 A Guide to Rational Living》(1975)

앨버트 엘리스의 '합리적 정서적'인 접근은 믿음을 바꾸는 것으로 정서적 삶을 지배하는 법을 보여주었다. 이 책이 인간관계에 미친 놀라운 변화 효과를 인정한 많은 독자로부터 꾸준한 인기를 얻고 있다.

19. 마르실리오 피치노 Marsilio Ficino
《인생 전서 The Book of Life》(15세기)
정신적인 사상을 일상의 문제에 적용시킨 르네상스 시대의 삶의 안내서이다. 현대작품들보다 읽기는 어렵지만 토머스 무어의 《영혼의 돌봄》에 강하게 영향을 미친 책이기도 하다.

20. 에리히 프롬 Eric Fromm
《소유냐 존재냐 To Have or to Be》(1976)
위대한 사회철학자인 에리히 프롬은 삶에 대한 '소유'적 접근양식(물질주의적 궁핍과 불행의 역설적인 결과를 낳음)과 '존재'적 접근양식(만족과 평화의 기초)을 구분했다. 지금도 이 책은 사회논평과 자기계발 분야에서 격찬을 받고 있다.

21. 레슬리 기블린 Leslie Giblin
《인간관계의 기술 How to Have Confidence and Power in Dealing with People》(1956)
전직 일류 세일즈맨으로부터 듣는 영속적인 대인기술 지침서이다. 사람들이 실제로 왜, 어떻게 반응하는지에 초점을 맞춘 이 책은 갈등을 줄이고 호감을 만들어내는 것을 목표로 한다.

22. 칼릴 지브란 Kahlil Gibran
《예언자 The Prophet》(1923)
칼릴 지브란은 레바논 출신의 미국 이민자였다. 화가로도 활동했으나 그를 유명하게 만든 것은 2,000만 부의 판매량을 기록한 이 책이었다. 사랑과 죽음, 결혼에 대한 아름답고 심오한 글들이 담겨 있다.

23. 윌리엄 글라써 William Glasser
《현실치료 Reality Therapy》(1965)
윌리엄 글라써의 베스트셀러는 정신병이 현실을 외면하는 데서 온다는 사상을 펼치고 있다. 임상적 연구에 기초한 책이다.

24. 토머스 A. 해리스Thomas A. Harris

《아임 오케이, 유어 오케이 I'm OK-You're OK》(1967)

자기계발의 고전으로 많은 사람들이 떠올리는 책이다. 인간의 행동과 말을 '부모', '어른', '아이'의 심리적 표현으로 보는 교류분석 모델transactional analysis model을 대중화했다.

25. 톰 홉킨스Tom Hopkins

《성공을 위한 가이드 Official Guide to Success》(1982)

미국에서 가장 존경받는 자기계발 연설자이자 저자 중 한 명인 톰 홉킨스가 겸손하지만 강력한 메시지를 보내는 작품이다.

26. 앨버트 허바드 Elbert Hubbard

《가르시아 장군에게 보내는 편지 Message to Garcia》(1899)

1895년 앨버트 허바드는 뉴욕주에서 자기만족과 긍정적 사고에 근거한 공동체를 설립했다. 이 공동체 내에 있는 출판사가 스페인-미국 전쟁 당시의 영웅담을 회고한 《가르시아 장군에게 보내는 편지》라는 팸플릿(약 4,000만 부 인쇄)을 펴낸 것이 훗날 이 책으로 출간되었다. 무슨 일이든 "되게 하라!"는 이 책의 메시지는 국군장교들과 직장인들 사이에서 여전히 인기를 누리고 있다.

27.

《역경易經》

중국어로 '변화의 책'이라는 뜻으로 3,000년이나 된 책이지만 여전히 자기성찰의 훌륭한 도구로 사용된다. 놀랍게 변하는 시간의 또 다른 가능성을 알리는 이 책은 21세기에도 유용하게 읽힐 만큼 대단한 능력을 발휘한다.

28. 해롤드 쿠시너 Harold Kushner

《왜 착한 사람에게 나쁜 일이 일어날까 When Bad Things Happen to Good People》(1984)

랍비인 해롤드 쿠시너가 불치병을 앓는 자식을 키우며 느낀 점을 쓴 책이다. 아무리 해도 어쩔 수 없는 일과 그 일에 대처하는 방법을 소개하는 이 책은 지적이고 실용적이며 꾸준한 인기를 누리고 있다.

29. 뮤리엘 제임스 Muriel James, 도로시 종그워드 Dorothy Jongeward
《아이는 성공하기 위해 태어난다 Born to Win》(1971)
교류분석 분야의 베스트셀러(400만 부)로 대화 양식을 분석하고 게슈탈트식 실천을 소개하며 온전한 정신적 건강의 길로 향하는 자아상태를 설명한다.

30. 윌리엄 제임스 William James
《믿으려는 의지 The Will to Believe》(1907)
'미국 심리학의 아버지'로 불리는 윌리엄 제임스는 실용주의 철학자로 자기계발에 엄청난 영향을 미쳤다. 《믿으려는 의지》는 동기화와 믿음에 대한 개인적인 의문을 자세하게 짚으며, 〈삶은 살 만한 가치가 있는가〉와 같은 에세이들은 그의 평생에 걸친 아주 훌륭한 사상들을 보여준다.

31. 오리슨 스웨트 마든 Orison Swett Marden
《전방으로 전진하라 Pushing to the Front》(1894)
미국의 성공운동 success movement(모든 인간은 성공을 이룰 능력과 권력을 지녔다고 강조하며 성공으로 향하는 여러 길을 제시하는 운동) 창시자로 여겨지는 오리슨 스웨트 마든은 새무얼 스마일즈의 고된 노동윤리와 인격으로부터 영감을 받아 수많은 책을 내놓았다. 《전방으로 전진하라》는 엄청난 베스트셀러가 되었다.

32. 롤로 메이 Rollo May
《자유와 운명 Freedom and Destiny》(1981)
롤로 메이는 인간이 스스로를 특별한 결과(운명)와 결부시키면 창조적이고 번영을 가져올 그에 합당한 자유가 제공된다고 주장한다. 이 책의 주제인 개인적 책임감은 스티븐 코비를 비롯한 여러 저자들에게 영향을 미쳤다.

33. 오그 만디노 Og Mandino

《세상에서 가장 위대한 성공 The Greatest Success in the World》(1981)

목표설정과 자아실현이라는 친숙한 자기계발 주제를 신약시대를 배경으로 이야기 형식으로 엮었다. 오그 만디노는 노먼 빈센트 필의 친구였으며 자신을 믿으라는 유사한 메시지를 전한다.

34. 얼 나이팅게일 Earl Nightingale

《얼 나이팅게일의 가장 낯선 비밀 The Strangest Secret》(1955)

얼 나이팅게일은 '자기계발의 학장'으로 불린다. 동기화된 산업에 초점을 맞춘 이 책은 100만 부 이상 팔렸으며 오디오테이프로도 제작되었다.

35. 로빈 노우드 Robin Norwood

《너무 사랑하는 여자들 Women Who Love Too Much》(1988)

자기애와 의존을 구분하고 상대를 선택할 때 빠지기 쉬운 함정을 이야기하며 독자들을 즐겁게 만드는 베스트셀러이다.

36. 프릿츠 펄스 Fritz Perls

《펄스의 게슈탈트적 자기치료
Gestalt Therapy : Excitement and Growth in the Human Personality》(1951)

1960년대 인간 잠재력 운동의 대표적 인물인 프릿츠 펄스의 대표작이다. 정신분석과 실존주의에 영향을 받은 게슈탈트요법은 현재의 순간에 초점을 맞추며 '기존의 꽉 막힌 사고의 틀'에서 벗어날 필요성을 강조한다.

37. 로버트 J. 링거 Robert J. Ringer

《1등이 되는 법 Looking Out for No.1》(1977)

1970년대의 베스트셀러이다. 제목처럼 유치하지는 않으며, 쓸데없는 희생을 피하고 죄책감 없이 원하는 것을 추구하는 법을 알려준다.

38. 칼 로저스 Carl Rogers

《진정한 사람 되기 On Becoming a Person》(1961)

칼 로저스는 정신병 환자를 정신분석적으로 '해석'하는 것에서 환자에게 감정을 이입하여 환자의 말을 들어주는 치료로 개혁을 이끌었다. 이 책은 1960년대의 자아발견 윤리를 상징하는 작품이나 지금도 인기는 여전하다.

39. 버트런드 러셀 Bertrand Russell

《행복의 정복 The Conquest of Happiness》(1930)

유명한 옥스퍼드 철학자의 자기계발 영역을 돌아볼 수 있는 작품이다. 오래된 작품이지만 버트런드 러셀의 위트와 식견은 여전히 즐겁게 읽힌다. 제1부는 인간을 불행하게 만드는 것, 제2부는 행복의 요소를 이야기한다.

40. 로버트 H. 슐러 Robert H. Schuller

《강인한 자가 승리한다 Tough Times Never Last, But Tough People Do!》(1984)

캘리포니아의 수정교회 담임목사인 로버트 H. 슐러가 완강한 자아 이미지를 만드는 법을 설명한 작품이다. 그는 '가능성 사고 possibility thinking'라는 신조어를 만들어냈다.

41. 게일 쉬이 Gail Sheehy

《인생행로 Passages》(1976)

1970년대의 빛나는 베스트셀러로 성인의 인생을 단계별로 소개한다. 28개 언어로 번역되었으며, 미 국회도서관이 역사적으로 가장 영향력 있는 저서 중 한 권으로 뽑은 작품이다.

42. 호세 실바 José Silva, 조셉 미엘 Joseph Miele

《마음의 창조학 마인드 컨트롤 The Silva Mind Control Method》(1977)

전직 오디오 수리공이었던 호세 실바는 마인드 컨트롤 기법에 관심을 갖기 시작해서 세타 theta 뇌파를 포함한 유명한 과정을 개발했다. 이 책은 그의 기법이 소개된 베스트셀러다.

43. W. 클레멘트 스톤 W. Clement Stone, 나폴레온 힐 Napoleon Hill

《행동하라! 부자가 되리라 Success Through a Positive Mental Attitude》(1960)

W. 클레멘트 스톤은 나폰레온 힐의 정신적 스승이자 사업파트너였으며, 이 책은 나폴레온 힐의 《성공학 Science of Success》과 W. 클레멘트 스톤의 허레이쇼 앨저 유형의 미국식 낙관주의가 결합한 것이다. 40년이 지난 지금까지 잘 팔리고 있다.

44. 데보라 태넌 Deborah Tannen

《그래도 당신을 이해하고 싶다 You Just Don't Understand》(1991)

언어학자인 데보라 태넌이 남녀의 대화양식을 연구한 책이다. 존 그레이 작품의 대안이 될 만하다.

45. 브라이언 트레이시 Brian Tracy

《잠들어 있는 성공시스템을 깨워라 Maximum Achievement》(1993)

자기계발의 여러 대가들은 브라이언 트레이시를 그들 사이에서도 최고의 대가로 꼽는다. 이 책은 자기계발 장르의 여러 사상과 기법이 절묘하게 조합되면서도 브라이언 트레이시만의 스타일이 살아 있는 책이다.

46. 케빈 트루도 Kevin Trudeau

《메가 메모리 Mega Memory》(1995)

기억력을 통해 친구와 자기 자신에게 깊은 인상을 남기는 단계들을 단순하게 설명한 책이다. 케빈 트루도는 20세기 정보성 광고의 대가이지만 그의 기법은 17세기의 것들이다.

47. 시어도어 젤딘 Theodore Zeldin

《인간의 내밀한 역사 An Intimate History of Humanity》(1994)

옥스퍼드대학교의 역사학자인 시어도어 젤딘이 인간조건을 객관적 시각으로 바라보았으며 당대 여성들의 매력적인 프로필이 삽입되어 있다. 인류역사의 맥락 안에서 개인적 삶을 인식할 때 삶의 질이 광범위하게 향상된다는 것이 이 책의 주제이다.

48. 지그 지글러 Zig Ziglar

《정상에서 만납시다 See You at the Top》(1975)

"남이 원하는 것을 얻도록 도우면, 당신도 원하는 모든 것을 얻을 수 있다"는 믿음에 토대를 둔 보수적인 동기화 작품이다. 흥미롭기는 하지만 이 책에 드러난 강한 기독교적 가치는 모든 독자를 설득하지는 못한다.

49. 다나 조하 Danah Zohar

《양자적 자아 The Quantum Self》(1990)

양자물리학 quantum physics을 응용하여 인간이 스스로를 바라보는 방식과 우주와 인간과의 관계를 설명한 작품이다. 시대를 앞선 이 책은 앞으로도 계속 영향력을 발휘할 것이다.

50. 게리 주커브 Gary Zukav

《영혼의 의자 The Seat of the Soul》(1990)

자기계발보다 뉴에이지에 가까운 이 책은 감각적 의식 sensual awareness에서 영혼적 의식 soul awareness으로 이동한다는 개념에서 인간진화를 이해하는 도식을 설명한 작품이다. 이 책의 사상을 수용한 수백만 명의 독자들이 자신의 삶에 변화가 생겼다고 증언한다.

옮긴이 **이정은**

서울에서 태어나 성균관대학교 번역테솔대학원 번역학과를 졸업했다. 1997년부터 전문번역가로 활동했으며 옮긴 책으로는 『와튼스쿨』『내면의 외침에 따르라』『사랑에 빠진 사람은 아름 답다』『돈 버는 마케팅은 분명 따로 있다』『올리버 트위스트』외 다수가 있다. 부산국제영화제와 부천국제판타스틱영화제의 자막 번역자로도 참여했다.

옮긴이 **전원미**

고려대학교에서 영어영문학과 미디어학을 전공하고 마케터로 경력을 쌓았다. 번역의 매력에 빠져 글밥 아카데미 출판 번역과정을 수료한 뒤 바른번역 소속 번역가로 활동하고 있다. 책이 사람에게 주는 긍정적인 영향을 믿으며 좋은 번역을 통해 세상에 작은 흔적을 남기는 삶을 꿈꾼다.

세계 자기계발 필독서 50

초판 1쇄 발행 2024년 2월 19일

지은이 톰 버틀러 보던
옮긴이 이정은·전원미
펴낸이 정덕식, 김재현

책임편집 정아영
디자인 Design IF
경영지원 임효순

펴낸곳 (주)센시오
출판등록 2009년 10월 14일 제300-2009-126호
주소 서울특별시 마포구 성암로 189, 1707-1호
전화 02-734-0981
팩스 02-333-0081
메일 sensio@sensiobook.com

ISBN 979-11-6657-140-4 03190

이 책은 저작권법에 따라 보호받는 저작물이므로 무단 전재와 복제를 금지하며,
이 책 내용의 전부 또는 일부를 이용하려면 반드시 저작권자와 (주)센시오의 서면동의를 받아야 합니다.

책값은 뒤표지에 있습니다.
잘못된 책은 구입하신 곳에서 바꾸어드립니다.

소중한 원고를 기다립니다. sensio@sensiobook.com